Die Hauptversammlung im Ausland

Europäische Hochschulschriften

European University Studies

Publications Universitaires Européennes

Reihe II **Rechtswissenschaft**

Series II Law

Série II Droit

Band/Volume **6003**

Thomas Jansen

Die Hauptversammlung im Ausland

PETER LANG

Bibliografische Information der Deutschen Nationalbibliothek
Die Deutsche Nationalbibliothek verzeichnet diese Publikation in der Deutschen Nationalbibliografie; detaillierte bibliografische Daten sind im Internet über http://dnb.d-nb.de abrufbar.

Zugl.: Düsseldorf, Univ., Diss., 2017

D 61
ISSN 0531-7312
ISBN 978-3-631-75540-2 (Print)
E-ISBN 978-3-631-75541-9 (E-PDF)
E-ISBN 978-3-631-75542-6 (EPUB)
E-ISBN 978-3-631-75543-3 (MOBI)
DOI 10.3726/b14044

Peter Lang – Berlin · Bern · Bruxelles · New York · Oxford · Warszawa · Wien

Diese Publikation wurde begutachtet.

www.peterlang.com

Vorwort

Diese Arbeit wurde im Sommersemester 2016 als Dissertation bei der Juristischen Fakultät der Heinrich-Heine-Universität Düsseldorf eingereicht. Die mündliche Prüfung fand im Juni 2017 statt. Für die Veröffentlichung konnten Literatur und Rechtsprechung bis Anfang Dezember 2017 berücksichtigt werden.

Danken möchte ich Herrn Prof. Dr. Ulrich Noack, der mir die Gelegenheit gab, diese Arbeit zu fertigen. Prof. Dr. Ulrich Noack stand mir stets mit Hinweisen und Anregungen zur Seite und trug so wesentlich zum Gelingen dieser Arbeit bei. Dank gebührt auch Herrn Prof. Dr. Lutz Strohn für die zügige Erstellung des Zweitgutachtens.

Ferner möchte ich meinen Eltern danken, die mich nicht nur bei der Erstellung dieser Arbeit, sondern stets unterstützten. Ohne ihre Unterstützung wäre diese Arbeit nicht möglich gewesen.

Düsseldorf, im Februar 2018 Thomas Jansen

Inhaltsverzeichnis

Literaturverzeichnis

Allmendinger, Christoph, § 130 Abs. 2 Satz 2 AktG – eine sanktionslose Ordnungsnorm, in: DNotZ 2012, 164

Armbrüster, Christian / Preuß, Nicole / Renner, Thomas (Hrsg.), Beurkundungsgesetz und Dienstordnung für Notarinnen und Notare, 7. Auflage, Berlin 2015 (zitiert: Armbrüster/Preuß/Renner/*Bearbeiter*)

Bamberger, Heinz Georg / Roth, Herbert / Hau, Wolfgang / Poseck, Roman (Hrsg.), Beck'scher Online-Kommentar BGB, 43. Edition, 2017 (zitiert: Bamberger/Roth/Hau/Poseck/*Bearbeiter*)

v. Bar, Christian / Grothe, Helmut, Hauptversammlungen deutscher Aktiengesellschaften im Ausland, in: IPRax 1994, 269

Baumbach, Adolf / Hueck, Alfred, GmbHG, 21. Auflage, München 2017 (zitiert: Baumbach/Hueck/*Bearbeiter*)

Baums, Theodor / Thoma, Georg F. / Verse, Dirk A. (Hrsg.), WpÜG, Köln, Loseblattsammlung Stand: 12. Lieferung, September 2017 (zitiert: Baums/Thoma/Verse/*Bearbeiter*)

Bauer, Patrick, Anmerkung zum Urteil des OLG Stuttgart vom 17.5.2000, Az. 20 U 68/99, in: NZG 2001, 45

Begemann, Arndt / Galla, Stefan, Praxisfragen zur Gesellschafterliste der GmbH nach dem MoMiG, in: GmbHR 2009, 1065

Besse, Dirk, Online-Hauptversammlung und Versammlungsleitung – welche rechtlichen Fragen gilt es zu klären?, in: AG 2012, R 358

Bezzenberger, Gerold, Die Niederschrift über eine beurkundungsfreie Hauptversammlung, in: Festschrift für Helmut Schippel, S. 361, München 1996 (zitiert: *Bezzenberger* FS Schippel)

Biehler, Gernot, Multinationale Konzerne und die Abhaltung einer Hauptversammlung nach deutschem Recht im Ausland, in: NJW 2000, 1243

Blanke, Gernot, Private Aktiengesellschaft und Deregulierung des Aktienrechts, in: BB 1994, 1505

–, Praktische Erleichterungen für die Tätigkeit von Vorständen nicht börsennotierter Aktiengesellschaften, in: BB 1995, 681

Bokelmann, Gunther, GmbH-Gesellschafterversammlungen im Ausland und Beurkundung durch ausländische Notare, in: NJW 1972, 1729

Böttcher, Leif, Bekannte Probleme unter neuen Vorzeichen: Zur Wirksamkeit von Auslandsbeurkundungen bei der GmbH nach Inkrafttreten des MoMiG, in: ZNotP 2010, 6

Böttcher, Lars / Blasche Sebastian, Die Übertragung von Geschäftsanteilen deutscher GmbHs in der Schweiz vor dem Hintergrund der Revision des Schweizer Obligationenrechts, in: NZG 2006, 766

Brambring, Günter, Zur Anerkennung der ausländischen Beurkundung bei Geltung des deutschen Rechts, in: NJW 1975, 1255

Brandt, Ulrich, Die Hauptversammlung der Europäischen Aktiengesellschaft, Frankfurt a. M. 2004, zugleich Dissertation Würzburg 2004 (zitiert: *Brandt*)

Bredthauer, Jürgen, Zur Wirksamkeit gesellschaftsrechtlicher Beurkundungen im Kanton Zürich, in: BB 1986, 1864

Bungert, Hartwin, Hauptversammlungen deutscher Aktiengesellschaften und Auslandsbezug, in: AG 1995, 26

Bungert, Hartwin / Benjamin E. Leyendecker-Langner, Hauptversammlungen im Ausland, in: BB 2015, 268

Bürgers, Tobias / Körber, Torsten (Hrsg.), Aktiengesetz, 4. Auflage, Heidelberg u. a. 2017 (zitiert: Bürgers/Körber/*Bearbeiter*)

Butzke, Volker, Die Hauptversammlung der Aktiengesellschaft, 5. Auflage, Stuttgart 2011 (zitiert: *Butzke*)

Casper, Matthias, Der Lückenschluß im Statut der Europäischen Aktiengesellschaft, in: Festschrift für Peter Ulmer, S. 51, Berlin 2003 (zitiert: *Casper* FS Ulmer)

Drinhausen, Florian / Marsch-Barner, Reinhard, Zur Rechtsstellung des Aufsichtsratsvorsitzenden als Leiter der Hauptversammlung einer börsennotierten Gesellschaft, in: AG 2014, 757

Dumoulin, Franz Josef, Inwieweit kann das deutsche Urkundsrecht dem Notar eine Beurkundung in fremder Sprache gestatten?, in: DNotZ 1964, 405

von Eiff, Christoph, Satzung kann ausländischen Hauptversammlungsort bei bestimmten Vorgaben vorsehen, in: GWR 2015, 29

Erman (Begr.), Bürgerliches Gesetzbuch, Westermann, Harm Peter / Grunewald, Barbara / Maier-Reimer, Georg (Hrsg.), 14. Auflage, Band II., Köln 2014 (zitiert: Erman/*Bearbeiter*)

Falkenhausen, Kurt H. Freiherr von, Die nächste Hauptversammlung, in: BB 1966, 337

Faßbender, Karl-Josef, Die Hauptversammlung der Aktiengesellschaft aus notarieller Sicht, in: RNotZ 2009, 425

Fleischer, Holger (Hrsg.), Handbuch des Vorstandsrechts, München 2006 (zitiert: Fleischer/*Bearbeiter*)

–, Internationale Trends und Reformen im Recht der geschlossenen Kapitalgesellschaft, in: NZG 2014, 1081

Fleischer, Holger / Goette, Wulff (Hrsg.), Münchener Kommentar zum GmbHG, 2. Auflage, Band 2, München 2016 (zitiert: MünchKommGmbHG/*Bearbeiter*)

Flick, Martin, Die Niederschrift einer Hauptversammlung einer nicht börsennotierten AG, in: NJW 2010, 20

Friedewald, Rolf, Die personalistische Aktiengesellschaft, Köln u. a. 1991, zugleich Dissertation Bonn 1990 (zitiert: *Friedewald*)

Geimer, Reinhold, Auslandsbeurkundungen im Gesellschaftsrecht – Bemerkungen zum Urteil des BGH v 16.2.1981 – II ZB 8/80, in: DNotZ 1981, 406

Geßler, Ernst / Hefermehl, Wolfgang / Eckardt, Ulrich / Kropff, Bruno, Aktiengesetz, Band II, München 1973 f. (zitiert: Geßler/Hefermehl/Eckardt/Kropff/*Bearbeiter*)

Goette, Wulf, Auslandsbeurkundungen im Kapitalgesellschaftsrecht, in: DStR 1996, 709

Goette, Wulf / Habersack, Mathias (Hrsg.), Münchener Kommentar zum Aktiengesetz, Band 1: 4. Auflage, München 2016, Band 3: 4. Auflage, München 2018, Band 7: 4. Auflage, München 2017 (zitiert: MünchKommAktG/*Bearbeiter*)

Görtz, Christopher, BB-Kommentar zu BGH 21.10.2014 – II ZR 330/13, in: BB 2015, 144

Goslar, Sebastian, Anforderungen an satzungsmäßige Bestimmung eines Hauptversammlungsortes im Ausland, in: DB 2015, 178

Göz, Philipp, Beschlussmängelklagen bei der Societas Europaea (SE), in: ZGR 2008, 593

Grigoleit, Hans Christoph (Hrsg.), Aktiengesetz, München 2013 (zitiert: Grigoleit/*Bearbeiter*)

Grumann, Marc-Olaf / Gillmann, Michael, Aktienrechtliche Hauptversammlungsniederschriften und Auswirkungen von formalen Mängeln, in: NZG 2004, 839

Grunewald, Barbara, Gesellschaftsrecht, 10. Auflage, Tübingen 2017 (zitiert: *Grunewald*)

Habersack, Mathias, Das Konzernrecht der deutschen SE, in: ZGR 2003, 724

Habersack, Mathias / Drinhausen, Florian (Hrsg.), SE-Recht, 2. Auflage, München 2017 (zitiert: Habersack/Drinhausen/*Bearbeiter*)

Happ, Wilhelm / Groß, Wolfgang (Hrsg.), Aktienrecht, 4. Auflage, Köln 2015 (zitiert: Happ/Groß/*Bearbeiter*)

Heckschen, Heribert, Die "kleine AG" und Deregulierung des Aktienrechts – Eine kritische Bestandsaufnahme, in: DNotZ 1995, 275

–, Die Europäische AG aus notarieller Sicht, in: DNotZ 2003, 251

Heidel, Thomas (Hrsg.), Nomos-Kommentar Aktienrecht und Kapitalmarktrecht, 4. Auflage, Baden-Baden 2014 (zitiert: Heidel/*Bearbeiter*)

Heller, Arne, Wirksamkeit von Hauptversammlungsbeschlüssen – Richtige Feststellung und Verkündung durch den falschen Versammlungsleiter, in: AG 2008, 493

Henssler, Martin / Kilian, Matthias, Das deutsche Notariat im Europarecht – Zeitenwende durch den EuGH oder „business as usual"?, in: NJW 2012, 481

Henssler, Martin / Strohn, Lutz (Hrsg.), Gesellschaftsrecht, 3. Auflage, München 2016 (zitiert: Henssler/Strohn/*Bearbeiter*)

Herberger, Maximilian / Martinek, Michael / Rüßmann, Helmut / Weth, Stephan (Hrsg.), juris PraxisKommentar, 7. Auflage, Band 6, Saarbrücken 2015 (zitiert: jurisPK-BGB/*Bearbeiter*)

Herrler, Sebastian, Anforderungen an den satzungsmäßigen Versammlungsort – Hauptversammlungen im Ausland?, in: ZGR 2015, 918

Hirte, Heribert, Die Europäische Aktiengesellschaft, in: NZG 2002, 1

–, Die Europäische Aktiengesellschaft – ein Überblick nach In-Kraft-Treten der deutschen Ausführungsgesetzgebung (Teil I), in: DStR 2005, 653

Hirte, Heribert / von Bülow, Christoph (Hrsg.), Kölner Kommentar zum WpÜG, 2. Auflage, Köln 2010 (zitiert: KK-WpÜG/*Bearbeiter*)

Hirte, Heribert / Roth, Markus / Mülbert, Peter O., Großkommentar zum Aktienrecht, 5. Auflage, Band 2/1, Berlin 2016 (zitiert: GroßkommAktG/*Bearbeiter*)

Hoffmann-Becking, Michael (Hrsg.), Münchener Handbuch des Gesellschaftsrechts, 4. Auflage, Band 4, München 2015 (zit.: Münch. Hdb. AG/*Bearbeiter*)

Hölters, Wolfgang (Hrsg.), Aktiengesetz, 3. Auflage, München 2017 (zitiert: Hölters/*Bearbeiter*)

Hommelhoff, Peter, Einige Bemerkungen zur Organisationsverfassung der Europäischen Aktiengesellschaft, in: AG 2001, 279

Hopt, Klaus / Wiedemann, Herbert (Hrsg.), Großkommentar zum Aktienrecht, 4. Auflage, Band 5: Berlin 1992 ff. (zitiert: GroßkommAktG/*Bearbeiter*)

Hüffer, Uwe / Koch, Jens, Aktiengesetz, 12. Auflage, München 2016, begründet von Uwe Hüffer, bearbeitet von Jens Koch (zitiert: Hüffer/*Koch*)

Hüren, Dominik, Ausländischer Hauptversammlungsort einer „deutschen" SE, in: DNotZ 2015, 213

Ihrig, Hans-Christoph / Wagner, Jens, Diskussionsentwurf für ein SE-Ausführungsgesetz, in: BB 2003, 969

Jannott, Dirk / Frodermann, Jürgen (Hrsg.), Handbuch der Europäischen Aktiengesellschaft, 2. Auflage, Heidelberg u.a. 2014 (zitiert: Jannott/Frodermann/*Bearbeiter*)

Jauernig, Othmar (Begr.), Bürgerliches Gesetzbuch, Stürner, Rolf (Hrsg.), 16. Auflage, München 2015 (zitiert: Jauernig/*Bearbeiter*)

Jeep, Jens / Wiedemann, Klaus, Die Praxis der elektronischen Registeranmeldung – Die Umsetzung des EHUG aus notarieller und richterlicher Sicht, in: NJW 2007, 2439

Kiem, Roger / Reutershahn, Laura, Anmerkung zum Urteil des BGH vom 21.10.2014, Az. II ZR 330/13 – Zur Bestimmung eines Hauptversammlungsorts im Ausland durch Satzung, in: EWiR 2015, 3

Kindler, Peter, Die Aktiengesellschaft für den Mittelstand – Das Gesetz für kleine Aktiengesellschaften und zur Deregulierung des Aktienrechts, in: NJW 1994, 3041

Kleinmann, Werner, Warum keine GmbH-Gesellschafterversammlungen im Ausland?, in: NJW 1972, 373

Kleinsorge, Georg, Europäische Gesellschaft und Beteiligungsrechte der Arbeitnehmer, in: RdA 2002, 343

Knapp, Christoph, Die Hauptversammlung der Europäischen Aktiengesellschaft (SE) – Besonderheiten bei Vorbereitung und Durchführung, in: DStR 2012, 2392

Knur, (Vorname unbekannt), Die Niederschrift über die Hauptversammlung der Aktiengesellschaft, in: DNotZ 1938, 700

Krause, Nils / Jenderek, Fabian, Rechtsprobleme einer fremdsprachigen deutschen Hauptversammlung, in: NZG 2007, 246

Kröll, Stefan, Beurkundung gesellschaftsrechtlicher Vorgänge durch einen ausländischen Notar, in: ZGR 2000, 111

Kropholler, Jan, Auslandsbeurkundungen im Gesellschaftsrecht, in: ZHR 140 (1976), 394

Kunze, Joachim, Zum internationalen Beurkundungsrecht, in: DB 1975, 193

Lamers, Manfred, Die Beurkundung der Hauptversammlung einer Aktiengesellschaft, in: DNotZ 1962, 287

Lange, Oliver, Überlegungen zur Umwandlung einer deutschen in eine Europäische Aktiengesellschaft, in: EuZW 2003, 301

Leitzen, Mario, Die Protokollierung des Abstimmungsergebnisses in der Hauptversammlung der börsennotierten AG bei verkürzter Beschlussfeststellung, in: ZIP 2010, 1065

Lichtenberger, Peter, Zum Gesetz zur Neuregelung des Internationalen Privatrechts, in: DNotZ 1986, 644

–, Urteilsanmerkung zu OLG Hamburg, Beschluss vom 07.05.1993–2 Wx 55/91, in: MittBayNot 1994, 82

Link, Jan, Gesellschafterliste und gutgläubiger Erwerb von GmbH-Anteilen aus Sicht der Notarpraxis, in: RNotZ 2009, 193

Linnerz, Markus, Ort, Terminierung und Dauer einer Hauptversammlung, in: NZG 2006, 208

Lutter, Marcus, Das neue „Gesetz für kleine Aktiengesellschaften und zur Deregulierung des Aktienrechts", in: AG 1994, 429

–, Europäische Aktiengesellschaft – Rechtsfigur mit Zukunft?, in: BB 2002, 1

Lutter, Marcus / Hommelhoff, Peter (Hrsg.), Die Europäische Gesellschaft: Prinzipien, Gestaltungsmöglichkeiten und Grundfragen aus der Praxis, Köln 2005 (zitiert: Lutter/Hommelhoff/*Bearbeiter*, Europäische Gesellschaft)

Lutter, Marcus / Hommelhoff, Peter / Teichmann, Christoph (Hrsg.), SE-Kommentar, 2. Auflage, Köln 2015 (zitiert: Lutter/Hommelhoff/Teichmann/*Bearbeiter*)

Mann, F.A., Zur Auslegung des Art. 11 EGBGB, in: ZHR 138 (1974), 448

Manz, Gerhard / Mayer, Barbara / Schröder, Albert (Hrsg.), Europäische Aktiengesellschaft, 2. Auflage, Baden-Baden 2010 (Manz/Mayer/Schröder/*Bearbeiter*)

Marsch-Barner, Reinhard, Die Rechtsstellung der Europäischen Gesellschaft (SE) im Umwandlungsrecht, in: Liber amicorum Wilhelm Happ, S. 165, Köln 2006 (zitiert: *Marsch-Barner* FS Happ)

Max-Planck-Institut, Kodifikation des deutschen Internationalen Privatrechts, in: RabelsZ 1983, 595

Michalski, Lutz / Heidinger, Andreas / Leible, Stefan / Schmidt, Jessica (Hrsg.), Kommentar zum Gesetz betreffend die Gesellschaften mit beschränkter Haftung (GmbH-Gesetz), 3. Auflage, Band 2, München 2017 (zitiert: Michalski/Heidinger/Leible/Schmidt/*Bearbeiter*)

Mohamed, Jean, Die Sprachverwirrung in der ausländisch geprägten Hauptversammlung von AG oder SE, in: NZG 2015, 1263

Müller, Klaus J., Auslandsbeurkundung von Abtretungen deutscher GmbH-Geschäftsanteile in der Schweiz, in: NJW 2014,1994

Neye, Hans-Werner / Teichmann, Christoph, Der Entwurf für das Ausführungsgesetz zur Europäischen Aktiengesellschaft, in: AG 2003, 169

Noack, Ulrich, Die privatschriftliche Niederschrift über die Hauptversammlung einer nicht börsennotierten Aktiengesellschaft – Inhalt und Fehlersanktionen, in: Liber amicorum Wilhelm Happ, S. 201, Köln 2006 (zitiert: *Noack* FS Happ)

–, Die moderne Präsenzhauptversammlung mit Internetanbindung, in: Aktie und Kapitalmarkt – Anlegerschutz, Unternehmensfinanzierung und Finanzplatz – Festschrift für Professor Dr. Rüdiger von Rosen zum 65. Geburtstag, S. 273, Stuttgart 2008 (zitiert: *Noack* FS von Rosen)

–, Anmerkung zum Urteil des BGH vom 21.10.2014, Az. II ZR 330/13, in: WuB 2015, 106

Palandt, Otto (Begr.), Bürgerliches Gesetzbuch, 77. Auflage, München 2018 (zitiert: Palandt/*Bearbeiter*)

Pluskat, Sorika, Die neuen Vorschläge für die Europäische Aktiengesellschaft, in: EuZW 2001, 524

Randenborgh, Wolfgang van, Auslandsbeurkundung bei Fusionen und GmbH-Anteilsübertragungen – Anmerkung zum Beschluss des OLG Hamm vom 1. 2. 1974, Az. 15 Wx 6/74, in: BB 1974, 483

–, Pro und Contra: Beurkundung gesellschaftsrechtlicher Rechtsgeschäfte durch ausländische Notare?, in: GmbHR 1996, 909

Rieckers, Oliver, Nachlese zur Hauptversammlungssaison 2015 und Ausblick auf 2016, in: DB 2015, 2131

Rodewald, Jörg / Ternick, René, Babylon im Unternehmen – rechtlicher Rahmen für die Sprache in Aufsichtsrat, Vorstand und Hauptversammlung, in: BB 2011, 910

Roth, Günther H. / Altmeppen, Holger (Hrsg.), Gesetz betreffend die Gesellschaften mit beschränkter Haftung, 8. Auflage, München 2015 (zitiert: Roth/Altmeppen/*Bearbeiter*)

Säcker, Franz Jürgen / Rixecker, Roland / Oetker, Hartmut (Hrsg.), Münchener Kommentar zum Bürgerlichen Gesetzbuch, 6. Auflage, Band 10: München 2015, Band 11: München 2015 (zitiert: MünchKommBGB/*Bearbeiter*)

Schaaf, Andreas (Hrsg.), Praxis der Hauptversammlung, 3. Auflage, Köln 2011 (zitiert: Schaaf/*Bearbeiter*)

Schervier, Joachim, Beurkundung GmbH-rechtlicher Vorgänge im Ausland, in: NJW 1992, 593

Schiessl, Maximilian, Hauptversammlungen deutscher Aktiengesellschaften im Ausland, in: DB 1992, 823

Schmid, Christoph U. / Pinkel, Tobias, Grundfreiheitskonforme Reformierung der nationalen Notariatsverfassung, in: NJW 2011, 2928

Schmidt, Holger, Beurkundungen im Ausland, in: DB 1974, 1216

Schmidt, Karsten, Gesellschaftsrecht, 4. Auflage, Köln u. a. 2002 (zitiert: *K. Schmidt* Gesellschaftsrecht)

Schmidt, Karsten / Lutter, Marcus (Hrsg.), Aktiengesetz, 3. Auflage, I. Band, Köln 2015 (zitiert: K. Schmidt/Lutter/*Bearbeiter*)

Schmidt, Philipp, Die monistische SE in Deutschland, Hamburg 2006, zugleich Dissertation Würzburg 2005 (zitiert: *Schmidt* Monistische SE)

Schmidt-Bendun, Rüdiger, Zulässigkeit einer Satzungsbestimmung über Hauptversammlungsort im Ausland sowie einer Beurkundung von Hauptversammlungsbeschlüssen durch ausländischen Notar, in: jurisPR-IWR 1/2015 Anm. 6

Schoetensack, Friedrich, Der Notar und das internationale Urkundsverfahrensrecht, in: DNotZ 1952, 265

Scholz, Franz (Hrsg.), Kommentar zum GmbH-Gesetz, 11. Auflage, II. Band, Köln 2014 (zitiert: Scholz/*Bearbeiter*)

Schuberth, Ernst-Markus / von der Höh, Reimund Marc, Zehn Jahre „deutsche" SE – Eine Bestandsaufnahme, in: AG 2014, 439

Schulte, Helmut, Die Niederschrift über die Verhandlung der Hauptversammlung einer Aktiengesellschaft, in: AG 1985, 33

Schulz, Andreas / Geismar, Bernhard, Die Europäische Aktiengesellschaft, in: DStR 2001, 1078

Schwark, Eberhard / Zimmer, Daniel (Hrsg.), Kapitalmarktrechtskommentar, 4. Auflage, München 2010 (zitiert: Schwark/Zimmer/*Bearbeiter*)

Schwarz, Günter Christian, Zum Statut der Europäischen Aktiengesellschaft, in: ZIP 2001, 1847

–, SE-VO, München 2006 (zitiert: *Schwarz*)

Semler, Johannes (Begr.) / *Volhard, Rüdiger* (Hrsg.) / *Reichert, Jochem* (Hrsg.), Arbeitshandbuch für die Hauptversammlung, 3. Auflage, Berlin 2011 (zitiert: Semler/Volhard/Reichert/*Bearbeiter*)

Sick, Ulrich / Schwarz, Andreas, Auslandsbeurkundungen im Gesellschaftsrecht, in: NZG 1998, 540

Siepelt, Stefan, Das Rederecht des Aktionärs und dessen Beschränkung, in: AG 1995, 254

Sigel, Peter / Schäfer, Achim, Die Hauptversammlung der Aktiengesellschaft aus notarieller Sicht, in: BB 2005, 2137

Sikora, Markus / Schwab, Martin, Das EHUG in der notariellen Praxis, in: MittBayNot 2007, 1

Spindler, Gerald / Stilz, Eberhard (Hrsg.), Kommentar zum Aktiengesetz, 3. Auflage, Band 1, Band 2, München 2015 (zitiert: Spindler/Stilz/*Bearbeiter*)

Spitzbart, Britta, Die Europäische Aktiengesellschaft (Societas Europaea – SE) – Aufbau der SE und Gründung –, in: RNotZ 2006, 369

Stauch, Immanuel, Die Geltung ausländischer notarieller Urkunden in der Bundesrepublik Deutschland, Berlin 1983, zugleich Dissertation Tübingen 1980 (zitiert: *Stauch*)

von Staudinger, Julius (Begr.), Kommentar zum Bürgerlichen Gesetzbuch mit Einführungsgesetzen und Nebengesetzen, Band §§ 125–129; BeurkG (2012),

Band Art. 7, 9–12, 47, 48 EGBGB (2013), Band Internationales Gesellschaftsrecht (1998), Berlin (zitiert: Staudinger/*Bearbeiter*)

Stephan, Hans, Zum internationalen Beurkundungsrecht, in: NJW 1974, 1596

Süß, Rembert, Abtretung von GmbH-Geschäftsanteilen vor dem Basler Notar – Zugleich Anmerkungen zum Beschl. des OLG Düsseldorf v. 2. 3. 2011 - I-3 Wx 236/10 –, in: DNotZ 2011, 414

Teichmann, Christoph, Vorschläge für das deutsche Ausführungsgesetz zur Europäischen Aktiengesellschaft, in: ZIP 2002, 1109

Ulmer, Peter / Habersack, Mathias / Löbbe, Marc (Hrsg.), Gesetz betreffend die Gesellschaften mit beschränkter Haftung (GmbHG), 2. Auflage, Band II, Tübingen 2014 (zitiert: Ulmer/*Bearbeiter*)

Ulrich, Stephan / Böhle, Jens, Die Auslandsbeurkundung im M&A-Geschäft, in: GmbHR 2007, 566

Wachter, Thomas (Hrsg.), AktG, 2. Auflage, Köln 2014 (zitiert: Wachter/*Bearbeiter*)

Wettich, Carsten, Aktuelle Entwicklungen und Trends in der Hauptversammlungssaison 2015 und Ausblick auf 2016, in: AG 2015, 681

Wicke, Hartmut, Die Europäische Aktiengesellschaft – Grundstruktur, Gründungsformen und Funktionsweise –, in: MittBayNot 2006, 196

–, Gesetz betreffend die Gesellschaften mit beschränkter Haftung (GmbHG), 3. Auflage, München 2016 (zitiert: *Wicke*)

Widmann, Siegfried / Mayer, Dieter (Hrsg.), Umwandlungsrecht, Band 9, Bonn, Loseblattsammlung Stand: 167. Lieferung, Oktober 2017 (zitiert: Widmann/Mayer/*Bearbeiter*)

Wilhelmi, Carl-Heinz, Der Notar in der Hauptversammlung der Aktiengesellschaft, in: BB 1987, 1331

Winkler, Karl, Beurkundungen im Ausland bei Geltung deutschen Rechts, in: NJW 1972, 981

–, GmbH-Gesellschafterversammlung im Ausland und Beurkundung durch ausländische Notare, in: NJW 1973, 222

–, Beurkundungsgesetz, 18. Auflage, München 2017 (zitiert: *Winkler*)

Wirtz, Andreas, Die Lückenfüllung im Recht der SE und der SPE, Baden-Baden 2012, zugleich Dissertation Heidelberg 2011 (zitiert: *Wirtz*)

Wolfsteiner, Hans, Auslandsbeurkundung der Abtretung von Geschäftsanteilen an einer deutschen GmbH, in: DNotZ 1978, 532

Zöllner, Wolfgang / Noack, Ulrich (Hrsg.), Kölner Kommentar zum Aktiengesetz, 3. Auflage, Band 1: Köln 2011, Band 3–1. Teillieferung: Köln 2010, Band 3–2. Teillieferung: Köln 2011, Band 8/1: Köln 2012, Band 8/2: Köln 2010 (zitiert: KK-AktG/*Bearbeiter*)

Teil 1: Einleitung

A. Anlass und Ziel der Arbeit

Anlass dieser Arbeit ist eine Entscheidung des II. Zivilsenats des BGH vom 21.10.2014.[1] In dieser Entscheidung musste sich der BGH mit der Frage auseinandersetzen, ob die Satzung einer Europäischen Aktiengesellschaft, auch Societas Europaea (SE) genannt, vorsehen kann, dass die Hauptversammlung der Gesellschaft im Ausland stattfindet. Zur Beantwortung dieser Frage musste sich der BGH mit Aspekten der SE befassen, kam aber schließlich auf das nationale deutsche Aktienrecht zurück.

Ziel dieser Arbeit ist zum einen eine umfassende Bearbeitung der Frage, ob die Abhaltung einer Hauptversammlung im Ausland zulässig ist. Dazu ist insbesondere auf die Problematik der Beurkundung der am ausländischen Versammlungsort gefassten Beschlüsse und die mit der Durchführung einer Hauptversammlung im Ausland eventuell verbundene Erschwerung der Teilnahme an der Hauptversammlung einzugehen. Zum anderen soll näher untersucht werden, welche Zulässigkeitskriterien bei der Wahl eines ausländischen Versammlungsorts zu beachten sind und ob diese Kriterien für jede Gesellschaft stets identisch sind.

B. Gang der Darstellung

Nach der Einleitung werden im zweiten Teil der Arbeit die Vorteile dargestellt, die sich aus der Wahl eines ausländischen Versammlungsorts ergeben können, um nachvollziehen, warum eine Gesellschaft ein Interesse an einer Auslandsversammlung haben könnte.

Im dritten Teil der Arbeit wird die Zulässigkeit einer Hauptversammlung im Ausland getrennt nach SE und Aktiengesellschaft diskutiert. Die Diskussion bei SE und Aktiengesellschaft ist so gegliedert, dass nach Darstellung der wesentlichen gesetzlichen Grundlagen zunächst der Meinungsstand in Literatur und Rechtsprechung erläutert wird, bevor eine Stellungnahme zur Zulässigkeit der Auslandsversammlung erfolgt. Daran schließt sich als Exkurs ein Abschnitt zur Zulässigkeit einer Gesellschafterversammlung im Ausland an.

Nachdem die Zulässigkeit der Abhaltung einer Hauptversammlung im Ausland generell bejaht wurde, befasst sich der vierte Teil der Arbeit damit, welche im Ausland gelegenen Orte konkret als Versammlungsort bestimmt werden können.

---

1 BGH II ZR 330/13 = BGHZ 203, 68.

Dazu sind aus dem Teilnahmerecht der Aktionäre verschiedene Kriterien zu entwickeln, die ein Ort erfüllen muss, damit er als Versammlungsort gewählt oder aufgrund einer abstrakten Vorgabe in der Satzung als Versammlungsort zugelassen werden darf. Das mitgliedschaftliche Teilnahmerecht bildet somit bezüglich der Bestimmung eines Versammlungsorts die vom Satzungsgeber oder Einberufungsorgan zu beachtende Gestaltungsgrenze. Anschließend wird untersucht, wie sich Charakteristika einer Gesellschaft oder einer einzelnen Hauptversammlung auf die Gestaltungsfreiheit bei der Wahl eines Versammlungsorts auswirken.

Im fünften Teil dieser Arbeit werden einige Besonderheiten dargestellt, die bei der Verlegung der Hauptversammlung ins Ausland Relevanz erlangen können. Insbesondere ist wegen des internationalen Kontextes einer Auslandsversammlung auf die Sprache der Hauptversammlung einzugehen. Die Abhaltung einer Hauptversammlung außerhalb Deutschlands bietet sich insbesondere an, wenn die Gesamtheit oder zumindest ein Großteil der Aktionäre aus dem Ausland stammt. Diese Aktionäre werden häufig die deutsche Sprache nicht beherrschen, sodass für sie die Wahl einer anderen Verhandlungssprache eine Erleichterung bedeutet. Es ist daher zu untersuchen, welche Möglichkeiten bei der Wahl der Verhandlungssprache bestehen und ob die Niederschrift über die Hauptversammlung zwingend in deutscher Sprache zu erstellen ist. Zudem wird die rechtliche und technische Ausgestaltung einer Online-Teilnahme an der Hauptversammlung näher betrachtet, da diese Art der Partizipation für Aktionäre in Betracht kommt, die nicht gewillt sind, an einen ausländischen Versammlungsort zu reisen.

Abschließend werden im sechsten Teil die wesentlichen Ergebnisse dieser Arbeit in einer kurzen Übersicht zusammengefasst.

Teil 2: Die Vorteile einer Hauptversammlung im Ausland

Obwohl es sich bei der Hauptversammlung um eine Versammlung der Aktionäre und nicht der Gesellschaft handelt, ist sie für die Öffentlichkeitswahrnehmung insbesondere einer börsennotierten Gesellschaft von zentraler Bedeutung.[2] Dies ist bereits bei der Wahl eines passenden Versammlungsorts zu beachten. Häufig wird der Sitz der Gesellschaft zugleich als Versammlungsort bestimmt. Dennoch kann es mit Vorteilen für eine deutsche Aktiengesellschaft verbunden sein, eine Hauptversammlung im Ausland durchzuführen. Folgend sollen einige Situationen dargestellt werden, in denen ein Anreiz besteht, einen ausländischen Versammlungsort zu bestimmen.

Die Verlegung der Hauptversammlung ins Ausland könnte dazu genutzt werden, den Anteil der an der Hauptversammlung teilnehmenden Aktionäre zu steigern. In Deutschland ist es längst nicht mehr selbstverständlich, dass der Großteil der Aktionäre an der jährlichen Hauptversammlung teilnimmt oder sich vertreten lässt.[3] So lag die durchschnittliche Präsenz bei den Hauptversammlungen der 30 DAX-Gesellschaften in den Jahren 2002–2015 stets zwischen ca. 45–60 % gemessen am gesamten Grundkapital und ist zudem in den letzten Jahren eher rückläufig.[4] An den Hauptversammlungen der im MDAX[5] und SDAX[6] gelisteten Gesellschaften nahmen zwar durchschnittlich mehr Aktionäre teil. Allerdings schwanken auch hier die Teilnahmezahlen zwischen den verschiedenen Gesellschaften deutlich und es kann keinesfalls die Rede davon sein, dass die Hauptversammlung annähernd die Gesamtheit des Aktionariats widerspiegelt. Die Durchführung einer Hauptversammlung im Ausland könnte sich für einige Gesellschaften als probates Mittel erweisen, die Aktionärspräsenz und somit den

2 *Drinhausen/Marsch-Barner* AG 2014, 757.

3 Vgl. die entsprechenden Statistiken der Schutzgemeinschaft der Kapitalanleger (SdK) zu den Indizes DAX, MDAX, SDAX und TecDAX, http://www.sdk.org/veroeffentlichungen/statistiken/, zuletzt abgerufen am 11.04.2018.

4 SdK-Präsenzstatistik DAX 2015, http://www.sdk.org/assets/Statistiken/HV-Praesenzen/praesenz-dax15.pdf, zuletzt abgerufen am 11.04.2018.

5 SdK-Präsenzstatistik MDAX 2015, http://www.sdk.org/assets/Statistiken/HV-Praesenzen/praesenz-mdax15.pdf, zuletzt abgerufen am 11.04.2018.

6 SdK-Präsenzstatistik SDAX 2015, http://www.sdk.org/assets/Statistiken/HV-Praesenzen/praesenz-sdax15.pdf, zuletzt abgerufen am 11.04.2018.

Anteil des bei der Hauptversammlung vertretenen Grundkapitals wieder zu erhöhen, wenn das Aktionariat dieser Gesellschaften größtenteils aus dem Ausland stammt.[7] Denn mit der Verlegung der Hauptversammlung ins Herkunftsland des Großteils der Aktionäre sinkt für diese der mit der Anreise zur Hauptversammlung verbundene zeitliche und finanzielle Aufwand, was mehr Aktionäre zu einer Teilnahme motivieren dürfte.

Die Durchführung einer Hauptversammlung im Ausland kann auch mit ökonomischen Motiven verbunden sein. Sofern ein ausländischer Absatzmarkt für die Geschäftstätigkeit eines Unternehmens von herausgehobener Bedeutung ist, kann dieser Absatzmarkt dadurch besonders gewürdigt werden, dass die jährliche Hauptversammlung in dem betreffenden Land stattfindet.[8] Zudem kann die Gesellschaft auf diese Weise ihre internationale Ausrichtung betonen.[9]

Ein weiterer Anreiz zur Durchführung einer Hauptversammlung im Ausland besteht für internationale Konzerne. Die Konzernleitung kann daran interessiert sein, die Hauptversammlung des deutschen Konzernteils zusammen mit den Hauptversammlungen anderer ausländischer Konzernteile an einem Ort zentral durchzuführen.[10] Diese parallele Durchführung mehrerer Hauptversammlungen kann zu Kostenersparnissen führen und ermöglicht eine bessere Koordinierung der einzelnen Aktionärsversammlungen. Ähnlich gelagert ist der Fall, dass eine Aktiengesellschaft, deren Verwaltungssitz im Ausland liegt, an eben diesem ausländischen Ort abgehalten werden soll und nicht am Satzungssitz.[11] Dies führt für die Gesellschaft zu einer Senkung des logistischen Aufwands.

Auch in bestimmten Umwandlungssituationen bietet es sich an, die Hauptversammlung an einem ausländischen Ort einzuberufen. So wird es bei einem grenzüberschreitenden Zusammenschluss zweier in wirtschaftlichen Kennzahlen gleichrangiger Gesellschaften – merger of equals – von Vorteil sein, wenn die Hauptversammlung der entstandenen Gesellschaft zukünftig an einem neutralen Ort, also in keinem der beiden Herkunftsstaaten der fusionierenden Gesellschaften stattfindet.[12] Denn auf diese Weise wird verhindert, dass nachträglich einem der beiden Herkunftsstaaten ein Vorrang eingeräumt wird.

---

7 *Biehler* NJW 2000, 1243, 1244; *Bungert* AG 1995, 26, 27.

8 *Biehler* NJW 2000, 1243, 1244; *Schiessl* DB 1992, 823.

9 *Bungert* AG 1995, 26, 27.

10 *Biehler* NJW 2000, 1243, 1244.

11 KK-AktG/*Noack/Zetzsche* § 121 Rn. 187.

12 *Bungert/Leyendecker-Langner* BB 2015, 268, 269.

Zweifelhaft ist, ob durch eine Hauptversammlung an einem ausländischen Ort eine Gebührenoptimierung erreicht werden kann.[13] Es trifft zwar zu, dass in einigen Nachbarländern – hier ist insbesondere die Schweiz zu nennen – die Gebühren für Notare bei hohen Geschäftswerten niedriger ausfallen als in Deutschland.[14] Allerdings geht diese Kostenersparnis zumeist wiederum dadurch verloren, dass die Abhaltung einer Hauptversammlung im Ausland gegenüber einer inländischen Hauptversammlung zu höheren Logistikkosten führt.[15] Insbesondere bei Publikumsgesellschaften wird der Kosten- und Organisationsaufwand in den meisten Fällen einer Verlegung der Hauptversammlung ins Ausland entgegenstehen.[16]

---

13 Bejahend *Bungert* AG 1995, 26, 27.

14 *Müller* NJW 2014, 1994, 1995.

15 *Goslar* DB 2015, 178, 179; a.A. *Mohamed* NZG 2015, 1263, 1267 Fn. 37.

16 MünchKommBGB/*Spellenberg* Art. 11 EGBGB Rn. 82.

Teil 3: Die Zulässigkeit einer Hauptversammlung im Ausland

Die Diskussion, ob eine Versammlung der Anteilsinhaber einer Gesellschaft im Ausland zulässig ist, dauert nun schon längere Zeit an. Die erste gerichtliche Entscheidung zu Auslandsversammlungen datiert bereits aus dem Jahr 1974.[17] Die Rechtsprechung hatte sich dabei zunächst mit Fällen zu befassen, in denen die Gesellschafterversammlung einer GmbH im Ausland stattfand.[18] In den Entscheidungen wurde zumeist der Frage nachgegangen, ob eine Beurkundung durch eine ausländische Urkundsperson den deutschen Beurkundungserfordernissen genügt. Die Frage, ob die Durchführung einer Versammlung an einem im Ausland gelegenen Ort den Gesellschaftern die Teilnahme an der Versammlung in unzulässiger Weise erschwert, wurde erst später aufgeworfen.[19]

Im Anschluss an diese Rechtsprechung bezüglich Auslandsversammlungen bei der GmbH musste das OLG Hamburg in einer Entscheidung aus dem Jahr 1993 klären, ob denn die Hauptversammlung einer deutschen Aktiengesellschaft im Ausland stattfinden könne.[20] Das OLG Hamburg war der Auffassung, eine Satzungsbestimmung, die das Abhalten von Hauptversammlungen auch in Zürich erlaubt, sei unzulässig.

Die Diskussion um Auslandsversammlungen wurde dann durch das Urteil[21] des BGH vom 21.10.2014 erneut belebt. Diese Entscheidung befasste sich mit der Satzungsänderung einer SE mit Sitz in Berlin. Die Hauptversammlung der Gesellschaft vom 28.09.2011 beschloss, dass die Gesellschaftssatzung dahingehend neu gefasst werden soll, dass die Hauptversammlung zukünftig „entweder am Sitz der Gesellschaft, dem Sitz einer Wertpapierbörse in der Europäischen Union oder einer Großstadt in der Europäischen Union mit mehr als 500 000 Einwohnern" stattfindet. Gegen diesen Satzungsänderungsbeschluss wurde vor dem LG Berlin Anfechtungs- und Nichtigkeitsklage erhoben.[22] Die Klagen wurden vom Gericht ab-

---

17 OLG Hamm NJW 1974, 1057.

18 OLG Hamm NJW 1974, 1057; OLG Karlsruhe RIW 1979, 567; OLG Stuttgart NJW 1981, 1176; BGHZ 80, 76; OLG Düsseldorf NJW 1989, 2200; LG Köln WM 1989, 1769.

19 OLG Düsseldorf NJW 1989, 2200 f.

20 OLG Hamburg AG 1993, 384.

21 BGHZ 203, 68.

22 Die Klägerin zu 1) hatte vor dem LG Berlin auch gegen weitere Beschlüsse der Hauptversammlung Anfechtungs- und Nichtigkeitsklage erhoben. Diese Beschlüsse sind jedoch nicht Bestandteil dieser Arbeit.

gewiesen. Zwei der drei Kläger legten gegen dieses Urteil Berufung ein, welche vom KG zurückgewiesen wurde. Die Revision vor dem BGH war dagegen erfolgreich und führte zur Feststellung der Nichtigkeit des Satzungsänderungsbeschlusses. Der BGH entschied, dass durch die Satzung ein Hauptversammlungsort im Ausland bestimmt werden könne.[23] Allerdings müsse die Satzung „eine sachgerechte, am Teilnahmeinteresse der Aktionäre ausgerichtete Vorgabe enthalten, die das Ermessen des Einberufungsberechtigten bindet. Eine Satzungsbestimmung, die dem Einberufungsberechtigten die Auswahl unter einer großen Zahl geografisch weit auseinanderliegender Orte überlässt, wird diesen Vorgaben nicht gerecht."[24]

Der BGH hatte bei seiner Entscheidung vom 21.10.2014 auch zu klären, ob sich die Zulässigkeit einer Hauptversammlung im Ausland bereits daraus ergeben könne, dass die Gesellschaft in der Rechtsform der SE geführt wird. Im Folgenden wird daher zunächst dieser Frage nachgegangen. Dabei werden zuerst die allgemeinen Grundzüge der SE und ihre Besonderheiten gegenüber einer deutschen Aktiengesellschaft dargestellt. Besonderes Augenmerk wird auf die Supranationalität der SE als europäische Rechtsform gelegt, aus der sich bereits unabhängig vom deutschen Aktiengesetz die Zulässigkeit einer Auslandsversammlung ergeben könnte.

An den Abschnitt zur SE schließt sich der Abschnitt über die deutsche Aktiengesellschaft an. Hier erfolgt nun eine ausführliche Darstellung der verschiedenen Ansichten zur Zulässigkeit von Hauptversammlungen im Ausland. Insbesondere ist der in der Rechtsprechung stattgefundene Meinungswandel vom Beschluss des OLG Hamburg aus dem Jahr 1993 zur Entscheidung des BGH vom 21.10.2014 nachzuzeichnen. Dabei erfolgt auch eine Bewertung der einzelnen in Literatur und Rechtsprechung geäußerten Ansichten und Argumente verbunden mit einer eigenen Stellungnahme.

Wie bereits erwähnt beschäftigte sich die Rechtsprechung zunächst mit Sachverhalten, in denen die Gesellschafterversammlung einer GmbH im Ausland abgehalten wurde. Da sich die Frage der Möglichkeit einer wirksamen Auslandsbeurkundung sowohl bei der Aktiengesellschaft als auch bei der GmbH stellt, hatte die Diskussion um die Zulässigkeit von Auslandsversammlungen bei der GmbH auch unmittelbaren Einfluss auf die Frage der Zulässigkeit einer Auslandsversammlung einer deutschen Aktiengesellschaft. Deswegen wird in einem Exkurs die Zulässigkeit von Gesellschafterversammlungen im Ausland behandelt.

---

23 1. Leitsatz von BGHZ 203, 68.

24 2. Leitsatz von BGHZ 203, 68.

A. Die Zulässigkeit einer Hauptversammlung im Ausland bei der Societas Europaea

Um die Zulässigkeit einer Hauptversammlung im Ausland bei der SE beurteilen zu können, muss zunächst die Stellung der Hauptversammlung im Organisationsgefüge der SE bestimmt werden. Daher werden zunächst der rechtshistorische Hintergrund der Europäischen Aktiengesellschaft und ihre wesentlichen Grundzüge, insbesondere ihre verschiedenen Gesellschaftsorgane und deren Kompetenzen dargestellt. Dabei wird auch geklärt, inwieweit die SE als europäische, supranationale Rechtsform bezeichnet werden kann. Daran anschließend wird der Frage nachgegangen, ob sich aus diesem europäischen Charakter ein Argument für die Zulässigkeit von ausländischen Hauptversammlungen bei der SE ableiten lässt oder die Zulässigkeit einer Auslandsversammlung bei einer SE auf andere Argumente gestützt werden muss.

I. Die wesentlichen Grundzüge der Societas Europaea

1. Der rechtshistorische Hintergrund

Im Dezember 2000 konnten sich die EU-Mitgliedstaaten auf dem Gipfeltreffen des Europäischen Rates in Nizza über eine Schlussfassung für die Verordnung[25] über das Statut der Europäischen Gesellschaft (SE-VO) einigen. Ebenfalls auf diesem Gipfeltreffen wurde eine Schlussfassung für die Richtlinie[26] zur Ergänzung des Statuts der Europäischen Gesellschaft hinsichtlich der Beteiligung der Arbeitnehmer (SE-RL) entworfen. Dieser politischen Einigung war ein jahrzehntelanger Prozess vorausgegangen, in dem immer wieder über die konkrete Ausgestaltung der Regelungen für die SE gestritten wurde.[27] Die dann plötzlich und überraschend erreichte Einigung auf dem Gipfeltreffen im Dezember 2000 wird daher auch als „Wunder von Nizza" bezeichnet.[28]

Die SE-VO ist schließlich gemäß ihrem Art. 70 am 08.10.2004 in Kraft getreten. Ebenfalls bis zu diesem Tag war gemäß Art. 14 Abs. 1 S. 1 SE-RL die SE-RL durch

---

25 Verordnung (EG) 2157/2001 des Rates vom 8. Oktober 2001 über das Statut der Europäischen Gesellschaft (SE), ABl. EG Nr. L 294 S. 1 vom 10.11.2001.

26 Richtlinie 2001/86/EG des Rates vom 8. Oktober 2001 zur Ergänzung des Statuts der Europäischen Gesellschaft hinsichtlich der Beteiligung der Arbeitnehmer, ABl. EG Nr. L 294 S. 22 vom 10.11.2001.

27 Eine detaillierte Darstellung der langjährigen Entwicklungsgeschichte der SE bieten Jannott/Frodermann/*Taschner/Bodenschatz* 1. Kapitel.

28 MünchKommAktG/*Oechsler/Mihaylova* Vorbemerkung vor Art. 1 SE-VO Rn. 4.

die Mitgliedstaaten umzusetzen. Dies geschah in Deutschland durch das Gesetz[29] zur Einführung der Europäischen Gesellschaft vom 22.10.2004 (SEEG), welches in seinem Artikel 2 das Gesetz über die Beteiligung der Arbeitnehmer in einer Europäischen Gesellschaft (SEBG) enthält. Ergänzend zur SE-VO existiert in Deutschland noch das Gesetz zur Ausführung der Verordnung (EG) Nr. 2157/2001 des Rates vom 8. Oktober 2001 über das Statut der Europäischen Gesellschaft (SEAG), welches Artikel 1 des SEEG bildet.

Nach anfänglichen Schwierigkeiten hat sich die Europäische Aktiengesellschaft zumindest auf dem deutschen Rechtsmarkt als akzeptierte und anerkannte Rechtsform etabliert.[30] Mit der Allianz SE, der BASF SE, der E.ON SE, der SAP SE und der Vonovia SE hat diese Rechtsform auch Einzug in den DAX gehalten.[31] Ebenfalls in diesem Zusammenhang zu nennen ist die Fresenius SE & Co. KGaA, bei der die Komplementärin in der Rechtsform einer SE geführt wird.

Europaweit sind 3.015 SE registriert.[32] Im europäischen Vergleich fällt auf, dass die Anzahl der registrierten SE zwischen den einzelnen Mitgliedstaaten stark variiert und nicht zwangsläufig von der Bevölkerungszahl des Mitgliedstaats abhängig ist.[33] Nur in Tschechien sind noch mehr SE registriert als in Deutschland.[34] Allerdings kann aufgrund der Vielzahl von tschechischen SE mit einer geringen Anzahl an Mitarbeitern davon ausgegangen, dass es sich bei den in Tschechien registrierten SE zumeist um Vorratsgesellschaften handeln wird.[35]

2. Die Organisationsverfassung der SE

a) Die grundlegende Organisationsstruktur der SE

Die SE ist eine Handelsgesellschaft, deren Kapital in Aktien zerlegt ist, Art. 1 Abs. 1 und 2 SE-VO. Gemäß Art. 4 Abs. 2 SE-VO muss das gezeichnete Kapital

---

29 BGBl. 2004 I S. 3675.

30 Einen Überblick über die Entwicklung der SE-Gründungen in Deutschland bieten *Schuberth/von der Höh* AG 2014, 439, 440.

31 Stand: 11.04.2018.

32 http://ecdb.worker-participation.eu/, zuletzt abgerufen am 11.04.2018.

33 http://www.worker-participation.eu/European-Company-SE/Facts-Figures, zuletzt abgerufen am 11.04.2018.

34 http://www.worker-participation.eu/European-Company-SE/Facts-Figures, zuletzt abgerufen am 11.04.2018.

35 So beschäftigten zum 21.03.2014 lediglich 66 der 1.495 in Tschechien registrierten Europäischen Aktiengesellschaften mehr als fünf Arbeitnehmer, vgl. http://www.worker-participation.eu/European-Company-SE/Facts-Figures, zuletzt abgerufen am 11.04.2018.

der SE mindestens 120.000 Euro betragen. Sie besitzt gemäß Art. 1 Abs. 3 SE-VO Rechtspersönlichkeit und kann daher selbst Träger von Rechten und Pflichten sein (Rechtsfähigkeit). Konsequenz der Rechtsfähigkeit der SE ist die Parteifähigkeit der Gesellschaft. Die Europäische Aktiengesellschaft erlangt ihre Rechtspersönlichkeit gemäß Art. 16 Abs. 1 SE-VO mit Eintragung in das in Art. 12 SE-VO genannte Register. Dies ist für eine SE mit Sitz in Deutschland das Handelsregister, § 3 SEAG. Die örtliche Zuständigkeit ergibt sich aus § 377 Abs. 1 des Gesetzes[36] über das Verfahren in Familiensachen und in den Angelegenheiten der freiwilligen Gerichtsbarkeit vom 17.12.2008 (FamFG).

Stets notwendiges Organ der SE ist nach Art. 38 lit. a) SE-VO die Hauptversammlung. Bezüglich der Verwaltung der Gesellschaft kann gemäß Art. 38 lit. b) SE-VO zwischen einem dualistischen und einem monistischen System gewählt werden. Hintergrund dieser Wahlmöglichkeit ist, dass innerhalb des Gebiets der EU zwei unterschiedliche Grundkonzepte zur Organisationsverfassung bestehen. Bei dem dualistischen System verfügt die SE über ein Aufsichtsorgan und ein Leitungsorgan. Dieses Führungssystem ist folglich mit der Organisationsverfassung der deutschen Aktiengesellschaft vergleichbar. Wenn dagegen das monistische System gewählt wird, verfügt die SE neben der Hauptversammlung nur noch über ein Verwaltungsorgan.[37]

b) Die Hauptversammlung der SE

Die SE-VO enthält in den Art. 52–60 einige Bestimmungen bezüglich der Hauptversammlung einer SE. Die SE-VO enthält keine Definition für den Begriff der Hauptversammlung. Das deutsche Aktienrecht verwendet den Begriff der Hauptversammlung in einer doppelten Weise.[38] Zum einen bezeichnet die Hauptversammlung ein Organ der Aktiengesellschaft, zum anderen die Organisationsform, mit der die Zusammenkunft der Aktionäre der Gesellschaft beschrieben wird.[39] Man spricht daher auch von einem dualen Hauptversammlungsbegriff.[40] Dieser duale Hauptversammlungsbegriff findet sich auch in der SE-VO wieder.[41]

---

36 BGBl. 2008 I S. 2586.

37 Im SEAG wird das Verwaltungsorgan als Verwaltungsrat bezeichnet, ohne dass sich dadurch inhaltliche Unterschiede zum von der SE-VO vorgegebenen Begriff ergeben.

38 Henssler/Strohn/ *Henssler/Liebscher* § 118 AktG Rn. 2.

39 Henssler/Strohn/ *Henssler/Liebscher* § 118 AktG Rn. 2; MünchKommAktG/*Kubis* § 118 AktG Rn. 1.

40 MünchKommAktG/*Kubis* § 118 AktG Rn. 1.

41 MünchKommAktG/*Kubis* Art. 52 SE-VO Rn. 1.

Wesentlich für die Beurteilung der Stellung der Hauptversammlung im Organisationsgefüge der SE sind die ihr übertragenen Aufgaben und Funktionen. Art. 52 SE-VO unterscheidet in seinen zwei Unterabschnitten hinsichtlich der Kompetenzen der Hauptversammlung zwischen Zuständigkeiten, die sich aus der SE-VO und den Rechtsvorschriften zur Umsetzung der SE-RL ergeben, und Zuständigkeiten, die sich aus dem nationalen (Aktien-) Recht ergeben.

aa) Unionsrechtliche Zuständigkeiten

Eine der wesentlichen Aufgaben der Hauptversammlung ist die Bestellung der Mitglieder des Aufsichts- bzw. Verwaltungsorgans. Diese Personalkompetenz ist in Art. 40 Abs. 2 S. 1 SE-VO bzw. Art. 43 Abs. 3 S. 1 SE-VO festgelegt. Die Hauptversammlung einer dualistisch verfassten SE hat dagegen keine Kompetenz zur Bestellung der Mitglieder des Leitungsorgans.[42] Ferner bedarf eine Satzungsänderung eines Beschlusses der Hauptversammlung, Art. 59 Abs. 1 SE-VO. Zu den originär unionsrechtlich begründeten Kompetenzen zählt außerdem der Beschluss über eine Sitzverlegung nach Art. 8 Abs. 6 SE-VO. Sofern sich eine SE an der Gründung einer SE beteiligt, ist bei der Gründung durch Verschmelzung oder der Gründung einer Holding-SE gemäß Art. 23 Abs. 1 SE-VO bzw. Art. 32 Abs. 6 SE-VO ein zustimmender Beschluss der Hauptversammlung erforderlich. Weiterhin ist die Hauptversammlung an dem Verfahren zur Auflösung der Gesellschaft beteiligt und muss nach Art. 66 Abs. 6 SE-VO einer Umwandlung der SE in eine nationale Aktiengesellschaft zustimmen.

Eine Zuständigkeit der Hauptversammlung kann sich gemäß Art. 52 Unterabs. 1 lit. b) SE-VO auch aus in Anwendung der SE-RL erlassenen Vorschriften ergeben. Gemäß § 36 Abs. 4 SEBG bestellt die Hauptversammlung der SE die von einem Wahlgremium vorgeschlagenen Arbeitnehmervertreter, wobei sie an die Wahlvorschläge gebunden ist. Die Arbeitnehmervertreter werden auch von der Hauptversammlung abberufen, § 37 Abs. 1 S. 4 SEBG. Allerdings steht der Hauptversammlung bezüglich der Arbeitnehmervertreter nur dann die Personalkompetenz zu, wenn in der Mitbestimmungsvereinbarung nach § 21 SEBG nichts Abweichendes festgehalten wurde.[43]

bb) Nationalrechtliche Zuständigkeiten

Der zweite Unterabschnitt des Art. 52 SE-VO verweist zunächst auf das nationale Recht der Mitgliedstaaten. Für eine SE mit Sitz in Deutschland hat dies die

---

42 Vgl. S. 17 f.

43 Habersack/Drinhausen/*Bücker* Art. 52 Rn. 14.

Anwendung des Aktiengesetzes sowie anderer Gesetze wie beispielsweise des Umwandlungsgesetzes zur Folge, die die Kompetenz der Hauptversammlung begründen.[44] Es wird damit insbesondere auf § 119 Abs. 1 AktG als zentrale Kompetenzvorschrift betreffend die Hauptversammlung verwiesen, soweit sich die Zuständigkeit der Hauptversammlung für die dort aufgezählten Maßnahmen nicht bereits aus der SE-VO ergibt.[45] Beispielshaft sind aufzuzählen das Beschlussrecht der Hauptversammlung über die Verwendung des Bilanzgewinns gemäß § 119 Abs. 1 Nr. 2 AktG oder über die Entlastung der Mitglieder des Vorstands und des Aufsichtsrats nach § 119 Abs. 1 Nr. 3 AktG.

Gemäß Art. 52 Unterabs. 2, 2. Alt. SE-VO kann auch die mit den nationalen Rechtsvorschriften in Einklang stehende Satzung Zuständigkeiten der Hauptversammlung begründen. Wegen der sich aus § 23 Abs. 5 AktG ergebenden Satzungsstrenge sind dieser Gestaltungsmöglichkeit jedoch enge Grenzen gesetzt.[46] So kann gemäß § 68 Abs. 2 S. 3, 2. Alt. AktG in der Satzung bestimmt werden, dass die Hauptversammlung über die Erteilung der Zustimmung zur Übertragung vinkulierter Aktien beschließt. Weiterhin wird anerkannt, dass der Hauptversammlung Kontroll- und Entscheidungsfunktionen hinsichtlich freiwillig gebildeter Gremien übertragen werden können.[47]

Für die Hauptversammlung einer deutschen Aktiengesellschaft ist weitestgehend anerkannt, dass über die gesetzlich festgelegten Zuständigkeiten hinaus auch ungeschriebene Kompetenzen bestehen. Diese Thematik wird nach zwei Entscheidungen des BGH unter dem Begriffspaar „Holzmüller/Gelatine" zusammengefasst.[48] Fraglich ist, ob die sich aus dem nationalen Richterrecht ergebenden „Holzmüller/Gelatine"-Grundsätze auch für die Hauptversammlung einer SE Geltung beanspruchen können. Nach der herrschenden Ansicht erfasst der Verweis auf das nationale Recht auch das ungeschriebene Recht, sodass die „Holzmüller/Gelatine"-Grundsätze auch auf eine SE mit Sitz in Deutschland anzuwenden sind.[49] Gegen eine Übertragung dieser Grundsätze auf die SE wird

---

44 MünchKommAktG/*Kubis* Art. 52 SE-VO Rn. 16.

45 Habersack/Drinhausen/*Bücker* Art. 52 Rn. 22; Lutter/Hommelhoff/Teichmann/*Drygala* Art. 52 Rn. 26.

46 Lutter/Hommelhoff/Teichmann/*Drygala* Art. 52 Rn. 45.

47 Habersack/Drinhausen/*Bücker* Art. 52 Rn. 43; Lutter/Hommelhoff/Teichmann/*Drygala* Art. 52 Rn. 45; *Schwarz* Art. 52 Rn. 33.

48 Holzmüller – BGHZ 83, 122; Gelatine II – BGHZ 159, 30; für einen Überblick über die Diskussion bei der nationalen Aktiengesellschaft siehe Hüffer/*Koch* § 119 Rn. 16 ff.

49 *Casper* FS Ulmer, S. 51, 69; *Göz* ZGR 2008, 593, 615; *Habersack* ZGR 2003, 724, 741; Habersack/Drinhausen/*Bücker* Art. 52 Rn. 42; KK-AktG/*Kiem* Art. 52 SE-VO Rn. 36;

dagegen von der Mindermeinung eingewendet, dass nach der Formulierung des Art. 52 SE-VO der Hauptversammlung die Zuständigkeit aufgrund einer Rechtsvorschrift übertragen worden sein muss. Bei einer ungeschriebenen Kompetenz könne aber nichts übertragen werden, da ein Übertragen stets eine positive Regelung erfordere.[50] Jedoch räumt ein Teil der Mindermeinung ein, dass dieses Wortlautargument allein nicht ausschlaggebend sein könne.[51] Daher wird außerdem argumentiert, mit der Einbeziehung von Richterrecht gehe zugleich ein Verlust an Rechtssicherheit einher.[52] Allerdings hat der BGH in seiner Gelatine-II-Entscheidung seine Holzmüller-Doktrin dahingehend präzisiert, dass nur in extrem gelagerten Fällen eine ungeschriebene Kompetenz der Hauptversammlung besteht. Diese Präzisierung der Voraussetzungen und Begrenzung auf eng umrissene Ausnahmefälle mildern den Vorwurf der Rechtsunsicherheit erheblich, weswegen dieser Einwand der Mindermeinung nicht verfängt. Weiterhin wird von der Mindermeinung angeführt, dass die Vorgaben der SE-VO zur Organisationsverfassung der Europäischen Aktiengesellschaft grundsätzlich abschließend seien und daher kein Raum für ungeschriebene Hauptversammlungskompetenzen nach nationalem Recht bestehe.[53] Gegen dieses Argument spricht jedoch, dass Art. 52 Unterabs. 2 SE-VO selbst auf das nationale Recht der Mitgliedstaaten verweist, sodass eine generelle Sperrwirkung der SE-VO nicht angenommen werden kann.[54] Erst bei einem grundlegenden Verstoß gegen die von der SE-VO vorgegebenen Strukturmerkmale entfaltet die SE-VO eine Sperrwirkung mit der Folge der Unanwendbarkeit nationalen Rechts.[55] Da die „Holzmüller/Gelatine"-Grundsätze wie bereits erwähnt nur eng umrissene Ausnahmefälle erfassen, kann ein solch grundlegender Verstoß nicht angenommen werden.[56] Vielmehr ist entscheidend, dass bei der Auslegung von Rechtsquellen des EU-Rechts eine autonome, vom nationalen Begriffsverständnis losgelöste Auslegung des supranationalen Rechts vorgenommen werden muss. Ein Vergleich

---

Manz/Mayer/Schröder/*Mayer* Art. 52 Rn. 10; Spindler/Stilz/*Eberspächer* Art. 52 SE-VO Rn. 12; *Wirtz* S. 168.

50 Lutter/Hommelhoff/Teichmann/*Drygala* Art. 52 Rn. 47; MünchKommAktG/*Kubis* Art. 52 SE-VO Rn. 22.

51 MünchKommAktG/*Kubis* Art. 52 SE-VO Rn. 22.

52 Lutter/Hommelhoff/Teichmann/*Drygala* Art. 52 Rn. 47; MünchKommAktG/*Kubis* Art. 52 SE-VO Rn. 22.

53 *Brandt* S. 130 f.; *Marsch-Barner* FS Happ, S. 165, 171.

54 Habersack/Drinhausen/*Bücker* Art. 52 Rn. 42.

55 Habersack/Drinhausen/*Bücker* Art. 52 Rn. 42; *Schwarz* Art. 52 Rn. 35.

56 Habersack/Drinhausen/*Bücker* Art. 52 Rn. 42; *Schwarz* Art. 52 Rn. 35.

mit anderen Sprachfassungen der SE-VO zeigt, dass dort der Wortlaut des Art. 52 Unterabs. 2 SE-VO oftmals weiter gefasst ist als in der deutschen Fassung.[57] Daher spricht eine autonome Auslegung der SE-VO dafür, dass auch das ungeschriebene nationale Recht, welches insbesondere in den Mitgliedstaaten mit common-law-Rechtsordnung eine wesentliche Bedeutung hat, von der Verweisung auf das nationale Recht erfasst sein soll.[58] Nur eine solche autonome Auslegung wird dem Wesen der SE als supranationale Gesellschaftsform[59] gerecht.

cc) Zwischenergebnis zur Hauptversammlung der SE

Als Zwischenergebnis kann festgehalten werden, dass die organisationsverfassungsrechtliche Stellung einer Hauptversammlung einer SE im Wesentlichen mit der Stellung einer Hauptversammlung einer deutschen Aktiengesellschaft vergleichbar ist.[60] Dies resultiert nicht nur daraus, dass die Kompetenzen der Hauptversammlung einer SE oder einer deutschen Aktiengesellschaft ähnlich ausgestaltet und bei der SE ebenfalls ungeschriebene Hauptversammlungskompetenzen anzuerkennen sind. Auch für andere Bereiche wird in der SE-VO bei einer Vielzahl der Bestimmungen zur Hauptversammlung auf das nationale Recht verwiesen.[61]

c) Das dualistische System

Das dualistische System wird in den Art. 39–42 SE-VO behandelt. Dazu treten noch die Art. 46–51 SE-VO, die gemeinsame Vorschriften für das dualistische und monistische System enthalten. Auf nationaler Ebene sind noch die §§ 15–19 SEAG zu beachten, mit denen der deutsche Gesetzgeber basierend auf Regelungsermächtigungen aus der SE-VO das dualistische Verwaltungssystem für eine SE mit Sitz in Deutschland weiter ausdifferenziert hat.

aa) Das Leitungsorgan

Gemäß Art. 39 Abs. 1 S. 1 SE-VO führt das Leitungsorgan die Geschäfte der SE in eigener Verantwortung. Die Regelung ist somit trotz des geringfügig unterschiedlichen Wortlauts zu § 76 Abs. 1 AktG, der die Leitung der Gesellschaft dem

---

57 Habersack/Drinhausen/*Bücker* Art. 52 Rn. 42; Manz/Mayer/Schröder/*Mayer* Art. 52 Rn. 10; *Wirtz* S. 135 f.

58 *Casper* FS Ulmer, S. 51, 69; Habersack/Drinhausen/*Bücker* Art. 52 Rn. 42; Spindler/Stilz/*Eberspächer* Art. 52 SE-VO Rn. 12.

59 Zur Supranationalität der SE siehe S. 22 ff.

60 MünchKommAktG/*Reichert/Brandes* Art. 38 SE-VO Rn. 13; *Wicke* MittBayNot 2006, 196, 203.

61 Vgl. Art. 53, 54 Abs. 1, 2, Art. 55 Abs. 1, Art. 56, 57 und Art. 59 Abs. 1 SE-VO.

Vorstand unter eigener Verantwortung zuspricht, mit der nationalen Bestimmung funktional deckungsgleich.[62]

Die organschaftliche Vertretung der SE wird durch die SE-VO nicht geregelt. Hierbei handelt es sich jedoch um eine bewusste Entscheidung des Verordnungsgebers, sodass über Art. 9 Abs. 1 lit. c) ii) SE-VO die §§ 78, 82 AktG Anwendung finden.[63] Das Leitungsorgan der SE ist somit wie der Vorstand einer deutschen Aktiengesellschaft sowohl für die Geschäftsführung als auch für die Vertretung der Gesellschaft zuständig.[64] Es ist bei Ausübung dieser Kompetenzen von Weisungen des Aufsichtsorgans oder der Hauptversammlung unabhängig, wobei über die genaue Begründung dieses Ergebnisses gestritten wird.[65]

Fraglich ist, ob für das Leitungsorgan der SE das Prinzip der Gesamtgeschäftsführung gilt. Für deutsche Aktiengesellschaften ordnet § 77 Abs. 1 S. 1 AktG das Prinzip der Gesamtgeschäftsführung an. Allerdings kann entweder die Satzung oder die Geschäftsordnung des Vorstands gemäß § 77 Abs. 1 S. 2 AktG Abweichendes bestimmen. Eine § 77 Abs. 1 AktG vergleichbare ausdrückliche Regelung zur Gesamtgeschäftsführung ist in der SE-VO nicht enthalten. Art. 39 Abs. 1 S. 1 SE-VO weist die Aufgabe der Geschäftsführung jedoch dem gesamten Leitungsorgan als Kollegialorgan zu und nicht den einzelnen Organmitgliedern.[66] Die Geltung des Prinzips der Gesamtgeschäftsführung folgt daher bereits aus dem Wortlaut dieser Vorschrift.[67] Weiterhin ist jedoch auch Art. 50 Abs. 1 SE-VO zu beachten, der für die Beschlussfassung in den Organen der SE das Mehrheitsprinzip festschreibt. Bei der SE werden somit das Prinzip der Gesamtgeschäftsführung und das Mehrheitsprinzip miteinander verbunden.[68]

Gemäß Art. 39 Abs. 1 S. 2 SE-VO kann ein Mitgliedstaat vorsehen, dass ein oder mehrere Geschäftsführer die laufenden Geschäfte in eigener Verantwortung unter denselben Voraussetzungen, wie sie für Aktiengesellschaften mit Sitz im

62 MünchKommAktG/*Reichert/Brandes* Art. 39 SE-VO Rn. 8; Spindler/Stilz/*Eberspächer* Art. 39 SE-VO Rn. 4.

63 KK-AktG/*Paefgen* Art. 39 SE-VO Rn. 36; Lutter/Hommelhoff/Teichmann/*Drygala* Art. 39 Rn. 16 f.; *Schwarz* Art. 39 Rn. 14; Spindler/Stilz/*Eberspächer* Art. 39 SE-VO Rn. 5.

64 MünchKommAktG/*Reichert/Brandes* Art. 39 SE-VO Rn. 8.

65 Vgl. Lutter/Hommelhoff/Teichmann/*Drygala* Art. 39 Rn. 9 f.; *Schwarz* Art. 39 Rn. 27 f.

66 Habersack/Drinhausen/*Seibt* Art. 39 Rn. 7; KK-AktG/*Paefgen* Art. 39 SE-VO Rn. 25; Lutter/Hommelhoff/Teichmann/*Drygala* Art. 39 Rn. 18; *Schwarz* Art. 39 Rn. 14.

67 KK-AktG/*Paefgen* Art. 39 SE-VO Rn. 25; Lutter/Hommelhoff/Teichmann/*Drygala* Art. 39 Rn. 18.

68 Habersack/Drinhausen/*Seibt* Art. 39 Rn. 7; Lutter/Hommelhoff/Teichmann/*Drygala* Art. 39 Rn. 18.

Hoheitsgebiet des betreffenden Mitgliedstaats gelten, führt bzw. führen. Von dieser Gestaltungsmöglichkeit kann der Mitgliedstaat jedoch nur Gebrauch machen, wenn sein nationales Aktienrecht in einem dualistischen Verwaltungssystem Geschäftsführer neben dem Leitungsorgan vorsieht.[69] Eine solche Konstellation ist nach dem deutschen Aktienrecht allerdings nicht möglich. Folglich war es dem deutschen Gesetzgeber verwehrt, die Regelungsermächtigung aus Art. 39 Abs. 1 S. 2 SE-VO zu nutzen.[70]

Die Mitglieder des Leitungsorgans werden grundsätzlich vom Aufsichtsorgan bestellt und abberufen, Art. 39 Abs. 2 S. 1 SE-VO. Von der Ermächtigungsregelung des Art. 39 Abs. 2 S. 2 SE-VO, die Zuständigkeit zur Bestellung und Abberufung der Mitglieder des Leitungsorgans auf die Hauptversammlung zu verlagern, konnte und hat der deutsche Gesetzgeber keinen Gebrauch gemacht, da das deutsche Aktienrecht keine entsprechende Bestimmung kennt.[71] Für den Fall der Führungslosigkeit gilt gemäß Art. 9 Abs. 2 lit. c) ii) SE-VO nationales Aktienrecht, in Deutschland mithin § 85 AktG.[72] Die persönlichen Voraussetzungen für Organmitglieder[73] ergeben sich aus Art. 47 Abs. 1–3 SE-VO. Bei einer SE mit Sitz in Deutschland ist es wegen Art. 47 Abs. 1 SE-VO i.V.m. § 76 Abs. 3 S. 1 AktG nicht möglich, dass eine juristische Person Mitglied des Leitungsorgans wird. Zu den weiteren persönlichen Voraussetzungen für Organmitglieder verweist Art. 47 Abs. 2 lit. a) SE-VO auf das nationale Recht, mithin auf § 76 Abs. 3 S. 2 AktG. Zudem besteht nach lit. b) zusätzlich ein Bestellungshindernis bei Gerichts- oder Verwaltungsentscheidung eines anderen Mitgliedstaats, was eine Verschärfung gegenüber dem deutschen Aktienrecht darstellt.[74]

bb) Das Aufsichtsorgan

Gemäß Art. 40 Abs. 1 S. 1 SE-VO überwacht das Aufsichtsorgan die Führung der Geschäfte durch das Leitungsorgan. Es ist jedoch nicht berechtigt, die Geschäfte selbst zu führen, Art. 40 Abs. 1 S. 2 SE-VO. Diese Vorschrift verdeutlicht somit

---

69 Lutter/Hommelhoff/Teichmann/*Drygala* Art. 39 Rn. 24.

70 Habersack/Drinhausen/*Seibt* Art. 39 Rn. 13; Lutter/Hommelhoff/Teichmann/*Drygala* Art. 39 Rn. 24.

71 Lutter/Hommelhoff/Teichmann/*Drygala* Art. 39 Rn. 41; MünchKommAktG/*Reichert/Brandes* Art. 39 SE-VO Rn. 15.

72 Lutter/Hommelhoff/Teichmann/*Drygala* Art. 39 Rn. 28.

73 Da Art. 47 SE-VO im dritten Abschnitt des dritten Titels der SE-VO steht, gilt diese Bestimmung für alle Organmitglieder sowohl des dualistischen als auch des monistischen Verwaltungssystems.

74 Habersack/Drinhausen/*Seibt* Art. 39 Rn. 18.

die das dualistische System konstituierende Trennung von Geschäftsführung und Überwachung.

Die Überwachungstätigkeit umfasst nicht nur die retrospektive Kontrolle bereits abgeschlossener Geschäftsvorgänge, sondern auch eine präventive Beratung des Leitungsorgans durch das Aufsichtsorgan.[75] Zur Erfüllung der Überwachung stehen dem Aufsichtsorgan neben der Personalkompetenz aus Art. 39 Abs. 2 S. 1 SE-VO die Informationsrechte des Art. 41 SE-VO zur Verfügung. Zudem kann das Aufsichtsorgan die Geschäftsführung durch Zustimmungsvorbehalte nach Art. 48 Abs. 1 SE-VO beeinflussen.[76] Der deutsche Gesetzgeber hat in § 19 SEAG von der Regelungsermächtigung des Art. 48 Abs. 1 S. 2 SE-VO Gebrauch gemacht, sodass das Aufsichtsorgan selbst bestimmte Arten von Geschäften von seiner Zustimmung abhängig machen kann. Er hat dagegen die Regelungsermächtigung des Art. 48 Abs. 2 SE-VO nicht genutzt und so einen Gleichlauf mit der Regelung des § 111 Abs. 4 AktG geschaffen.[77]

Wie für das Leitungsorgan gilt auch für das Aufsichtsorgan bezüglich der Beschlussfassung Art. 50 Abs. 1 SE-VO. Das Aufsichtsorgan fasst seine Beschlüsse mit der Mehrheit der anwesenden oder vertretenen Mitglieder.

Die Mitglieder des Aufsichtsorgans werden gemäß Art. 40 Abs. 2 S. 1 SE-VO von der Hauptversammlung der Europäischen Aktiengesellschaft bestellt. Gemäß Art. 40 Abs. 2 S. 3 SE-VO bleiben jedoch eventuell bestehende Bestellungsrechte nach Art. 47 Abs. 4 SE-VO oder eine nach Maßgabe der SE-RL geschlossene Vereinbarung über die Mitbestimmung der Arbeitnehmer unberührt. Daher kann die Hauptversammlung für das Aufsichtsorgan nur die Vertreter der Anteilseigner bestellen.[78] Die Mitglieder des ersten Aufsichtsorgans können nach Art. 40 Abs. 2 S. 2 SE-VO durch die Satzung bestimmt werden. Die persönlichen Voraussetzungen der Aufsichtsorganmitglieder ergeben sich wie bei den Mitgliedern des Leitungsorgans aus Art. 47 Abs. 1–3 SE-VO. Bei einer SE mit Sitz in Deutschland ist es wegen Art. 47 Abs. 1 SE-VO i.V.m. § 100 Abs. 1 S. 1 AktG nicht möglich, dass eine juristische Person Mitglied des Aufsichtsorgans wird. Art. 47 Abs. 2 lit. a) SE-VO verweist für die persönlichen Voraussetzungen der Aufsichtsorganmitglieder auf § 100 Abs. 2–4 AktG. Zudem besteht nach Art. 47 Abs. 2 lit. b) SE-VO zusätzlich ein Bestellungshindernis bei einer entsprechenden Gerichts- oder Verwaltungsentscheidung eines anderen Mitgliedstaats.

---

75 KK-AktG/*Paefgen* Art. 40 SE-VO Rn. 16; MünchKommAktG/*Reichert/Brandes* Art. 40 SE-VO Rn. 16; *Schwarz* Art. 40 Rn. 9 f.; a.A. *Lange* EuZW 2003, 301, 304.

76 *Schwarz* Art. 40 Rn. 15.

77 Spindler/Stilz/*Eberspächer* Art. 48 SE-VO Rn. 3; *Teichmann* ZIP 2002, 1109,1115.

78 *Schwarz* Art. 40 Rn. 41.

d) *Das monistische System*

Das monistische System wird in den Art. 43–45 SE-VO behandelt. Dazu treten noch die Art. 46–51 SE-VO, die gemeinsame Vorschriften für das dualistische und monistische System enthalten. Das monistische System war dem deutschen Aktienrecht vor Einführung der Europäischen Aktiengesellschaft unbekannt. Daher war für Deutschland die Regelung des Art. 43 Abs. 4 SE-VO einschlägig, nach der ein Mitgliedstaat entsprechende Vorschriften in Bezug auf eine SE erlassen kann, wenn sein nationales Recht in Bezug auf Aktiengesellschaften mit Sitz in seinem Hoheitsgebiet keine Vorschriften über ein monistisches System enthält. Es wurde in der juristischen Literatur diskutiert, ob diese Vorschrift als Regelungsermächtigung oder Regelungsverpflichtung zu verstehen sei. Für Ersteres spricht der Wortlaut des Art. 43 Abs. 4 SE-VO, der das Wort „kann" enthält und so auf ein gewisses Ermessen des nationalen Gesetzgebers hindeutet. Daher ordnete ein Teil der Literatur diese Vorschrift als Regelungsermächtigung ein.[79] Die wohl herrschende Meinung favorisierte dennoch eine Auslegung als Regelungsverpflichtung[80] oder sprach von einer faktischen[81] Verpflichtung. Ansonsten wäre es den nationalen Gesetzgebern möglich gewesen, das Wahlrecht aus Art. 38 lit. b) SE-VO dadurch zu erschweren, keine Regelungen für das monistische System bereitzustellen und so dieses Verwaltungssystem wegen der eintretenden Rechtsunsicherheit unattraktiv werden zu lassen.[82] Von dritter Seite wurde die Diskussion um die Einordnung des Art. 43 Abs. 4 SE-VO als müßig empfunden, da es keinen Zweifel daran geben könne, dass einer SE mit Sitz in Deutschland faktisch beide Systeme zur Verfügung stehen müssten.[83] Diese Diskussion erübrigte sich mit der Einführung des SEAG, welches in seinen §§ 20–49 dezidierte Regelungen zum monistischen System enthält.

aa) Das Verwaltungsorgan

Bei einer monistisch verfassten SE verfügt die Gesellschaft nicht über zwei getrennte Organe mit verschiedenen Aufgaben, sondern nur über ein Verwaltungsorgan. Dieses führt gemäß Art. 43 Abs. 1 S. 1 SE-VO die Geschäfte der Europäischen Aktiengesellschaft.

---

79 *Hirte* NZG 2002, 1, 5 Fn. 51; *Schulz/Geismar* DStR 2001, 1078, 1082; *Schwarz* ZIP 2001, 1847, 1854.

80 Habersack/Drinhausen/*Verse* Art. 43 Rn. 37; *Lutter* BB 2002, 1, 4; *Schmidt* Monistische SE S. 122.

81 *Ihrig/Wagner* BB 2003, 969, 974; ähnlich *Schwarz* Art. 43 Rn. 124, der von einer Ermessensreduktion auf Null ausgeht und so zu einer Verpflichtung kommt.

82 Habersack/Drinhausen/*Verse* Art. 43 Rn. 37; *Schmidt* Monistische SE S. 122.

83 *Neye/Teichmann* AG 2003, 169, 175.

Der Verwaltungsrat einer SE mit Sitz in Deutschland hat gemäß § 40 Abs. 1 S. 1 SEAG einen oder mehrere geschäftsführende Direktoren zu bestellen.[84] Obwohl diese für die Vertretung und Geschäftsführung der SE zuständig sind, darf die Stellung des Verwaltungsorgans im Organisationsgefüge der monistisch verfassten Europäischen Aktiengesellschaft nicht unterschätzt werden. Das Verwaltungsorgan leitet die Gesellschaft, bestimmt die Grundlinien ihrer Tätigkeit und überwacht deren Umsetzung, § 22 Abs. 1 SEAG. Zudem kann es zu jedem Zeitpunkt einzelne Maßnahmen der Geschäftsführung an sich ziehen.[85] Das Verwaltungsorgan trägt somit im gesellschaftsrechtlichen Innenverhältnis die unveräußerliche Leitungsverantwortung.[86] Der Begriff der Leitung umfasst dabei die grundlegenden Führungsentscheidungen und stellt einen herausgehobenen Teilbereich der gesamten Geschäftsführung dar.[87] Aufgrund dieser Leitungsverantwortung ist das Verwaltungsorgan letztverantwortlich für alle Maßnahmen der Gesellschaft und teilt sich diese Letztverantwortung auch nicht mit den geschäftsführenden Direktoren.[88] Vielmehr steht das Verwaltungsorgan in einem hierarchischen Verhältnis zu den untergeordneten geschäftsführenden Direktoren.[89] Dies zeigt sich exemplarisch an den Befugnissen des Verwaltungsorgans, die geschäftsführenden Direktoren gemäß § 40 Abs. 5 S. 1 SEAG jederzeit abzuberufen und ihnen nach § 44 Abs. 2 SEAG Weisungen zu erteilen.

Genau wie das Leitungsorgan in der dualistische SE ist auch das Verwaltungsorgan von Weisungen der Hauptversammlung unabhängig.[90]

Die Absätze 2 bis 5 des § 22 SEAG enthalten Regelungen zu weiteren besonderen Rechten und Pflichten des Verwaltungsorgans. Die Bestimmungen sind den Vorschriften der §§ 76–116 AktG nachgebildet.[91] Das Verwaltungsorgan ist zur Einberufung einer Hauptversammlung verpflichtet, wenn das Wohl der Gesellschaft es erfordert, § 22 Abs. 2 S. 1 SEAG. Das Gleiche gilt bei einem Verlust der Hälfte des Grundkapitals, § 22 Abs. 5 S. 1 SEAG. Außerdem ist das Verwaltungs-

---

84 Zu den geschäftsführenden Direktoren siehe S. 21.

85 Habersack/Drinhausen/*Verse* § 22 SEAG Rn. 9; Lutter/Hommelhoff/Teichmann/*Teichmann* Anh. Art. 43 (§ 22 SEAG) Rn. 14.

86 Begr. RegE zu § 22 SEAG, BT-Drucks. 15/3405, S. 36.

87 Habersack/Drinhausen/*Verse* § 22 SEAG Rn. 5.

88 Begr. RegE zu § 22 SEAG, BT-Drucks. 15/3405, S. 36.

89 MünchKommAktG/*Reichert/Brandes* Art. 43 SE-VO Rn. 13 ff.

90 Habersack/Drinhausen/*Verse* § 22 SEAG Rn. 11; KK-AktG/*Siems* Art. 43 SE-VO Rn. 16 ff.; MünchKommAktG/*Reichert/Brandes* Art. 43 SE-VO Rn. 9; *Schwarz* Art. 43 Rn. 15.

91 Habersack/Drinhausen/*Verse* § 22 SEAG Rn. 18.

organ zur Buchführung verpflichtet und muss geeignete Maßnahmen treffen, um Entwicklungen, die den Fortbestand der Gesellschaft gefährden, frühzeitig zu erkennen, § 22 Abs. 3 SEAG. Insbesondere muss das Verwaltungsorgan ein Überwachungssystem einrichten. Diese besondere Betonung der Kontrolltätigkeit des Verwaltungsorgans ist bezeichnend für das monistische System, in dem kein gesondertes Überwachungsorgan existiert.[92] § 22 Abs. 5 S. 2 SEAG regelt die Pflichten des Verwaltungsorgans im Falle einer Insolvenz.

§ 22 Abs. 6 SEAG enthält eine Generalverweisung auf alle Rechtsvorschriften jenseits des SEAG, die dem Vorstand oder dem Aufsichtsrat einer Aktiengesellschaft Rechte oder Pflichten zuweisen.[93]

Die Mitglieder des Verwaltungsorgans werden gemäß Art. 43 Abs. 3 S. 1 SE-VO von der Hauptversammlung bestellt. Wie bei den Mitgliedern des Leitungs- und Aufsichtsorgans in der dualistischen SE ergeben sich die persönlichen Voraussetzungen für die Mitglieder des Verwaltungsorgans aus Art. 47 Abs. 1–3 SE-VO. In einer SE mit Sitz in Deutschland kann eine juristische Person nicht Mitglied des Verwaltungsorgans sein, Art. 47 Abs. 1 SE-VO i.V.m. § 27 Abs. 3 SEAG. Art. 47 Abs. 2 lit. a) SE-VO verweist für die persönlichen Voraussetzungen der Verwaltungsratsmitglieder auf die ersten beiden Absätze des § 27 SEAG. Zudem besteht nach Art. 47 Abs. 2 lit. b) SE-VO zusätzlich ein Bestellungshindernis bei einer entsprechenden Gerichts- oder Verwaltungsentscheidung eines anderen Mitgliedstaats.

bb) Die geschäftsführenden Direktoren

Wie bereits erwähnt werden die geschäftsführenden Direktoren vom Verwaltungsorgan bestellt. Dem Verwaltungsorgan steht es dabei frei, Mitglieder des Verwaltungsorgans oder Externe zu geschäftsführenden Direktoren zu ernennen. Jedoch muss die Mehrheit des Verwaltungsorgans weiterhin aus nicht geschäftsführenden Mitgliedern bestehen, § 40 Abs. 1 S. 2 SEAG.

Neben der auf das Innenverhältnis der Gesellschaft ausgerichteten Geschäftsführung, § 40 Abs. 2 S. 1 SEAG, sind die geschäftsführenden Direktoren gemäß § 41 SEAG auch für die Vertretung der Gesellschaft zuständig. Dabei gilt das Prinzip der Gesamtgeschäftsführung bzw. Gesamtvertretung. Hinsichtlich der Kompetenzen der geschäftsführenden Direktoren ist somit eine Parallele zu den Aufgaben des Vorstands einer deutschen Aktiengesellschaft festzustellen.

---

92 Lutter/Hommelhoff/Teichmann/*Teichmann* Anh. Art. 43 (§ 22 SEAG) Rn. 7.

93 Einen Überblick über einzelne, nach § 22 Abs. 6 SEAG auf das Verwaltungsorgan anwendbare Vorschriften bietet Habersack/Drinhausen/*Verse* § 22 SEAG Rn. 51 ff.

Dennoch stehen die geschäftsführenden Direktoren wegen ihrer Weisungsgebundenheit nach § 44 Abs. 2 SEAG und ihrer jederzeitigen Abberufbarkeit durch das Verwaltungsorgan gemäß § 40 Abs. 5 S. 1 SEAG den Geschäftsführern einer GmbH wesentlich näher als dem Vorstand einer deutschen Aktiengesellschaft.[94] Dies zeigt sich auch daran, dass die geschäftsführenden Direktoren anders als die Vorstandsmitglieder nach § 76 Abs. 1 AktG nicht in eigener Verantwortung handeln.

II. Die Societas Europaea als supranationale Gesellschaftsform

Die SE ist keine nationale Gesellschaftsform. Vielmehr handelt es sich bei ihr um eine europäische Rechtsform, welche von ihrer Konzeption her einen grenzüberschreitenden Charakter aufweist und neben die nationalen Gesellschaftsformen tritt.[95] Die SE gehört damit zur Gruppe der europäischen, supranationalen Rechtsformen.[96] Zu dieser Art von Rechtsform zählen ebenfalls die Europäische wirtschaftliche Interessenvereinigung (EWIV)[97] und die Europäische Genossenschaft (Societas Cooperativa Europaea – SCE)[98]. Folgend sollen nun einige Beispiele aufgezeigt werden, die den supranationalen, europäischen Charakter der SE verdeutlichen.

1. Die Rechtsgrundlage der SE

Das europäische Element der SE zeigt sich bereits an ihrer Rechtsgrundlage. Ergänzend zur SE-VO finden zwar auf die SE noch das nationale Aktienrecht und das speziell für die SE erlassene nationale Recht Anwendung. Es besteht somit keine einheitliche, europaweit geltende Rechtsform namens SE, sondern es existieren so viele verschiedene Formen von SE wie es EU-Mitgliedstaaten gibt.[99] Die SE-VO, welche als Verordnung gemäß Art. 288 AEUV in jedem Mitgliedstaat unmittelbar gilt, trifft dennoch wesentliche Aussagen zur SE, insbesondere zu

94 Habersack/Drinhausen/*Verse* § 40 SEAG Rn. 1; Lutter/Hommelhoff/Teichmann/*Teichmann* Anh. Art. 43 (§ 40 SEAG) Rn. 5.

95 Jannott/Frodermann/*Kuhn* 2. Kapitel Rn. 39; Semler/Volhard/Reichert/*Liebscher* § 49 Rn. 16.

96 Vgl. auch Erwägungsgrund Nr. 6 und Nr. 7 der SE-VO.

97 Verordnung (EWG) Nr. 2137/85 des Rates vom 25. 7. 1985 über die Schaffung einer Europäischen Wirtschaftlichen Interessenvereinigung (EWIV), ABl. EG 1985, L 199 S. 1 vom 31.07.1985.

98 Verordnung (EG) Nr. 1435/2003 des Rates vom 22. 7. 2003 über das Statut der Europäischen Genossenschaft (SCE), ABl. EU 2003, L 207 S. 1 vom 18.08.2003.

99 *Hirte* NZG 2001, 1, 2; *ders.* DStR 2005, 653, 654; *Pluskat* EuZW 2001, 524, 528.

ihrer Gründung und Organisationsverfassung. Daher ist es trotz der nationalen Prägung der SE durch nationale Ausführungsgesetze zutreffend, die SE als europäische, supranationale Gesellschaftsform zu bezeichnen.

2. *Das Gründungsverfahren der SE*

Der europäische, supranationale Charakter der SE tritt außerdem besonders bei ihrer Gründung hervor. Art. 2 SE-VO sieht vier verschiedene Möglichkeiten der Gründung einer SE vor. Neben diese Gründungsformen tritt noch die Möglichkeit der Gründung einer Tochter-SE durch eine SE selbst, Art. 3 Abs. 2 SE-VO. Diese Art der Gründung wird auch als abgeleitete oder sekundäre Gründungsform bezeichnet, um zu verdeutlichen, dass sie eine bereits existente SE als Gründerin voraussetzt.[100] Die Gründung einer SE ist auf die in diesen beiden Artikeln vorgesehenen Möglichkeiten limitiert. Man spricht daher auch vom numerus-clausus der Gründungsformen.[101]

Gemäß Art. 2 Abs. 1 SE-VO können Aktiengesellschaften eine SE durch Verschmelzung gründen, sofern mindestens zwei von ihnen dem Recht verschiedener Mitgliedstaaten unterliegen. Die Gründung einer Holding-SE nach Art. 2 Abs. 2 SE-VO kann durch Aktiengesellschaften oder Gesellschaften mit beschränkter Haftung erfolgen. Mindestens zwei der Gründer müssen dem Recht verschiedener Mitgliedstaaten unterliegen oder seit mindestens zwei Jahren eine dem Recht eines anderen Mitgliedstaats unterliegende Tochtergesellschaft oder eine Zweigniederlassung in einem anderen Mitgliedstaat haben. Art. 2 Abs. 3 SE-VO regelt die Gründung einer Tochter-SE. Diese Vorschrift ermöglicht die Gründung in der Form, dass die Aktien der Tochter-SE durch Gesellschaften im Sinne des Artikels 48 Abs. 2 des EG-Vertrags[102] oder durch juristische Personen gezeichnet werden, sofern mindestens zwei der Gründer dem Recht verschiedener Mitgliedstaaten unterliegen oder seit mindestens zwei Jahren eine dem Recht eines anderen Mitgliedstaats unterliegende Tochtergesellschaft oder eine Zweigniederlassung in einem anderen Mitgliedstaat haben. Schließlich regelt Art. 2 Abs. 4 SE-VO die Umwandlung einer nationalen Aktiengesellschaft in eine SE. Diese Art der Gründung setzt voraus, dass die umzuwandelnde Gesellschaft seit mindestens zwei Jahren eine dem Recht eines anderen Mitgliedstaats unterliegende Tochtergesellschaft hat. Folglich ist allen Gründungsmöglichkeiten des Art. 2 SE-VO

---

100 *Hommelhoff* AG 2001, 279, 280.

101 Habersack/Drinhausen/*Habersack* Art. 2 Rn. 1; *Hommelhoff* AG 2001, 279, 280; MünchKommAktG/*Oechsler*/*Mihaylova* Art. 2 SE-VO Rn. 1.

102 Jetzt Art. 54 Abs. 2 AEUV.

gemeinsam, dass stets ein grenzüberschreitender Bezug vorliegen muss, was den europäischen Charakter der SE verdeutlicht. Bei der sekundären Gründung einer Tochter-SE nach Art. 3 Abs. 2 SE-VO zeigt sich der europäische Charakter der Rechtsform darin, dass die gründende Gesellschaft eine SE sein muss.

3. Die Möglichkeit zur grenzüberschreitenden Sitzverlegung

Ein weiterer Bestandteil des europäischen Charakters der SE ist die Möglichkeit der grenzüberschreitenden Sitzverlegung nach Art. 8 SE-VO.[103] Diese führt weder zur Auflösung der SE noch zur Gründung einer neuen juristischen Person. Zwar besteht mittlerweile wegen der Umsetzung der Verschmelzungsrichtlinie[104] auch nach nationalem Recht[105] die Möglichkeit, eine Sitzverlegung durch eine Hineinverschmelzung in einen anderen Mitgliedstaat zu erreichen.[106] Diese Art der Sitzverlegung gestaltet sich jedoch umständlicher als bei einer SE.[107] Neben der SCE ist die SE daher die einzige Rechtsform, bei der eine grenzüberschreitende Sitzverlegung ohne umständliche Umgehungskonstruktion und rechtssicher durchgeführt werden kann.[108]

III. Die Zulässigkeit einer SE-Hauptversammlung im Ausland

Die Stellung der Hauptversammlung im Organisationsgefüge der SE ähnelt wie dargestellt der Stellung einer Hauptversammlung einer deutschen Aktiengesellschaft. Zudem wird die SE mit Sitz in Deutschland aufgrund der in der SE-VO vielfältig vorgesehenen Verweisungen ins nationale Recht generell als weitreichend vergleichbar mit der deutschen Aktiengesellschaft angesehen.[109] Dennoch ist der vorgehend dargestellte europäische, supranationale Charakter einer der maßgeblichen Unterschiede der SE gegenüber der nationalen, deutschen Aktiengesellschaft. Aus diesem Unterschied wird in der Literatur geschlussfolgert, dass die Hauptversammlung einer SE unabhängig von der Diskussion im nationalen

---

103 *Kleinsorge* RdA 2002, 343, 347.

104 Richtlinie 2005/56/EG des Europäischen Parlaments und des Rates vom 26.10.2005 über die Verschmelzung von Kapitalgesellschaften aus verschiedenen Mitgliedstaaten, ABl. EU Nr. L 310 S. 1 vom 25.11.2005.

105 Vgl. §§ 122a ff. UmwG.

106 Habersack/Drinhausen/*Diekmann* Art. 8 Rn. 5; Manz/Mayer/Schröder/*Schröder* Art. 8 Rn. 1.

107 Manz/Mayer/Schröder/*Schröder* Art. 8 Rn. 1.

108 Manz/Mayer/Schröder/*Schröder* Art. 8 Rn. 1.

109 Lutter/Hommelhoff/Teichmann/*Lutter* Einl. SE-VO Rn. 43.

Recht stets in zulässiger Weise im Ausland stattfinden kann. Es gilt, die von der Literatur vorgetragenen Argumente zunächst darzustellen und zu systematisieren. Anschließend wird untersucht, inwieweit der BGH, das Kammergericht und das Landgericht Berlin in ihren Entscheidungen auf die vorgetragenen Argumente eingegangen sind. Abschließend werden die unterschiedlichen Positionen und Argumente aus Literatur und Rechtsprechung kritisch bewertet und es wird insgesamt zur Zulässigkeit von Auslandsversammlungen bei der SE Stellung bezogen.

Zuvor ist jedoch zu klären, welches Recht für die Wahl des Orts der Hauptversammlung maßgeblich ist. Art. 53 SE-VO verweist vorbehaltlich SE-VO-eigener Sachregelungen für die Organisation und den Ablauf der Hauptversammlung sowie für das Abstimmungsverfahren auf die für Aktiengesellschaften maßgeblichen nationalen Rechtsvorschriften. Zur Organisation der Hauptversammlung zählt auch die Wahl des Orts der Hauptversammlung. Eine Vorschrift in der SE-VO selbst findet sich diesbezüglich nicht.[110] Daher ist für eine in Deutschland ansässige SE über den Verweis in Art. 53 SE-VO die Bestimmung des § 121 Abs. 5 AktG maßgeblich, der die zulässigen Hauptversammlungsorte für eine deutsche Aktiengesellschaft festlegt.[111]

1. Ansichten in der Literatur

In der Literatur betreffend die SE wird ganz überwiegend die Auffassung vertreten, die Hauptversammlung einer SE könne im Ausland stattfinden.[112] Allerdings werden bei der Begründung dieses Ergebnisses unterschiedliche Akzente gesetzt oder sogar gänzlich verschiedene Argumente aufgeführt. Die herrschende Lehre stützt ihre Auffassung auf die Besonderheiten der SE als supranationale Rechtsform und schlussfolgert die Zulässigkeit von Auslandsversammlungen bereits aus dieser Rechtsform und unabhängig vom nationalen Recht.[113] Eine Minder-

---

110 Habersack/Drinhausen/*Bücker* Art. 53 Rn. 8.

111 Habersack/Drinhausen/*Bücker* Art. 53 Rn. 8; Lutter/Hommelhoff/Teichmann/*Spindler* Art. 53 Rn. 9; MünchKommAktG/*Kubis* Art. 53 SE-VO Rn. 10.

112 *Brandt* S. 176; KK-AktG/*Kiem* Art. 53 SE-VO Rn. 9; Lutter/Hommelhoff/*Spindler*, Europäische Gesellschaft, S. 239; Lutter/Hommelhoff/Teichmann/*Spindler* Art. 53 Rn. 9; MünchKommAktG/*Kubis* Art. 53 SE-VO Rn. 10; *Schwarz* Art. 53 Rn. 10; Semler/Volhard/Reichert/*Liebscher*, § 49 Rn. 16; Spindler/Stilz/*Eberspächer* Art. 53 SE-VO Rn. 4; Widmann/Mayer/*Heckschen* Anhang 14 Rn. 497.

113 *Brandt* S. 176; Lutter/Hommelhoff/*Spindler*, Europäische Gesellschaft, S. 239; Lutter/Hommelhoff/Teichmann/*Spindler* Art. 53 Rn. 9; *Schwarz* Art. 53 Rn. 10; Semler/Volhard/Reichert/*Liebscher*, § 49 Rn. 16.

meinung leitet die Zulässigkeit von Hauptversammlungen im Ausland dagegen allein aus dem deutschen Recht ab.[114]

a) Argumentation, die den europäischen Charakter der SE betont

Ein Teil der Literatur verweist in seiner Begründung zunächst auf die Praxis anderer Mitgliedstaaten bezüglich Hauptversammlungen. So seien beispielsweise in Dänemark, Irland und im Vereinigten Königreich Auslandsversammlungen generell zulässig, weswegen dies auch für die SE gelten müsse.[115]

Ein weiteres, oft vorgebrachtes Argument für die Zulässigkeit von Auslandsversammlungen einer SE ist der zuvor dargestellte europäische, supranationale Charakter dieser Gesellschaftsform.[116] Ein wesentliches Argument gegen die Zulässigkeit von Auslandsversammlungen bei der deutschen Aktiengesellschaft sei, dass sich die Aktionäre einer deutschen Aktiengesellschaft auf eine Hauptversammlung im Inland eingestellt hätten und die Wahl eines Hauptversammlungsorts im Ausland daher eine unzumutbare Erschwerung der Teilnahme an der Hauptversammlung sei.[117] Da die SE von ihrer Konzeption her stärker auf einen europaweit ansässigen Aktionärskreis ausgerichtet sei, könne dieses Argument bei der SE aber nicht gelten.[118] Vielmehr könne bei einer SE angesichts des europäischen Charakters nicht generell von einer unzumutbaren Erschwerung der Teilnahme ausgegangen werden.[119] Schließlich wird noch argumentiert, dass die Kooperation innerhalb der EU die Möglichkeit von Auslandsversammlungen rechtfertige und so auch eine gemeinschaftsweite Präsenz der Gesellschaft möglich sei.[120]

Eng verwandt mit der rechtlichen Ausrichtung der SE auf einen europaweit ansässigen Aktionärskreis ist ein rechtstatsächliches Argument. Mit Blick auf die in der Praxis stattfindende zunehmende Internationalisierung der Investoren-

---

114 KK-AktG/*Kiem* Art. 53 SE-VO Rn. 9; Widmann/Mayer/*Heckschen* Anhang 14 Rn. 497.

115 Lutter/Hommelhoff/Teichmann/*Spindler* Art. 53 Rn. 9; *Schwarz* Art. 53 Rn. 10.

116 Lutter/Hommelhoff/*Spindler*, Europäische Gesellschaft, S. 239; Lutter/Hommelhoff/Teichmann/*Spindler* Art. 53 Rn. 9; Semler/Volhard/Reichert/*Liebscher* § 49 Rn. 16.

117 Lutter/Hommelhoff/*Spindler*, Europäische Gesellschaft, S. 239; Semler/Volhard/Reichert/*Liebscher* § 49 Rn. 16.

118 Lutter/Hommelhoff/*Spindler*, Europäische Gesellschaft, S. 239; Semler/Volhard/Reichert/*Liebscher* § 49 Rn. 16.

119 Lutter/Hommelhoff/Teichmann/*Spindler* Art. 53 Rn. 9.

120 *Schwarz* Art. 53 Rn. 10.

kreise[121] und der guten Erreichbarkeit von Städten im Ausland bestehe kein Grund mehr für eine restriktive, auf im Inland gelegene Orte beschränkte Auswahl an potentiellen Hauptversammlungsorten.[122]

Ein gänzlich anderes Argument für die Zulässigkeit einer ausländischen SE-Hauptversammlung wird von einem Teil der Literatur aus Art. 8 SE-VO geschlussfolgert.[123] Art. 8 SE-VO ermöglicht der SE, ihren Sitz grenzüberschreitend in einen anderen Mitgliedstaat zu verlegen, ohne dass dies zur Auflösung der SE oder zur Gründung einer neuen juristischen Person führt. Dieser Literaturansicht zufolge stelle die satzungsmäßige Wahl eines Hauptversammlungsorts im EU-Ausland gegenüber der grenzüberschreitenden Sitzverlegung eine weniger einschneidende Maßnahme dar und müsse als gemeinschaftsrechtliches Argument im Rahmen des § 121 Abs. 5 AktG Berücksichtigung finden.[124] Zudem könne so die Harmonisierung innerhalb der EU vorangetrieben werden, was mit der Einführung der SE bezweckt sei.[125]

Aus den zuvor genannten Argumenten wird eine SE-spezifische[126] oder EU-freundliche[127] bzw. europarechts-freundliche[128] Auslegung des § 121 Abs. 5 AktG abgeleitet. Der Problematik von Missbräuchen bei der Wahl des Versammlungsorts durch willkürliche, schwer erreichbare oder weit vom Ort des Sitzes entfernte Hauptversammlungen will man durch Anfechtungsklagen begegnen.[129]

b) *Argumentation gestützt auf § 121 Abs. 5 AktG*

Kiem stimmt der Zulässigkeit von Hauptversammlungen im Ausland im Ergebnis ebenfalls zu. Allerdings erteilt er einer auf die Besonderheiten der SE gestützten Auslegung des § 121 Abs. 5 AktG eine klare Absage. Die Wahl einer supranationalen Rechtsform bedeute nicht zwangsläufig, dass auch der Aktionärskreis international zusammengesetzt sei und könne daher kein Argument für die Zulässigkeit von Auslandsversammlungen sein. Es sei daher auf die tatsächlichen

---

121 Zum Anteil ausländischer Aktionäre an der Marktkapitalisierung deutscher Gesellschaften siehe Monatsbericht der Deutschen Bundesbank September 2014, S. 19 ff.

122 Habersack/Drinhausen/*Bücker* 1. Auflage Art. 53 Rn. 10.

123 MünchKommAktG/*Kubis* 3. Aufl. 2012, Art. 53 SE-VO Rn. 10.

124 MünchKommAktG/*Kubis* 3. Aufl. 2012, Art. 53 SE-VO Rn. 10.

125 MünchKommAktG/*Kubis* 3. Aufl. 2012, Art. 53 SE-VO Rn. 10.

126 *Schwarz* Art. 53 Rn. 10.

127 Lutter/Hommelhoff/Teichmann/*Spindler* Art. 53 Rn. 9.

128 Semler/Volhard/Reichert/*Liebscher* § 49 Rn. 16.

129 Lutter/Hommelhoff/*Spindler*, Europäische Gesellschaft, S. 239; Lutter/Hommelhoff/Teichmann/*Spindler* Art. 53 Rn. 9.

Verhältnisse und nicht den typisierten Aktionärskreis abzustellen. Vielmehr sei die Auslandsversammlung bei einer SE mit Sitz in Deutschland zulässig, weil auch eine deutsche Aktiengesellschaft ihre Hauptversammlung im Ausland abhalten könne.[130] Für *Kiem* folgt daher die Zulässigkeit von Auslandsversammlungen bereits aus dem nationalen Recht.

Heckschen betont ebenfalls, dass sich die Frage der Zulässigkeit einer Auslandsversammlung allein nach nationalem Recht richte. In der SE-VO finde sich keine Regelung zur Zulässigkeit von Auslandsversammlungen, sodass nationales Recht anzuwenden sei. Da die nationale Rechtsordnung für eine Hauptversammlung entsprechende Regelungen zu den zulässigen Hauptversammlungsorten bereithalte, sei für eine Auslegung des nationalen Rechts in einem europäischen Sinne kein Raum. Eine Hauptversammlung könne aber im Ausland abgehalten werden, wenn dies in der Satzung festgelegt ist.[131]

2. *Die Entscheidung des BGH und seiner Vorinstanzen*

Obwohl sich deutsche Gerichte bereits zuvor mit der Zulässigkeit einer Hauptversammlung im Ausland befassen mussten, ist es ein Novum der Entscheidung des BGH vom 21.10.2014, dass es sich bei der Beklagten um eine Gesellschaft handelte, die in der Rechtsform der Europäischen Aktiengesellschaft geführt wird. Die vorherigen Entscheidungen betrafen stets entweder die Hauptversammlung einer Aktiengesellschaft oder die Gesellschafterversammlung einer GmbH.[132] Es gilt an dieser Stelle der Arbeit, die Entscheidungen des BGH und der Vorinstanzen dahingehend zu untersuchen, inwieweit dieser neue Aspekt beachtet wurde.

a) Das Urteil des LG Berlin vom 25.01.2013

Bereits in der Entscheidung[133] des LG Berlin finden sich Ausführungen zu der Frage, ob die Satzung einer SE vorsehen könne, dass die Hauptversammlung zukünftig auch an einem ausländischen Versammlungsort stattfinden könne. Die Kläger führten diesbezüglich an, dass der entsprechende Satzungsänderungsbeschluss nicht zu rechtfertigen und geeignet sei, insbesondere Minderheitsaktionäre von der Teilnahme an künftige Hauptversammlungen abzuhalten. Die

---

130 KK-AktG/*Kiem* Art. 53 SE-VO Rn. 9.

131 Widmann/Mayer/*Heckschen* Anhang 14 Rn. 497.

132 Siehe dazu die Ausführungen auf S. 66 ff. zur Rechtsprechung betreffend die Aktiengesellschaft bzw. auf S. 121 ff. zur Rechtsprechung betreffend die GmbH.

133 LG Berlin BeckRS 2014, 22869.

Gesellschaft als Beklagte verteidigte die Neufassung ihrer Satzung dagegen unter anderem damit, dass sie in der Rechtsform der SE geführt werde.

Das LG Berlin folgte der Ansicht der Beklagten und wies die Anfechtungs- und Nichtigkeitsklagen wie schon erwähnt ab. Es stützte seine Entscheidung betreffend den angefochtenen Satzungsänderungsbeschluss auf die Besonderheit der Beklagten, dass diese in der Rechtsform der Europäischen Aktiengesellschaft geführt wird. Wenn bereits bei einer deutschen Aktiengesellschaft nach überwiegender Meinung ein Hauptversammlungsort im Ausland zulässig sei, müsse dies wegen der zunehmenden Internationalisierung der Investorenkreise und der guten Erreichbarkeit von Städten im Ausland erst recht für die SE gelten. Das LG Berlin stützte seine Begründung folglich auf die von der herrschenden Lehre angeführten Argumente und schloss sich dieser Auffassung ausdrücklich an. Das Gericht erkannte allerdings auch an, die konkrete Wahl eines entlegenen Hauptversammlungsorts könne Minderheitsaktionäre in ihren Rechten verletzen. Da das LG Berlin aber nicht die tatsächliche Wahl eines konkreten Versammlungsorts, sondern die neu gefasste allgemeine Satzungsregelung zu beurteilen hatte, sah sich das Gericht nicht dazu veranlasst, diesen Aspekt weiter zu verfolgen.

b) Der Beschluss des KG vom 28.08.2013

Zwei der insgesamt drei Kläger legten gegen das Urteil des LG Berlin Berufung ein. Diese wurde vom KG per Beschluss zurückgewiesen.[134]

Die Berufungskläger stützten ihre Berufung darauf, dass für die Wahl des Hauptversammlungsorts nationales Recht gelte. Gegen dieses Argument wendete das KG ein, dass bereits für die Aktiengesellschaft nach vorherrschender Auffassung keine Bedenken gegen die Abhaltung einer Hauptversammlung im Ausland bestünden, wenn die Satzung dies bestimme und die Anreise zum Versammlungsort für die Teilnehmer nicht unzumutbar erschwert sei.

Auch die Notwendigkeit einer notariellen Beurkundung spreche nicht zwangsläufig für die Unzulässigkeit eines ausländischen Hauptversammlungsorts. Vielmehr sei zu prüfen, ob der im Ausland gefasste Beschluss den Anforderungen des § 130 AktG entspreche und die Auslandsbeurkundung der Beurkundung durch einen deutschen Notar gleichwertig sei.

Nach Ansicht des KG folge die Unzulässigkeit der Satzungsänderung auch nicht daraus, dass sie evident ungeeignete Orte als potentielle Versammlungsorte ermögliche. Sofern ein Versammlungsort gewählt wird, der das Teilnahmerecht der Aktionäre unzumutbar erschwert, könnten die dort gefassten Beschlüsse

---

134 KG BeckRS 2014, 22868.

angefochten werden. Das Gericht schloss sich insoweit der von der Literatur[135] aufgezeigten Lösungsmöglichkeit an, um das Teilnahmeinteresse der Aktionäre zu schützen.

Interessant an der Entscheidung des KG ist außerdem, dass das Gericht der Frage nach der Zulässigkeit einer Auslandsversammlung einer SE keine grundsätzliche Bedeutung beimaß, da, auch wenn eine höchstrichterliche Entscheidung zu dieser Problematik nicht existiere, diese Frage von der einschlägigen Kommentarliteratur fast einhellig bejaht werde. Somit konnte der Senat im Beschlusswege nach § 522 Abs. 2 ZPO über die Berufung entscheiden.

c) *Das Urteil des BGH vom 21.10.2014*

Der BGH schloss sich dagegen der von *Kiem* vertretenen Ansicht an und lehnte es ab, aus der supranationalen Rechtsform den Schluss zu ziehen, dass europaweite Versammlungen einer SE mit Sitz in Deutschland zulässig seien. Er begründete dies mit dem eindeutigen Verweis der SE-VO auf nationales deutsches Recht.[136]

Anschließend setzte sich der BGH mit dem von der Revisionserwiderung vorgebrachten Argument auseinander, eine Satzungsänderung, die Hauptversammlungen im europäischen Ausland ermöglichen soll, sei gegenüber einer nach Art. 8 SE-VO durchgeführten Sitzverlegung das mildere Mittel. Der BGH stellte dar, dass die Sitzverlegung zu einem Wechsel der nationalen Rechtsordnung und zu Abfindungsansprüchen führe. Bei einer Satzungsregelung über den Versammlungsort bleibe die Gesellschaft dagegen weiterhin dem deutschen Recht unterworfen und es würden lediglich Vorgaben für ein regelmäßig nur jährlich wiederkehrendes Ereignis getroffen. Die Satzungsregelung über den Versammlungsort könne daher nach Ansicht des BGH gegenüber der Sitzverlegung nicht als das mildere Mittel begriffen werden, sondern sei eine gänzlich andere Maßnahme.[137]

Der BGH erteilte somit einer auf die Besonderheiten der SE gestützten Argumentation hinsichtlich der Zulässigkeit von Auslandsversammlungen eine klare Absage und stützte seine Entscheidung, die Wahl eines ausländischen Versammlungsorts als zulässig zu werten, allein auf die Auslegung nationalen deutschen Rechts.[138]

---

135 Siehe S. 27.

136 BGHZ 203, 68, 71 Rn. 10.

137 BGHZ 203, 68, 71 Rn. 11.

138 Dazu siehe S. 69 ff.

3. *Stellungnahme*

Ein Vergleich zwischen der Literatur und der Argumentation des BGH und seiner Vorinstanzen zeigt, dass sowohl der BGH als auch seine Vorinstanzen nicht auf alle von der Literatur aufgeworfenen Aspekte und Argumente eingehen. Es ist zu vermuten, dass der BGH sich dazu auch nicht veranlasst sah, da für ihn die Zulässigkeit einer Auslandsversammlung sowohl bei der SE als auch der deutschen Aktiengesellschaft aus dem deutschen Aktienrecht folgt. Daher gilt es zu untersuchen, ob die in der Literatur vorgebrachten Argumente nicht dennoch die Schlussfolgerung tragen, dass sich für die SE die Zulässigkeit einer Hauptversammlung im Ausland bereits aus den Besonderheiten dieser supranationalen Rechtsform ergibt.

a) Ausländischer Versammlungsort als milderes Mittel

Zunächst ist dem BGH zuzustimmen, dass das aus Art. 8 SE-VO abgeleitete Argument, eine satzungsmäßige Ermächtigung zu Hauptversammlungen im Ausland sei gegenüber einer Sitzverlegung in einen anderen Mitgliedstaat das mildere Mittel und daher im Rahmen des § 121 Abs. 5 AktG zu berücksichtigen, nicht überzeugt. Bei einer Sitzverlegung in einen anderen Mitgliedstaat ist gemäß Art. 8 Abs. 5 SE-VO i.V.m. § 12 Abs. 1 SEAG jedem Aktionär, der gegen den Verlegungsbeschluss Widerspruch zur Niederschrift erklärt, der Erwerb seiner Aktien gegen eine angemessene Barabfindung anzubieten. Der Eingriff in die Interessen der der Sitzverlegung widersprechenden Aktionäre wird durch das obligatorische Barabfindungsangebot ausgeglichen. Sofern die Gläubiger der SE eine Gefährdung ihrer Forderung glaubhaft machen können, ist ihnen gemäß Art. 8 Abs. 7 SE-VO i.V.m. § 13 Abs. 1 SEAG Sicherheit zu leisten, soweit sie nicht Befriedigung verlangen können. Der Gläubiger- und Gesellschafterschutz ist somit eines der zentralen Elemente einer Sitzverlegung nach Art. 8 SE-VO.[139] Ein vergleichbarer Schutzmechanismus besteht bei einer Satzungsänderung, die auch die Wahl ausländischer Hauptversammlungsorte ermöglicht, dagegen nicht. Folglich kann die Satzungsänderung bezüglich des Versammlungsorts verglichen mit der Sitzverlegung auch nicht als das mildere Mittel begriffen werden. Vielmehr handelt es sich um zwei qualitativ unterschiedliche gesellschaftsrechtliche Maßnahmen.

139 Vgl. Erwägungsgrund Nr. 24 der SE-VO.

b) Praxis in anderen Mitgliedstaaten

Die Praxis in anderen Mitgliedstaaten, Hauptversammlungen im Ausland zuzulassen, spricht ebenfalls nicht in überzeugender Weise dafür, Auslandsversammlungen der SE aufgrund der Supranationalität dieser Gesellschaftsform zu erlauben. Wie bereits erwähnt gibt es wegen der von der SE-VO vorgegebenen Verweisungstechnik so viele verschiedene Ausgestaltungen der SE wie es Rechtsordnungen in der Europäischen Union gibt.[140] Eine Lösung ist daher allein aus dem für die Wahl des zulässigen Versammlungsorts einschlägigen deutschen Recht zu entwickeln. Für dessen Auslegung ist die Praxis anderer Mitgliedstaaten aber nicht unmittelbar entscheidend, da sich eine SE mit Sitz in Deutschland eben von nicht in Deutschland ansässigen Europäischen Aktiengesellschaften und anderen ausländischen Gesellschaftsformen unterscheidet und diese Unterschiede bei der Auslegung deutschen Rechts beachtet werden müssen.

c) Konzeptionelle Ausrichtung der SE auf einen europaweit ansässigen Aktionärskreis

Es ist anzuerkennen, dass die SE von ihrer Konzeption her stärker auf einen europaweit ansässigen Aktionärskreis ausgerichtet ist. Dies zeigt sich bereits daran, dass die Gründung einer SE stets einen grenzüberschreitenden Bezug erfordert. Für im europäischen Ausland wohnhafte Aktionäre ist es für die Anreise zur Hauptversammlung jedoch irrelevant, ob diese in Deutschland oder im europäischen Ausland stattfindet. Die Verlegung der Hauptversammlung ins Ausland kann für diese Aktionäre sogar mit einer Erleichterung der Anreise verbunden sein. Daher kann für die SE bei der satzungsmäßigen Bestimmung eines Versammlungsorts im EU-Ausland nicht generell von einer unzumutbaren Erschwerung der Teilnahme an der Hauptversammlung ausgegangen werden.

Der von *Kiem* gegen dieses Argument vorgebrachte Einwand, es sei auf die tatsächlichen Verhältnisse und nicht auf einen typisierten Aktionärskreis abzustellen, überzeugt dagegen nicht. Wer Aktionär einer Europäischen Aktiengesellschaft wird, muss sich bewusst sein, dass die Gesellschaft auf einen über einen einzelnen Mitgliedstaat hinausgehenden Wirkungskreis ausgerichtet ist. Eine Bewertung anhand des tatsächlich bestehenden und nicht typisierten Aktionärskreises ist für die einzelne Gesellschaft auch wenig praktikabel. Eine satzungsmäßige Bestimmung, die auch die Wahl von Versammlungsorten im EU-Ausland ermöglicht, ist eine abstrakte, für die langjährige Zukunft getroffene Regelung. Der Aktionärskreis einer Gesellschaft und dessen internationale Zusammenset-

140 *Hirte* NZG 2001, 1, 2; *ders.* DStR 2005, 653, 654; *Pluskat* EuZW 2001, 524, 528.

zung können sich aber über die Jahre wandeln. Einer Gesellschaft könnte daher nur zugemutet werden, auf die tatsächlichen Verhältnisse und nicht auf den typisierten Aktionärskreis abzustellen, wenn sie den Wohnort ihrer Aktionäre kennen und über Veränderungen in ihrer Aktionärsstruktur unterrichtet werden würde. Dies ist jedoch nicht bei jeder Gesellschaft der Fall:

Sofern die Gesellschaft Namensaktien ausgibt, sind diese gemäß § 67 Abs. 1 S. 1 AktG unter Angabe bestimmter Merkmale des Aktionärs, die dessen Identifikation ermöglichen sollen, in das Aktienregister der Gesellschaft einzutragen. Zu diesen Merkmalen zählt auch die Adresse des Aktionärs. Ein Aktionär ist gemäß § 67 Abs. 1 S. 2 AktG verpflichtet, der Gesellschaft die entsprechenden Angaben mitzuteilen. Zwar ist die Namensaktie seit der Aktienrechtsnovelle 2016[141] gemäß § 10 Abs. 1 S. 1 AktG der gesetzliche Regelfall und Inhaberaktien sind gemäß § 10 Abs. 1 S. 2 AktG nur zulässig, wenn die Gesellschaft börsennotiert ist oder der Anspruch auf Einzelverbriefung ausgeschlossen ist und die Sammelurkunde hinterlegt wurde. Sofern aber eine dieser beiden Voraussetzungen erfüllt ist und die Gesellschaft Inhaberaktien ausgeben darf, besteht – abgesehen von dem Fall, dass der Aktionär nach § 21 Abs. 1 S. 1 WpHG mittelungspflichtig ist, was aber ein Halten von mindestens 3 % der Stimmrechte erfordert – keine Verpflichtung des Aktionärs, der Gesellschaft seine Adresse mitzuteilen. Zudem wird § 10 Abs. 1 AktG in der Fassung nach der Aktienrechtsnovelle 2016 wegen der in § 26h EGAktG enthaltenen Übergangsregelung nur für Gesellschaften gelten, deren Satzung nach dem 30.12.2015 festgestellt wurde. Außerdem ist im Aktienregister die Angabe der postalischen Adresse des Aktionärs nicht zwingend, sondern es genügt die Angabe einer E-Mail-Adresse.[142] Daher sind nach der Aktienrechtsnovelle 2016 weiterhin Situationen denkbar, in denen eine Gesellschaft keine Kenntnis davon hat, wo ihre Aktionäre wohnen.

Folglich müsste vor der Schaffung einer Satzungsregelung, die einen im Ausland gelegenen Versammlungsort bestimmt oder dem Einberufungsorgan eine solche Wahl ermöglicht, ermittelt werden, ob die Zusammensetzung der Aktionäre noch die Verlegung der Hauptversammlung ins Ausland rechtfertigt. Das Einberufungsorgan hätte, sofern die Satzung ihm die Wahl des konkreten Versammlungsorts überlässt, es aber dabei nicht auf den typisierten Aktionärskreis abstellen dürfte, vor jeder Hauptversammlung dieselben Ermittlungen anzustel-

---

141 Gesetz zur Änderung des Aktiengesetzes (Aktienrechtsnovelle 2016), BGBl. 2015 I S. 2565.

142 Begr. RegE zu § 67 AktG, BT-Drucks. 14/4051, S. 10 f.; Hüffer/*Koch* § 67 Rn. 7; MünchKommAktG/*Bayer* § 67 Rn. 26; a.A. Spindler/Stilz/*Cahn* § 67 Rn. 14; Grigoleit/*Grigoleit/Rachlitz* § 67 Rn. 7

len. Ansonsten könnten die dort gefassten Beschlüsse mit einer Anfechtungsklage erfolgreich angegriffen werden.[143] Ein solcher Ermittlungsaufwand kann jedoch weder der Gesellschaft noch dem Einberufungsorgan zugemutet werden. Daher darf bei der Beurteilung der Zulässigkeit einer Auslandsversammlung auf den typisierten Aktionärskreis einer SE und nicht auf die tatsächlichen Verhältnisse abgestellt werden.

Dennoch ist dem BGH und *Kiem* zuzustimmen, dass allein aus der Rechtsform der SE und ihrer konzeptionellen Ausrichtung auf eine unionsweite Präsenz nicht die Zulässigkeit von Auslandsversammlungen geschlussfolgert werden kann. Der europäische Verordnungsgeber hat nicht erkennen lassen, dass er mit einer auf den gesamten europäischen Binnenmarkt ausgerichteten Gesellschaftsform zugleich die Frage beantworten wollte, ob diese Gesellschaft ihre Mitgliederversammlungen europaweit abhalten kann. Vielmehr steht der eindeutige Verweis des Art. 53 SE-VO auf das nationale Aktienrecht einer solchen Auslegung entgegen. Zudem ist wesentlicher Argumentationspunkt gegen die Zulässigkeit von Hauptversammlungen im Ausland die angeblich nicht bestehende Möglichkeit, die im Ausland gefassten Beschlüsse rechtswirksam zu beurkunden.[144] Mangels Regelung dieser Thematik in der SE-VO richtet sich die Beurkundung von Hauptversammlungsbeschlüssen bei der SE nach nationalem Aktienrecht, mithin nach § 130 AktG, was wiederum dafür spricht, dass für SE und deutsche Aktiengesellschaft eine einheitliche Lösung basierend auf dem deutschen Recht gefunden werden muss.

Die Besonderheit der SE, von vorneherein auf einen europaweit ansässigen Aktionärskreis ausgerichtet zu sein, ist jedoch bei der Reichweite der dem Satzungsgeber durch § 121 Abs. 5 AktG eröffneten Satzungsfreiheit zu berücksichtigen und spricht dafür, dass bei einer SE der Kreis der statutarisch bestimmten oder zugelassenen europaweiten Versammlungsorte weiter gezogen werden kann als bei einer deutschen Aktiengesellschaft.[145]

d) Ergebnis

Die Frage nach der Zulässigkeit von europaweiten Versammlungsorten kann nicht bereits mit Hinsicht auf die Besonderheiten der Rechtsform der SE beantwortet werden. Vielmehr ist wegen des eindeutigen Verweises auf das nationale Recht

---

143 Lutter/Hommelhoff/*Spindler*, Europäische Gesellschaft, S. 239; Lutter/Hommelhoff/Teichmann/*Spindler* Art. 53 Rn. 9.

144 Vgl. S. 63 f. und S. 75 ff.

145 Siehe dazu unten S. 155 f.

eine einheitliche Lösung für die SE und die deutsche Aktiengesellschaft zu entwickeln, die allein auf deutschem Recht und insbesondere einer Auslegung des § 121 Abs. 5 AktG basiert. Dabei können die in der SE-Kommentarliteratur vorgebrachte tatsächliche Internationalisierung der Investorenkreise und die verbesserte Erreichbarkeit von Städten im Ausland berücksichtigt werden, sodass sich diese Argumente letztendlich auf die Hauptversammlung sowohl der SE als auch der deutschen Aktiengesellschaft auswirken.

B. Die Zulässigkeit einer Hauptversammlung im Ausland bei der Aktiengesellschaft

Die Wahl eines Orts für die Hauptversammlung richtet sich regelmäßig nach § 121 Abs. 5 AktG bzw. nach einer aufgrund von § 121 Abs. 5 AktG erlassenen Regelung in der Satzung. Daher ist in einem ersten Schritt zu klären, ob § 121 Abs. 5 AktG die Abhaltung einer Hauptversammlung im Ausland zulässt.

Das Gesetz kennt jedoch mit § 121 Abs. 6 AktG und § 16 Abs. 4 S. 4 WpÜG zwei weitere Sachverhalte, in denen sich die Wahl des Versammlungsorts ausnahmsweise nicht nach § 121 Abs. 5 AktG bestimmt. Nach der Diskussion um die Zulässigkeit von Auslandsversammlungen unter Anwendung von § 121 Abs. 5 AktG ist somit zu untersuchen, ob ein Versammlungsort im Ausland gewählt werden kann, wenn sich dessen Zulässigkeit nach § 121 Abs. 6 AktG oder § 16 Abs. 4 S. 4 WpÜG bemisst.

I. Hauptversammlungen im Ausland unter Anwendung von § 121 Abs. 5 AktG

§ 121 Abs. 5 AktG stellt seinem Wortlaut nach keine inhaltlichen Anforderungen an den Ort der Hauptversammlung, sondern bestimmt lediglich für den Fall des Fehlens einer satzungsmäßigen Bestimmung zum Versammlungsort den Sitz der Gesellschaft und bei börsennotierten Gesellschaften zusätzlich den Sitz der Börse als Versammlungsort. Mangels gesetzlicher Vorgaben ist es umstritten, ob eine satzungsmäßige Bestimmung zulässig ist, die es ermöglicht, die Hauptversammlung an einem Ort im Ausland abzuhalten. Um zu dieser Frage Stellung beziehen zu können, ist zuerst der generelle Regelungsgehalt dieser Vorschrift darzustellen. Anschließend werden die für diese Arbeit wesentlichen Aspekte des Beurkundungserfordernisses nach § 130 AktG erläutert, da diese Vorschrift entscheidend für die Diskussion über die Zulässigkeit von Auslandsversammlungen ist. Auf diese einleitenden Punkte folgend werden die verschiedenen Literaturansichten dargestellt, die die Zulässigkeit von Hauptversammlungen im

Ausland entweder befürworten oder ablehnen. Daran schließt sich eine Analyse der einschlägigen Rechtsprechung inklusive der Entscheidung des BGH vom 21.10.2014 an. Abschließend werden die in der Literatur und Rechtsprechung vorgetragenen Standpunkte bewertet und es wird Stellung dazu bezogen, ob die Vorschrift des § 121 Abs. 5 AktG die Durchführung von Hauptversammlungen im Ausland zulässt. In diesem Zusammenhang ist insbesondere auf die für die Bewertung der Zulässigkeit einer Auslandsbeurkundung maßgebliche Regelung des Art. 11 EGBGB einzugehen.

1. *Die Regelung des § 121 Abs. 5 AktG*

a) *Die gesetzlich vorgesehenen Versammlungsorte*

Gemäß § 121 Abs. 5 S. 1 AktG soll die Hauptversammlung am Sitz der Gesellschaft stattfinden, wenn die Satzung nichts anderes bestimmt. Da es sich bei der Regelung des § 121 Abs. 5 S. 1 AktG um eine Sollvorschrift handelt, kann auch ohne eine satzungsmäßige Bestimmung ein anderer Ort als der Gesellschaftssitz gewählt werden.[146] Diese Wahlmöglichkeit ist jedoch auf sachlich zwingend gebotene Ausnahmefälle begrenzt.[147] Gründe, die eine solche Abweichung von den gesetzlich vorgesehenen Versammlungsorten rechtfertigen, können sein, dass bei einer Gesellschaft mit wenigen Gesellschaftern der gewählte Versammlungsort für sämtliche Gesellschafter leichter zu erreichen oder am Gesellschaftssitz kein geeignetes Versammlungslokal vorhanden oder die Verkehrsverbindung dorthin gestört ist.[148] Die Befürchtung, Demonstrationen am regulären Versammlungsort könnten die Hauptversammlung erheblich stören, rechtfertigt ebenfalls eine Verlegung derselben.[149]

§ 121 Abs. 5 S. 2 AktG erweitert die Auswahl an gesetzlich vorgesehenen Versammlungsorten für Gesellschaften, deren Aktien an einer deutschen Börse zum Handel am regulierten Markt zugelassen sind, auf den Sitz der Börse, wenn die Satzung wiederum keine abweichende Bestimmung vorsieht. § 121 Abs. 5 S. 2 AktG gewährt somit dem Einberufungsorgan ein Wahlrecht zwischen dem

---

146 Hüffer/*Koch* § 121 Rn. 12; KK-AktG/*Noack/Zetzsche* § 121 Rn. 186.

147 MünchKommAktG/*Kubis* § 121 Rn. 88; KK-AktG/*Noack/Zetzsche* § 121 Rn. 186; nach Spindler/Stilz/*Rieckers* § 121 Rn. 70 ist ein sachlicher Grund, der die Abhaltung der Hauptversammlung am Sitz der Gesellschaft als unangemessen erscheinen lässt, erforderlich.

148 BGH AG 1985, 188, 189 (zur GmbH).

149 KK-AktG/*Noack/Zetzsche* § 121 Rn. 186.

Gesellschaftssitz und dem Börsensitz.[150] Ebenso wie § 121 Abs. 5 S. 1 AktG ist § 121 Abs. 5 S. 2 AktG eine Sollvorschrift. Sofern jedoch Gründe vorliegen, die der Abhaltung einer Hauptversammlung am Sitz der Börse entgegenstehen, ist die Hauptversammlung vorrangig am Gesellschaftssitz einzuberufen.[151] Dies ergibt sich aus dem Wortlaut des § 121 Abs. 5 S. 2 AktG, nach dem die Hauptversammlung „auch" am Sitz der Börse stattfinden kann, wenn die Aktien der Gesellschaft an einer deutschen Börse zum Handel am regulierten Markt zugelassen sind. Der Börsensitz ist folglich nur ein alternativer Versammlungsort. Ein dritter Ort kann erst dann als Versammlungsort gewählt werden, wenn aus sachlich zwingenden Gründen die Abhaltung der Hauptversammlung sowohl am Börsensitz als auch am Gesellschaftssitz ausscheidet.[152]

b) Die statutarische Bestimmung des Versammlungsorts

Gemäß § 121 Abs. 5 AktG ist eine Bestimmung in der Satzung gegenüber den gesetzlich vorgesehenen Versammlungsorten vorrangig. Es ist nicht erforderlich, dass die Gesellschaft an dem von der Satzung bestimmten Ort ihre Hauptverwaltung oder eine Zweigniederlassung oder ähnliches unterhält.[153] Die von § 121 Abs. 5 AktG eröffnete Gestaltungfreiheit umfasst außerdem, dass in der Satzung mehrere Orte als potentielle Versammlungsorte bestimmt werden, zwischen denen das Einberufungsorgan - zumeist der Vorstand - auswählen darf.[154] Dabei ist es auch zulässig, dass die Satzung auf eine konkrete Ortsangabe verzichtet und für die Auswahl lediglich eine geografische Vorgabe macht oder eine Mindesteinwohnerzahl festlegt.[155] Unzulässig ist dagegen nach herrschender Lehre eine Satzungsbestimmung, die die Ortswahl dem freien Ermessen des Einberufungsorgans überlässt.[156] Ebenfalls nicht erlaubt ist eine nur scheinbare Begrenzung durch eine Satzungsvorgabe, die letztendlich aber auf ein freies Ermessen des

---

150 KK-AktG/*Noack/Zetzsche* § 121 Rn. 179.

151 MünchKommAktG/*Kubis* § 121 Rn. 89.

152 MünchKommAktG/*Kubis* § 121 Rn. 89.

153 *Bungert/Leyendecker-Langner* BB 2015, 268, 270; Hüffer/*Koch* § 121 Rn. 13; KK-AktG/*Noack/Zetzsche* § 121 Rn. 180; MünchKommAktG/*Kubis* § 121 Rn. 90; *Noack* WuB 2015, 106, 107; Spindler/Stilz/*Rieckers* § 121 Rn. 73; a.A. noch *Bungert* AG 1985, 26, 29, der Versammlungsorte als unzulässig ansieht, die keine Beziehung zum Geschäftsgegenstand, zu Aktionären oder Gesellschaftszielen aufweisen.

154 Hüffer/*Koch* § 121 Rn. 13; KK-AktG/*Noack/Zetzsche* § 121 Rn. 180.

155 GroßkommAktG/*Werner* § 121 Rn. 47; MünchKommAktG/*Kubis* § 121 Rn. 90.

156 Heidel/*Müller* § 121 Rn. 43; Hüffer/*Koch* § 121 Rn. 13; MünchKommAktG/*Kubis* § 121 Rn. 90; a.A. KK-AktG/*Noack/Zetzsche* § 121 Rn. 182.

zur Einberufung Berechtigten hinausläuft.[157] In der Satzung muss vielmehr eine sachgerechte, am Teilnahmeinteresse der Aktionäre ausgerichtete Vorgabe enthalten sein, die das Auswahlermessen des Einberufungsorgans bindet.[158] Geläufig sind dabei Formulierungen wie: „Die Hauptversammlung findet nach Wahl des Vorstands am Sitz der Gesellschaft oder in einer anderen deutschen Stadt mit mehr als 100.000 Einwohnern statt."[159] oder „Die Hauptversammlung findet am Sitz der Gesellschaft oder am Sitz einer deutschen Wertpapierbörse statt."[160].

Dagegen ist eine Satzungsregelung nicht zulässig, die es der Hauptversammlung erlaubt, den Ort der nächsten Hauptversammlung zu wählen.[161] Auch wenn es das Recht der Hauptversammlung ist, per Satzungsbestimmung den Versammlungsort generell festzulegen, verletzt eine solche Regelung den Schutz der gegenwärtigen und zukünftigen Aktionäre, da für diese der Ort der nächsten Hauptversammlung nicht ausreichend voraussehbar ist.[162]

c) Die Rechtsfolgen eines Verstoßes gegen § 121 Abs. 5 AktG

Hinsichtlich der Rechtsfolgen eines Verstoßes gegen die Bestimmungen des § 121 Abs. 5 AktG ist zwischen Hauptversammlungsbeschlüssen, die an einem unzulässigen Ort gefasst wurden, und Satzungsänderungsbeschlüssen, durch die eine künftige Hauptversammlung an einem unzulässigen Ort ermöglicht werden soll, zu unterscheiden.

aa) An einem unzulässigen Ort gefasste Beschlüsse

Sofern der Versammlungsort durch die Satzung bestimmt wird und diese Bestimmung einen unzulässigen Ort vorsieht oder wenn bei einer generellen Bestimmung des Versammlungsorts anhand in der Satzung definierter Vorgaben ein unzulässiger Ort ausgewählt wurde, folgt daraus nicht die Nichtigkeit der dort gefassten Hauptversammlungsbeschlüsse.[163] Denn die Durchführung einer Hauptversammlung an einem unzulässigen Ort zählt nicht zu den in § 241 Nr. 1 AktG aufgezählten Nichtigkeitsgründen.[164] Die dort gefassten Beschlüsse

---

157 Henssler/Strohn/*Liebscher* § 121 AktG Rn. 24; MünchKommAktG/*Kubis* § 121 Rn. 90.

158 Hüffer/*Koch* § 121 Rn. 13.

159 Vgl. Satzung der Allianz SE Nummer 12.2, Fassung Juni 2015.

160 Vgl. Satzung der Merck KGaA § 21 Abs. 1, Fassung vom 29.04.2016.

161 BGH NJW 1994, 320, 322; a.A. KK-AktG/*Noack/Zetzsche* § 121 Rn. 182.

162 BGH NJW 1994, 320, 322.

163 KK-AktG/*Noack/Zetzsche* § 121 Rn. 195 m.w.N.

164 MünchKommAktG/*Kubis* § 121 Rn. 93; Spindler/Stilz/*Rieckers* § 121 Rn. 107.

sind folglich vorläufig wirksam, aber wegen eines Verletzung des Gesetzes (§ 243 Abs. 1 AktG) anfechtbar.[165]

Fraglich ist, ob bei einer Abweichung vom gesetzlich bestimmten Versammlungsort die Hauptversammlungsbeschlüsse ebenfalls anfechtbar sind, wenn in der Satzung keine Bestimmung zum Ort der Hauptversammlung enthalten ist. Nach einer Mindermeinung hat es keine Auswirkung auf die Wirksamkeit eines Beschlusses, wenn eine Satzungsbestimmung über den Ort der Hauptversammlung fehlt und sie weder am Gesellschaftssitz noch am Sitz der Börse, an der die Aktien zum Handel am regulierten Markt zugelassen sind, abgehalten wird.[166] § 121 Abs. 5 AktG sei nur eine Sollvorschrift, deren Verletzung nicht zur Anfechtung führe.[167] Die weit herrschende Meinung bejaht in diesen Fällen dennoch die Anfechtbarkeit der an einem unzulässigen Ort gefassten Beschlüsse.[168] Es ist der Mindermeinung zwar darin zuzustimmen, dass es sich bei § 121 Abs. 5 AktG um eine Sollvorschrift handelt. Daraus kann allerdings nicht der Schluss gezogen werden, ein Verstoß gegen die Vorschrift sei unbeachtlich. Nach der gesetzlichen Wertung sind der Gesellschaftssitz respektive der Börsensitz der zweckmäßige Versammlungsort, wenn es an einer satzungsmäßigen Bestimmung fehlt.[169] Eine Abweichung von den gesetzlich vorgesehenen Versammlungsorten ohne entsprechende Satzungsbestimmung ist jedoch auf sachlich zwingend gebotene Ausnahmefälle begrenzt.[170] Diese Entscheidung des Gesetzgebers könnte bereitwillig ignoriert werden, wenn ein Verstoß gegen § 121 Abs. 5 AktG keine Konsequenzen nach sich zöge. Daher ist trotz des Charakters des § 121 Abs. 5 AktG als Sollvorschrift der herrschenden Meinung zuzustimmen, die bei einem Verstoß gegen die gesetzliche Bestimmung die Anfechtbarkeit der Beschlüsse annimmt.[171]

Das Registergericht ist verpflichtet, einen an einem unzulässigen Ort gefassten eintragungsbedürftigen Beschluss einzutragen, sofern dieser nicht angefochten wurde und inhaltlich fehlerfrei ist.[172]

---

165 Heidel/*Müller* § 121 Rn. 40; Hüffer/*Koch* § 121 Rn. 12; MünchKommAktG/*Kubis* § 121 Rn. 93; zur Anfechtungsbefugnis vgl. KK-AktG/*Noack/Zetzsche* § 121 Rn. 195.

166 Geßler/Hefermehl/Eckardt/Kropff/*Eckardt* § 121 Rn. 44.

167 Geßler/Hefermehl/Eckardt/Kropff/*Eckardt* § 121 Rn. 44.

168 OLG Dresden AG 2001, 489; MünchKommAktG/*Kubis* § 121 Rn. 93; Spindler/Stilz/*Rieckers* § 121 Rn. 107.

169 Spindler/Stilz/*Rieckers* § 121 Rn. 70.

170 MünchKommAktG/*Kubis* § 121 Rn. 88.

171 Ebenso Spindler/Stilz/*Rieckers* § 121 Rn. 107.

172 MünchKommAktG/*Kubis* § 121 Rn. 93; Spindler/Stilz/*Rieckers* § 121 Rn. 107.

bb) Satzungsbestimmung, die einen unzulässigen Ort als Versammlungsort bestimmt

Ein Satzungsänderungsbeschluss, durch den eine künftige Hauptversammlung an einem unzulässigen Ort ermöglicht werden soll, ist ebenfalls anfechtbar.[173] Da durch den Beschluss die Satzung der Aktiengesellschaft geändert wird, wird die Änderung erst mit ihrer Eintragung in das Handelsregister wirksam, § 181 Abs. 3 AktG.

Fraglich ist, ob das Registergericht zur Eintragung des Satzungsänderungsbeschlusses verpflichtet ist, wenn gegen den Beschluss keine Anfechtungsklage erhoben wurde. Nach einer Ansicht ist das Registergericht zur Eintragung verpflichtet.[174] Dieser Ansicht muss jedoch zum Schutz der Aktionäre, insbesondere der zukünftigen Aktionäre widersprochen werden. Zwar werden die Aktionäre vor einer Beeinträchtigung ihres Teilnahmerechts dadurch geschützt, dass Hauptversammlungsbeschlüsse, die an einem unzulässigen Ort gefasst wurden, angefochten werden können, selbst wenn der Ort in der Satzung zugelassen oder bestimmt wurde.[175] Die Aktionäre sind somit selbst bei Eintragung des satzungsändernden Beschlusses nicht vollständig schutzlos. Sie müssten sich jedoch im Rahmen ihrer Anfechtungsklage die Übereinstimmung des gewählten Orts mit den Satzungsvorgaben entgegenhalten lassen, weswegen den Aktionären nicht das Risiko des Anfechtungsprozesses aufgebürdet werden darf und eine Missbrauchskontrolle im Einzelfall für den Schutz der Aktionäre nicht ausreichend ist.[176] Zudem bestünde bei einer Eintragung des satzungsändernden Beschlusses die Gefahr, dass die Teilnahme an der Hauptversammlung auch für zukünftige Aktionäre erschwert würde.[177] Diese können gegen den vor dem Beginn ihrer Mitgliedschaft gefassten satzungsändernden Beschluss keine Anfechtungsklage erheben. Es käme somit zu einer Perpetuierung der in unzulässiger Weise erschwerten Teilnahme.[178] Folglich ist das Registergericht nicht zur Eintragung des

---

173 BGH NJW 1994, 320; *Herrler* ZGR 2015, 918, 927; MünchKommAktG/*Kubis* § 121 Rn. 93; K. Schmidt/Lutter/*Ziemons* § 121 Rn. 95.

174 K. Schmidt/Lutter/*Ziemons* § 121 Rn. 95, der die satzungsmäßige Bestimmung eines nur schwer erreichbaren Orts als wirksam ansieht, was die vorherige Eintragung des Satzungsänderungsbeschlusses voraussetzt und dies in Rn. 99 für die satzungsmäßige Bestimmung eines ausländischen Versammlungsorts ausdrücklich formuliert.

175 Vgl. S. 38 f.

176 BGHZ 203, 68, 76 Rn. 22.

177 OLG Hamburg AG 1993, 384 f.

178 MünchKommAktG/*Kubis* § 121 Rn. 93.

Satzungsänderungsbeschlusses verpflichtet, auch wenn gegen den Beschluss keine Anfechtungsklage erhoben wurde.[179]

2. *Das Beurkundungserfordernis gemäß § 130 AktG*

Die Pflicht, alle Beschlüsse einer Hauptversammlung[180] notariell (oder gerichtlich) beurkunden zu lassen, wurde 1884 durch das Gesetz[181] betreffend die Kommanditgesellschaft auf Aktien und die Aktiengesellschaften als Artikel 238a des Allgemeinen Deutschen Handelsgesetzbuchs (ADHGB) eingeführt. Nach heutiger Rechtslage ist gemäß § 130 Abs. 1 S. 1 AktG jeder Beschluss der Hauptversammlung durch eine über die Verhandlung notariell aufgenommene Niederschrift zu beurkunden. Jedes Minderheitsverlangen nach § 120 Abs. 1 S. 2 AktG oder nach § 137 AktG ist ebenfalls in der Niederschrift aufzunehmen, § 130 Abs. 1 S. 2 AktG. Bei einer beschlusslosen Hauptversammlung ist dagegen keine Protokollierung erforderlich, da mangels Beschluss kein beurkundungsbedürftiges Objekt existiert.[182] § 130 Abs. 1 S. 3 AktG sieht für nichtbörsennotierte Aktiengesellschaften die Erleichterung vor, dass eine vom Vorsitzenden des Aufsichtsrats zu unterzeichnende Niederschrift ausreicht, soweit keine Beschlüsse gefasst werden, für die das Gesetz eine Dreiviertel- oder größere Mehrheit bestimmt.

Die notariell aufgenommene Niederschrift ist eine öffentliche Urkunde im Sinne des § 415 ZPO, die beweist, dass in ihr festgehaltene Erklärungen ihrem Inhalt und ihrer Umstände nach wie in der Niederschrift protokolliert und nicht anders abgegeben wurden.[183] Eine vom Vorsitzenden des Aufsichtsrats erstellte und unterzeichnete Niederschrift ist dagegen lediglich eine Privaturkunde im Sinne des § 416 ZPO, die der freien Beweiswürdigung gemäß § 286 ZPO unterliegt.[184]

a) *Der Regelungszweck der Beurkundung*

Die Beurkundungspflicht bezweckt die Dokumentation der Willensbildung der Hauptversammlung, die ihrerseits im Interesse aller Beteiligten einschließlich der künftigen Gläubiger und Aktionäre der Gesellschaft für Rechtssicherheit

179 OLG Hamburg AG 1993, 384 f.; MünchKommAktG/*Kubis* § 121 Rn. 93.

180 Die Versammlung der Aktionäre einer Aktiengesellschaft wurde im ADHGB Generalversammlung genannt.

181 RGBl. 1884 S. 123.

182 MünchKommAktG/*Kubis* § 130 Rn. 3; KK-AktG/*Noack/Zetzsche* § 130 Rn. 132, die aber die Anfertigung eines notariellen Tatsachenprotokolls als gegebenenfalls zweckmäßig ansehen.

183 BGH NJW 1994, 320, 321; KK-AktG/*Noack/Zetzsche* § 130 Rn. 4.

184 KK-AktG/*Noack/Zetzsche* § 130 Rn. 6; Spindler/Stilz/*Wicke* § 130 Rn. 1.

und Transparenz sorgen soll.[185] Es sollen klare und eindeutige Urkunden über die von der Hauptversammlung gefassten Beschlüsse und Minderheitsverlangen erstellt werden, welche zumindest bei einer notariellen Beurkundung auch vor Manipulation geschützt sind.[186] Die exakte Protokollierung des Inhalts und Zustandekommens von Beschlüssen dient ferner dazu, den Anfechtungsgegenstand einer späteren Aktionärsklage möglichst genau festzuhalten.[187] Außerdem soll im Falle einer Protokollierung nach § 130 Abs. 1 S. 1 AktG die Anwesenheit eines Notars während der Hauptversammlung als gewollter Nebeneffekt sicherstellen, dass die gesetzlich und satzungsmäßig vorgesehenen Verfahrensbestimmungen für die Beschlussfassung in der Hauptversammlung in einem größeren Ausmaß befolgt werden.[188]

Zudem soll die von § 130 Abs. 5 AktG vorgeschriebene Pflicht zur Einreichung einer Abschrift der Niederschrift zum Handelsregister die Publizität der auf der Hauptversammlung gefassten Beschlüsse gewährleisten.[189] Diese Publizitätswirkung wird bei börsennotierten Gesellschaften noch durch die Pflicht zur Veröffentlichung der Abstimmungsergebnisse auf der unternehmenseigenen Internetseite gemäß § 130 Abs. 6 AktG flankiert. Die Publizitätswirkung der Einreichung einer Abschrift der Niederschrift zum Handelsregister gemäß § 130 Abs. 5 AktG ist in ihrer Wirkung jedoch eingeschränkt, da es sich bei der Niederschrift nur um eine Protokollierung der Abstimmungsergebnisse und nicht um ein vollständiges Verlaufsprotokoll handelt.[190] In der Niederschrift werden nur einzelne Angaben zum Verlauf der Hauptversammlung festgehalten.[191]

---

185 BGHZ 127, 107, 113; Hüffer/*Koch* § 130 Rn. 1; KK-AktG/*Noack/Zetzsche* § 130 Rn. 4; MünchKommAktG/*Kubis* § 130 Rn. 1; *Noack* FS Happ, S. 201, 202; *Stauch* S. 28; vgl. auch die Begründung zum Regierungsentwurf zu Art. 238a ADHGB, Protokolle zu den Sitzungen des Reichstags, 5. Legislaturperiode, 1884, Aktenstück Nr. 21, S. 215, 334 f.

186 *Stauch* S. 31.

187 *Bezzenberger* FS Schippel, S. 361, 366; *Noack* FS Happ, S. 201, 203.

188 KK-AktG/*Noack/Zetzsche* § 130 Rn. 4; MünchKommAktG/*Kubis* § 130 Rn. 1; *Noack* FS Happ, S. 201, 202; *Schulte* AG 1985, 33; vgl. auch die Begründung zum Regierungsentwurf zu Art. 238a ADHGB, Protokolle zu den Sitzungen des Reichstags, 5. Legislaturperiode, 1884, Aktenstück Nr. 21, S. 215, 334 f.

189 MünchKommAktG/*Kubis* § 130 Rn. 1.

190 Hüffer/*Koch* § 130 Rn. 1; KK-AktG/*Noack/Zetzsche* § 130 Rn. 3.

191 Vgl. KK-AktG/*Noack/Zetzsche* § 130 Rn. 3.

b) *Der Verfasser der Niederschrift*

aa) Die notarielle Niederschrift

Die Niederschrift ist gemäß § 130 Abs. 1 S. 1 AktG grundsätzlich durch einen Notar zu fertigen. Die Bundesnotarordnung (BNotO) enthält Bestimmungen, die die örtliche Zuständigkeit der Notare regeln und daher auch für die Frage der Zulässigkeit einer Auslandsversammlung relevant sind. Der Amtsbezirk des Notars ist der Oberlandesgerichtsbezirk, in dem er seinen Amtssitz hat, § 11 Abs. 1 BNotO. Gemäß § 11 Abs. 2 BNotO ist der Notar bei Urkundstätigkeiten auf diesen Amtsbezirk örtlich begrenzt, wenn keine Gefahr im Verzug vorliegt oder die Aufsichtsbehörde die Tätigkeit nicht genehmigt hat. Der Amtsbereich des Notars ist dagegen nach § 10a Abs. 1 S. 1 BNotO der Bezirk des Amtsgerichts, in dem er seinen Amtssitz hat. Der Notar soll gemäß § 10a Abs. 2 BNotO seine Urkundstätigkeit generell nur innerhalb seines Amtsbereichs ausüben, sofern nicht besondere berechtigte Interessen der Rechtsuchenden ein Tätigwerden außerhalb des Amtsbereichs gebieten.

bb) Das privatschriftliche Protokoll

Es ist nicht immer erforderlich, dass die Hauptversammlungsbeschlüsse in einer notariellen Niederschrift beurkundet werden. Gemäß § 130 Abs. 1 S. 3 AktG ist bei einer nichtbörsennotierten Gesellschaft ein vom Vorsitzenden des Aufsichtsrats unterzeichnetes privatschriftliches Protokoll ausreichend, soweit keine Beschlüsse gefasst werden, für die das Gesetz eine Dreiviertel- oder größere Mehrheit bestimmt. § 130 Abs. 1 S. 3 AktG geht von dem Regelfall aus, dass die Hauptversammlung vom Vorsitzenden des Aufsichtsrats geleitet wird.[192] Es ist jedoch auch zulässig, dass nicht der Aufsichtsratsvorsitzende, sondern ein Dritter als Versammlungsleiter fungiert.[193] Der Dritte hat dann die Niederschrift zur Hauptversammlung zu unterzeichnen.[194]

§ 130 Abs. 1 S. 3 AktG enthält keine Angaben zur Person des Protokollanten, sondern legt lediglich fest, wer die Niederschrift zu unterzeichnen hat. Der Versammlungsleiter, sei dies der Vorsitzende des Aufsichtsrats oder jemand anders, hat daher die Person des Protokollanten, sofern er die Niederschrift nicht selbst erstellt, zu bestimmen.[195] Dennoch trägt der Versammlungsleiter auch in diesem

---

192 Hüffer/*Koch* § 130 Rn. 14e; KK-AktG/*Noack/Zetzsche* § 130 Rn. 303.

193 Hüffer/*Koch* § 130 Rn. 14e; *Noack* FS Happ, S. 201, 206.

194 Vgl. S. 56.

195 Hüffer/*Koch* § 130 Rn. 14d; MünchKommAktG/*Kubis* § 130 Rn. 31; Spindler/Stilz/*Wicke* § 130 Rn. 41.

Fall die Verantwortung für die inhaltliche Richtigkeit der Niederschrift und nicht der Protokollant, da dieser nur als Hilfsperson des Versammlungsleiters bei der Erstellung der Niederschrift fungiert.[196]

(1) Voraussetzungen des § 130 Abs. 1 S. 3 AktG

Der Begriff der börsennotierten Gesellschaft wird in § 3 Abs. 2 AktG definiert. Entscheidend ist folglich, dass die Aktien der Gesellschaft nicht zum Handel im regulierten Markt zugelassen sind.[197] Ein privatschriftliches Protokoll ist daher auch bei Gesellschaften zulässig, deren Aktien nicht zum Handel im regulierten Markt zugelassen sind, sondern bloß im Freiverkehr gehandelt werden.[198]

Weitere Voraussetzung neben der Börsenferne der Gesellschaft ist, dass keine Beschlüsse gefasst werden, für die das Gesetz eine Dreiviertel- oder größere Mehrheit bestimmt. Das Gesetz enthält keine Angabe dazu, auf was sich das Mehrheitserfordernis bezieht. Es ist daher umstritten, ob § 130 Abs. 1 S. 3 AktG nur auf gesetzliche Bestimmungen zu Kapitalmehrheiten oder auch auf die im Aktiengesetz selteneren gesetzlichen Bestimmungen zu Stimmenmehrheiten abzielt. Die herrschende Meinung legt die Vorschrift dahingehend aus, dass ein privatschriftliches Protokoll nur bei Beschlüssen unzulässig ist, die eine Dreiviertelmehrheit des bei der Beschlussfassung vertretenen Grundkapitals voraussetzen (sogenannte Grundlagenbeschlüsse[199]) und begründet dies mit dem Willen des Gesetzgebers, der aus den Gesetzesmaterialien[200] hervorgehe.[201] Eine starke Mindermeinung argumentiert dagegen mit dem offenen Wortlaut der Norm und dem Charakter des § 130 Abs. 1 S. 3 AktG als eng auszulegende Ausnahmevorschrift zu § 130 Abs. 1 S. 1 AktG.[202] Zudem handele es sich bei den Beschlüssen, die eine qualifizierte Stimmenmehrheit erfordern, keinesfalls um Routineangelegenheiten, sodass

---

196 Spindler/Stilz/*Wicke* § 130 Rn. 41.

197 Hüffer/*Koch* § 130 Rn. 14b.

198 Hüffer/*Koch* § 130 Rn. 14b mit Kritik an dieser Konsequenz; KK-AktG/*Noack/Zetzsche* § 130 Rn. 138.

199 Vgl. Henssler/Strohn/*Liebscher* § 130 Rn. 11.

200 Begr. FraktionsE zu § 130 AktG, BT-Drucks. 12/6721, S. 9.

201 OLG Karlsruhe NZG 2013, 1261, 1265; ohne die Thematik zu problematisieren OLG Köln DNotZ 2008, 789; Henssler/Strohn/*Liebscher* § 130 Rn. 11; Hölters/*Drinhausen* § 130 Rn. 22; Hüffer/*Koch* § 130 Rn. 14b; MünchKommAktG/*Kubis* § 130 Rn. 28; Münch. Hdb. AG/*Hoffmann-Becking* § 41 Rn. 26.

202 *Heckschen* DNotZ 1995, 275, 283; KK-AktG/*Noack/Zetzsche* § 130 Rn. 144; K. Schmidt/Lutter/*Ziemons* § 130 Rn. 46; Semler/Volhard/Reichert/*Volhard* § 13 Rn. 3; Spindler/Stilz/*Wicke* § 130 Rn. 38.

eine notarielle Niederschrift auch in diesen Fällen angezeigt sei.[203] Trotz dieser gewichtigen Argumente ist dennoch der herrschenden Meinung zu folgen. Der Wortlaut der Vorschrift ist nur der erste Ansatzpunkt für die Normauslegung. Aus den Gesetzesmaterialien geht der Wille des Gesetzgebers aber eindeutig hervor. Obwohl es sich bei § 130 Abs. 1 S. 3 AktG um eine eng auszulegende Ausnahmevorschrift handelt, ist dies allein nicht ausreichend, um sich über den eindeutigen Willen des Gesetzgebers hinwegzusetzen.[204] Daher ist eine Beurkundung durch privatschriftliches Protokoll nur bei Beschlüssen unzulässig, die eine qualifizierte Kapitalmehrheit erfordern.

Werden auf der Hauptversammlung einer Gesellschaft, die nicht börsennotiert ist, sowohl Grundlagenbeschlüsse als auch Beschlüsse gefasst, für die eine einfache Mehrheit genügt, ist umstritten, ob sich das Beurkundungserfordernis auf alle Beschlüsse bezieht. Nach einer Ansicht ist die Niederschrift zur Hauptversammlung unteilbar, weshalb diese bei der Fassung von Grundlagenbeschlüssen einheitlich von einem Notar zu erstellen ist, der auch die mit einfacher Mehrheit zu fassenden Beschlüsse in seine Niederschrift aufzunehmen hat.[205] Für die Unteilbarkeit der Niederschrift spreche, dass ansonsten zwei Niederschriften, die sich in ihrem Inhalt womöglich widersprechen, zum Handelsregister gemäß § 130 Abs. 5 AktG einzureichen wären.[206] Die Hauptversammlungsniederschrift ist nach zutreffender Ansicht jedoch teilbar.[207] Dafür sprechen die Entstehungsgeschichte und der Wortlaut des § 130 Abs. 1 S. 3 AktG, der sonst ein „sofern" anstelle eines „soweit" enthalten müsste.[208] Das auf § 130 Abs. 5 AktG gestützte Argument kann ebenfalls nicht überzeugen. Sind mehrere Personen mit der Protokollierung der Hauptversammlung betraut, ergibt erst die Gesamtheit der Urkunden die Hauptversammlungsniederschrift, deren Abschrift nach § 130 Abs. 5 AktG zum Handelsregister einzureichen ist.[209]

---

203 KK-AktG/*Noack/Zetzsche* § 130 Rn. 144; Spindler/Stilz/*Wicke* § 130 Rn. 38.

204 OLG Karlsruhe NZG 2013, 1261, 1265.

205 OLG Jena AG 2015, 275 f.; *Faßbender* RNotZ 2009, 425, 428 f.; *Flick* NJW 2010, 20, 21; Henssler/Strohn/*Liebscher* § 130 AktG Rn. 12; MünchKommAktG/*Kubis* 3. Auflage § 130 Rn. 30; *Butzke* N. Rn. 20.

206 *Butzke* N. Rn. 20.

207 BGH AG 2015, 633; *Blanke* BB 1995, 681, 682; KK-AktG/*Noack/Zetzsche* § 130 Rn. 153; *Lutter* AG 1994, 429, 440; Spindler/Stilz/*Würthwein* § 241 Rn. 190.

208 BGH AG 2015, 633, 635.

209 KK-AktG/*Noack/Zetzsche* § 130 Rn. 153.

(2) Privatschriftliches Protokoll bei ungeschriebenen Hauptversammlungskompetenzen?

Weiterhin ist fraglich, inwieweit sich § 130 Abs. 1 S. 3 AktG zu den vom BGH entwickelten „Holzmüller/Gelatine"-Grundsätzen[210] verhält. Im „Holzmüller"-Urteil knüpfte der BGH seine Entscheidung noch an § 119 Abs. 2 AktG als dogmatische Grundlage an.[211] Daraus wurde früher geschlussfolgert, dass eine privatschriftliche Protokollierung ausreichend sei.[212] Mit dem „Gelatine"-Urteil revidierte der BGH jedoch seine Ansicht hinsichtlich der dogmatischen Grundlage seiner Entscheidung und betonte insbesondere das Erfordernis eines mit einer Dreiviertelmehrheit gefassten zustimmenden Beschlusses der Hauptversammlung.[213] Daher schließt die heute ganz herrschende Meinung eine Anwendung des § 130 Abs. 1 S. 3 AktG für Sachverhalte aus, in denen ein Grundlagenbeschluss der Hauptversammlung nach den „Holzmüller/Gelatine"-Grundsätzen notwendig ist.[214] Dieser Auffassung ist zuzustimmen. Mit seinem „Gelatine"-Urteil hat der BGH die Anwendungsfälle einer ungeschriebenen Kompetenz der Hauptversammlung auf Sachverhalte begrenzt, die einer Satzungsänderung vergleichbar sind. Für diese ist aber nach dem in § 179 Abs. 2 AktG bestimmten Mehrheitserfordernis stets eine notarielle Niederschrift erforderlich, sodass gleiches für Grundlagenbeschlüsse nach den „Holzmüller/Gelatine"-Grundsätzen gelten muss.[215]

(3) Anwendung des § 130 Abs. 1 S. 3 AktG auf die SE

§ 130 Abs. 1 S. 3 AktG gilt nur für die deutsche Aktiengesellschaft unmittelbar. Aufgrund der Verweisungstechnik der SE-VO ist die SE mit Sitz in Deutschland der deutschen Aktiengesellschaft in vielen Bereichen gleichgestellt. Es ist zu klären, ob dies für die von § 130 Abs. 1 S. 3 AktG vorgesehene Formerleichterung ebenfalls gilt. Es besteht Einigkeit, dass § 130 Abs. 1 AktG auch auf die SE Anwendung findet. Nach einer Ansicht ergibt sich dies aus der allgemeinen Verweisung des Art. 9 Abs. 1 lit. c) ii) SE-VO,[216] während andere nach wohl richtiger

---

210 Vgl. S. 12 f.

211 BGHZ 83, 122.

212 *Kindler* NJW 1994, 3041, 3045; a.A. bereits damals *Blanke* BB 1994, 1505, 1510.

213 BGHZ 159, 30.

214 *Blanke* BB 1994, 1505, 1510; Bürgers/Körber/*Reger* § 130 Rn. 32; Hölters/*Drinhausen* § 130 Rn. 23; Hüffer/*Koch* § 130 Rn. 14c; KK-AktG/*Noack/Zetzsche* § 130 Rn. 147; MünchKommAktG/*Kubis* § 130 Rn. 29.

215 Bürgers/Körber/*Reger* § 130 Rn. 32; KK-AktG/*Noack/Zetzsche* § 130 Rn. 147.

216 *Heckschen* DNotZ 2003, 251, 267.

Auffassung § 130 Abs. 1 AktG bereits von der Spezialverweisung des Art. 53 SE-VO erfasst wissen wollen.[217]

Trotz dieser allgemeinen Akzeptanz hinsichtlich der Anwendbarkeit des § 130 Abs. 1 AktG für die SE mit Sitz in Deutschland wird argumentiert, die Formerleichterung des § 130 Abs. 1 S. 3 AktG komme dieser Rechtsform dennoch nicht zu Gute, da die Vorschriften der SE-VO kompliziert anzuwenden seien und der Verordnungsgeber die SE gerade für Großunternehmen konzipiert habe.[218] Daher seien auch die einfachen Beschlüsse der Hauptversammlung einer nicht börsennotierten SE in einer notariellen Niederschrift zu beurkunden.[219]

Dieser Auffassung kann nicht gefolgt werden. Die tatsächliche Komplexität der Anwendung der Vorschriften der SE-VO ändert nichts an der in der Verordnung vorgegebenen Verweisung auf § 130 Abs. 1 S. 3 AktG. Auch wenn die Rechtsform der SE auf Großunternehmen zugeschnitten ist, soll die Gründung einer SE ausweislich der SE-VO und des in ihr niedergelegten Willens des Verordnungsgebers nicht für kleine und mittlere Unternehmen erschwert werden.[220] Dann muss diesen Unternehmen auch möglich sein, die Beschlüsse der Hauptversammlung durch ein privatschriftlich gefertigtes Protokoll zu beurkunden, soweit die Unternehmen nicht börsennotiert sind und keine Grundlagenbeschlüsse gefasst werden. Sonst wäre das von kleinen und mittleren Unternehmen, die in der Rechtsform der SE geführt werden, zu beachtende Verfahren gegenüber großen Aktiengesellschaften erschwert und die Gründung einer SE wäre für kleinere und mittlere Unternehmen weniger attraktiv. Der Wille des Verordnungsgebers würde dadurch in sein Gegenteil verkehrt werden.

Weiterhin leuchtet es nicht ein, zwischen SE und deutschen Aktiengesellschaften zu differenzieren, nur weil Erstere für Großunternehmen konzipiert sind. § 130 Abs. 1 S. 3 AktG wurde zwar durch das Gesetz für kleine Aktiengesellschaften und zur Deregulierung des Aktienrechts[221] eingefügt, dennoch steht diese Formerleichterung jeder nichtbörsennotierten Aktiengesellschaft unabhängig von ihrer tatsächlichen wirtschaftlichen Unternehmensgröße offen. Wenn also auch Großunternehmen in der Rechtsform der Aktiengesellschaft von dieser Regelung profitieren, muss dies ebenfalls für Großunternehmen und erst Recht für kleinere und mittlere Unternehmen in der Rechtsform der SE gelten. Jede andere

---

217 *Knapp* DStR 2012, 2392, 2394; MünchKommAktG/*Kubis* Art. 53 SE-VO Rn. 20; *Spitzbart* RNotZ 2006, 369, 386.

218 *Heckschen* DNotZ 2003, 251, 268; *Wicke* MittBayNot 2006, 196, 204.

219 *Wicke* MittBayNot 2006, 196, 204.

220 Vgl. Erwägungsgrund Nr. 13 der SE-VO.

221 BGBl. 1994 I S. 1961.

Handhabung wäre zudem auch ein Verstoß gegen das Gleichbehandlungsgebot des Art. 10 SE-VO.[222] Es ist daher insgesamt festzuhalten, dass für eine nichtbörsennotierte SE ein privatschriftliches Protokoll ausreichend ist, soweit keine Grundlagenbeschlüsse gefasst werden.[223]

Problematisch ist in diesem Zusammenhang noch, dass Art. 59 Abs. 1 SE-VO für eine Satzungsänderung eine Mehrheit von zwei Dritteln der abgegebenen Stimmen fordert, sofern die Rechtsvorschriften für Aktiengesellschaften im Sitzstaat der SE keine größere Mehrheit vorsehen oder zulassen. Aus dieser vom nationalrechtlichen Quorum des § 179 Abs. 2 S. 1 AktG abweichenden Bestimmung wird der Schluss gezogen, dass eine privatschriftliche Protokollierung nur unterhalb einer Zweidrittelmehrheit der abgegebenen Stimmen zulässig sei.[224] Nach wiederum anderer Ansicht ist bei einer nichtbörsennotierten SE eine privatschriftliche Protokollierung zulässig, sofern keine Grundlagenbeschlüsse gefasst werden, für die das Gesetz eine Dreiviertelstimmenmehrheit vorsieht.[225] Wegen der in Art. 59 Abs. 1 SE-VO enthaltenen Spezialverweisung auf nationales Aktienrecht ist aber ein Abweichen von der notariellen Beurkundung nur unterhalb einer Dreiviertelkapitalmehrheit zulässig.[226]

c) *Der Inhalt der Niederschrift*

Der notwendige Inhalt der Niederschrift wird durch § 130 Abs. 2 AktG bestimmt. Außerdem ist § 130 Abs. 1 AktG bezüglich der protokollierungsbedürftigen Vorgänge nicht abschließend, sodass der weitere Umfang der Protokollierungspflicht darzustellen ist.

aa) Der Mindestinhalt der Niederschrift nach § 130 Abs. 2 AktG

Gemäß § 130 Abs. 2 S. 1 AktG sind in der Niederschrift der Ort und der Tag der Verhandlung, der Name des Notars sowie die Art und das Ergebnis der Abstimmung und die Feststellung des Vorsitzenden über die Beschlussfassung

---

222 Zum umstrittenen Aussagegehalt des Art. 10 SE-VO als Gleichbehandlungsgebot vgl. Spindler/Stilz/*Casper* Art. 10 SE-VO Rn. 1 ff.

223 Ebenso MünchKommAktG/*Kubis* Art. 53 SE-VO Rn. 20; *Spitzbart* RNotZ 2006, 369, 386.

224 *Brandt* S. 226 Fn. 1260.

225 Spindler/Stilz/*Eberspächer* Art. 53 SE-VO Rn. 7 Fn. 20.

226 *Knapp* DStR 2012, 2392, 2394; Manz/Mayer/Schröder/*Mayer* Art. 53 Rn. 85; Lutter/Hommelhoff/Teich-mann/*Spindler* Art. 53 Rn. 30; MünchKommAktG/*Kubis* Art. 53 SE-VO Rn. 20.

anzugeben. § 130 Abs. 2 S. 2 AktG erweitert den Inhalt der Niederschrift für börsennotierte Gesellschaften.

(1) Der Ort und der Tag der Hauptversammlung

Gemäß § 130 Abs. 2 S. 1 AktG sind zunächst der Ort und der Tag der Hauptversammlung anzugeben. Erstreckt sich die Hauptversammlung über mehr als einen Tag, ist dies in der Niederschrift anzuzeigen.[227]

(2) Der Name der Urkundsperson

Weiterhin muss die Niederschrift den Namen des Notars benennen. Die Angabe des Nachnamens ist nach überwiegender Ansicht ausreichend, wenn keine Verwechslungsgefahr besteht.[228]

Sofern keine notarielle Niederschrift, sondern ein privatschriftliches Protokoll nach § 130 Abs. 1 S. 3 AktG gefertigt wird, ist der Name des Vorsitzenden des Aufsichtsrats anzugeben.[229] Die Adresse des Vorsitzenden des Aufsichtsrats muss in der Regel nicht angegeben werden, da die Person des Aufsichtsratsvorsitzenden gemäß § 107 Abs. 1 S. 2 AktG zum Handelsregister anzumelden ist und so eine weitere Möglichkeit der eindeutigen Identifikation besteht.[230] Es ist daher unschädlich, dass er anders als ein Notar nicht über den Amtssitz oder die Urkundsrolle identifiziert werden kann.

Sofern der Aufsichtsratsvorsitzende sowie sein Stellvertreter nicht an der Hauptversammlung teilnehmen und ein Dritter als Versammlungsleiter fungiert und dieser auch die Hauptversammlung protokolliert, ist der Name des Versammlungsleiters in die Niederschrift aufzunehmen.[231]

(3) Die Art der Abstimmung

Die Niederschrift muss gemäß § 130 Abs. 2 AktG auch Angaben zur Art der Abstimmung enthalten. Daher muss zunächst der Rechtsgrund der gewählten Abstimmungsart in die Niederschrift aufgenommen werden, sprich ob die gewählte Abstimmungsart auf einer satzungsmäßigen Bestimmung beruht oder vom Ver-

---

227 K. Schmidt/Lutter/*Ziemons* § 130 Rn. 10.

228 Hüffer/*Koch* § 130 Rn. 16 m.w.N.; a.A. K. Schmidt/Lutter/*Ziemons* § 130 Rn. 9.

229 KK-AktG/*Noack/Zetzsche* § 130 Rn. 103; K. Schmidt/Lutter/*Ziemons* § 130 Rn. 9.

230 KK-AktG/*Noack/Zetzsche* § 130 Rn. 104; a.A. K. Schmidt/Lutter/*Ziemons* § 130 Rn. 9.

231 KK-AktG/*Noack/Zetzsche* § 130 Rn. 107.

sammlungsleiter kraft seiner Leitungsbefugnis angeordnet wurde.[232] Weiterhin muss die Abstimmungsform protokolliert werden.[233] Gängige Formen der Abstimmung sind das Verwenden von Stimmkarten, die Stimmabgabe durch Zuruf, Handzeichen oder Aufstehen oder der namentliche Aufruf der Aktionäre.[234] Nach herrschender Meinung ist ferner festzuhalten, ob die Stimmenzählung im Wege des Additionsverfahrens oder mittels Subtraktionsmethode erfolgte.[235] Umstritten ist außerdem, ob die Beachtung von Stimmverboten in die Niederschrift aufzunehmen ist. Nach herrschender Meinung ist dies in der Niederschrift zu vermerken.[236] Es ist jedoch ausreichend, wenn ein Hinweis des Versammlungsleiters auf einschlägige Stimmverbote protokolliert wird.[237] Teilweise wird die Protokollierung dieses Hinweises als verzichtbar angesehen, da der Hinweis des Versammlungsleiters mangels Beweisgehalt ohnehin wertlos sei.[238] Nach anderer Ansicht zählt die Protokollierung der Maßnahmen, die zur Gewährleistung der Beachtung von Stimmverboten ergriffen wurden, dagegen generell zu den fakultativen Angaben der Niederschrift.[239]

(4) Das Ergebnis der Abstimmung

Neben der Art der Abstimmung ist auch deren Ergebnis in die Niederschrift aufzunehmen. Dabei ist zwischen dem rechtlichen und dem zahlenmäßigen Abstimmungsergebnis zu unterscheiden. Das rechtliche Abstimmungsergebnis drückt aus, ob und gegebenenfalls mit welchem Ergebnis ein Beschlussantrag angenommen oder abgelehnt wurde. Das zahlenmäßige Abstimmungsergebnis gibt dagegen die Anzahl der Ja- und Nein-Stimmen an. Bis zur Einführung des § 130 Abs. 2 S. 2 und 3 AktG durch das Gesetz zur Umsetzung der Aktionärsrechterichtlinie (ARUG)[240] im Jahr 2009 war es herrschende Meinung, dass sowohl das rechtliche Abstimmungsergebnis als auch das zahlenmäßi-

---

232 MünchKommAktG/*Kubis* § 130 Rn. 50; a.A. KK-AktG/*Noack/Zetzsche* § 130 Rn. 165.

233 Hüffer/*Koch* § 130 Rn. 17.

234 Hüffer/*Koch* § 130 Rn. 17.

235 Hüffer/*Koch* § 130 Rn. 17 m.w.N.; KK-AktG/*Noack/Zetzsche* § 130 Rn. 158; a.A. *Schulte* AG 1985, 33, 38.

236 MünchKommAktG/*Kubis* § 130 Rn. 53; *Sigel/Schäfer* BB 2005, 2137, 2142; *Wilhelmi* BB 1987, 1331, 1334.

237 MünchKommAktG/*Kubis* § 130 Rn. 53; *Sigel/Schäfer* BB 2005, 2137, 2142.

238 *Schulte* AG 1985, 33, 38.

239 Hölters/*Drinhausen* § 130 Rn. 30.

240 BGBl. 2009 I S. 2479.

ge zu protokollieren waren.[241] Nach nun gegebener Rechtslage verpflichtet § 130 Abs. 2 S. 2 Nr. 3 AktG die Urkundsperson nur bei börsennotierten Gesellschaften, das zahlenmäßige Abstimmungsergebnis in die Niederschrift aufzunehmen. Daher ist bei nichtbörsennotierten Aktiengesellschaften das zahlenmäßige Abstimmungsergebnis keine zwingende Pflichtangabe nach § 130 Abs. 2 S. 1 AktG, was zudem auch dem Willen des Gesetzgebers entspricht, dass Auszählungsfehler nicht zur Nichtigkeit der Beschlüsse führen.[242] Dieses Ergebnis widerspricht zwar der von der weit herrschenden Meinung vertreten Ansicht, die insbesondere für nichtbörsennotierte Aktiengesellschaften ein Dokumentationsdefizit befürchtet.[243] Jedoch ist die Systematik des Gesetzes insoweit eindeutig und kann auch nicht durch den Einwand entkräftet werden, man könne von der Spezialvorschrift des Satzes 2 keine Rückschlüsse auf die allgemeinere Regelung des § 130 Abs. 2 S. 1 AktG ziehen.[244] Wenn die Verpflichtung zur Aufnahme des zahlenmäßigen Abstimmungsergebnisses in die Niederschrift bereits aus § 130 Abs. 2 S. 1 AktG folgte, wäre § 130 Abs. 2 S. 2 Nr. 3 AktG überflüssig und führte zu einer unnötigen, da doppelten Verpflichtung für börsennotierte Gesellschaften.[245]

Grundsätzlich ist die Urkundsperson aktienrechtlich, also um die Rechtsfolge der Nichtigkeit nach § 241 Nr. 2 AktG zu vermeiden, nur dazu verpflichtet, das vom Versammlungsleiter verkündete Abstimmungsergebnis zu protokollieren.[246] Fraglich ist, wie die Urkundsperson sich zu verhalten hat, wenn seine eigene Wahrnehmung von dem durch den Versammlungsleiter verkündeten Abstimmungsergebnis abweicht. Der Wortlaut des § 130 Abs. 2 S. 1 unterscheidet zwischen dem Abstimmungsergebnis und der Feststellung des Vorsitzenden über die Beschlussfassung.[247] Das Ergebnis der Abstimmung ist aber nicht zwangsläufig das vom Vorsitzenden eventuell fehlerhaft festgestellte und verkündete Ergebnis.[248] Daher muss die Urkundsperson zwingend das von ihr ermittelte Ergebnis

---

241 Vgl. BGH DNotZ 1995, 549, 550; OLG Düsseldorf NZG 2003, 816, 818.

242 KK-AktG/*Noack/Zetzsche* § 130 Rn. 169 f.

243 Bürgers/Körber/*Reger* § 130 Rn. 15; Happ/Groß/*Zimmermann* Muster 10.18 Rn. 39.2; Hüffer/*Koch* § 130 Rn. 19; *Leitzen* ZIP 2010, 1065, 1066 f.; MünchKommAktG/*Kubis* § 130 Rn. 57.

244 Zu diesem Einwand siehe Hüffer/*Koch* § 130 Rn. 19.

245 KK-AktG/*Noack/Zetzsche* § 130 Rn. 170.

246 BGHZ 180, 9, 18; OLG Düsseldorf NZG 2003, 816, 818.

247 Hüffer/*Koch* § 130 Rn. 21; KK-AktG/*Noack/Zetzsche* § 130 Rn. 181.

248 MünchKommAktG/*Kubis* § 130 Rn. 56.

protokollieren.[249] Das vom Versammlungsleiter verkündete Abstimmungsergebnis ist als Pflichtangabe ebenfalls in das Versammlungsprotokoll aufzunehmen.[250]

(5) Die Feststellung des Vorsitzenden über die Beschlussfassung

Schließlich muss gemäß § 130 Abs. 2 S. 1 AktG die Feststellung des Vorsitzenden über die Beschlussfassung in der Niederschrift wiedergegeben werden. Die Feststellung des Vorsitzenden verbunden mit ihrer Protokollierung hat für den Beschluss in zweifacher Hinsicht konstitutive Bedeutung: zum einen bewirkt sie die Wirksamkeit des Beschlusses; zum anderen legt die Feststellung den Inhalt des Beschlusses fest.[251] Dies gilt auch dann, wenn die Feststellung des Vorsitzenden das Abstimmungsergebnis nicht korrekt wiedergibt und daher fehlerhaft ist.[252] Die konstitutive Wirkung des festgestellten und protokollierten Beschlusses kann nur durch eine erfolgreiche Anfechtungsklage beseitigt werden.[253]

bb) Der erweiterte Umfang der Feststellung gemäß § 130 Abs. 2 S. 2 AktG

Bei börsennotierten Gesellschaften (§ 3 Abs. 2 AktG) wird der Umfang der Feststellung über die Beschlussfassung durch § 130 Abs. 2 S. 2 AktG erweitert. Gemäß dieser Vorschrift sind in der Niederschrift die Zahl der Aktien, für die gültige Stimmen abgegeben wurden, der Anteil des durch die gültigen Stimmen vertretenen Grundkapitals und die Zahl der für einen Beschluss abgegebenen Stimmen, Gegenstimmen und gegebenenfalls die Zahl der Enthaltungen anzugeben.

Gemäß § 130 Abs. 2 S. 3 AktG kann der Versammlungsleiter die Feststellung über die Beschlussfassung für jeden Beschluss darauf beschränken, dass die erforderliche Mehrheit erreicht wurde, falls kein Aktionär eine umfassende Feststellung verlangt. Zweck dieser Wahlmöglichkeit ist die Abkürzung der Beschlussfassung in der Hauptversammlung dadurch, dass das Verlesen längerer Zahlenkolonnen vermieden wird.[254] Die Form und der Zeitpunkt des Aktionärs-

---

249 Hüffer/*Koch* § 130 Rn. 21; KK-AktG/*Noack/Zetzsche* § 130 Rn. 181; MünchKommAktG/*Kubis* § 130 Rn. 56.

250 KK-AktG/*Noack/Zetzsche* § 130 Rn. 181; a.A. MünchKommAktG/*Kubis* § 130 Rn. 56, der das vom Versammlungsleiter verkündete Ergebnis nur als fakultative, zweckmäßige Angabe wertet.

251 MünchKommAktG/*Kubis* § 130 Rn. 62.

252 MünchKommAktG/*Kubis* § 130 Rn. 62.

253 Hüffer/*Koch* § 130 Rn. 22; MünchKommAktG/*Kubis* § 130 Rn. 62; Spindler/Stilz/*Wicke* § 130 Rn. 52.

254 Rechtsausschuss zu § 130 AktG, BT-Drucks. 16/13098, S. 39.

verlangens werden in § 130 Abs. 2 S. 3 AktG nicht vorgegeben.[255] Ein mündliches Verlangen ist daher ausreichend.[256] Als frühester Zeitpunkt für die Stellung eines Aktionärsverlangens wird teilweise der Beginn der Hauptversammlung angesehen.[257] Diese Ansicht übersieht jedoch, dass ein Aktionärsverlangen bereits im Vorfeld der Hauptversammlung geäußert werden kann, sodass der Zeitpunkt der Bekanntmachung der Einberufung zur Hauptversammlung maßgeblich ist.[258] Sofern der die erweiterte Feststellung verlangende Aktionär jedoch weder selbst noch durch einen Vertreter in der Hauptversammlung repräsentiert ist, wird sein Verlangen gegenstandslos.[259] Eine erweiterte Feststellung kann wegen der jederzeitigen Korrekturmöglichkeiten hinsichtlich des festgestellten Beschlussinhalts bis zum Ende der Hauptversammlung verlangt werden.[260]

Ein Verstoß gegen die erweiterte Beurkundungspflicht nach § 130 Abs. 2 S. 2 AktG führt nicht zur Nichtigkeit des Beschlusses, da § 241 Nr. 2 AktG diese Vorschrift nicht erfasst. Ein Verstoß bedeutet allerdings eine Verletzung des Gesetzes, was nach § 243 Abs. 1, 1. Alt. AktG einen Anfechtungsgrund darstellt. Jedoch wird die Anfechtbarkeit von Beschlüssen, die an einem solchen Verfahrensfehler leiden, generell[261] als ausgeschlossen betrachtet oder auf Ausnahmefälle[262] begrenzt.

cc) Weitere protokollierungsbedürftige Vorgänge

§ 130 Abs. 1 AktG ist bezüglich der zu beurkundenden Vorgänge wie bereits erwähnt nicht abschließend.[263] Das Aktiengesetz und beispielsweise auch das Umwandlungsgesetz enthalten weitere Bestimmungen, in denen für bestimmte Vorgänge ein Beurkundungserfordernis postuliert wird. Dazu zählen insbesondere Widersprüche der Aktionäre gegen Beschlüsse der Hauptversammlung gemäß § 245 Nr. 1 AktG und die Auskunftsverweigerung nach § 131 Abs. 5 AktG, bei der die Aktionärsfrage und der Grund für die Verweigerung der Auskunft in die Niederschrift aufzunehmen sind.

---

255 Hüffer/*Koch* § 130 Rn. 23b.

256 Hüffer/*Koch* § 130 Rn. 23b.

257 Spindler/Stilz/*Wicke* § 130 Rn. 54.

258 Hüffer/*Koch* § 130 Rn. 23b; KK-AktG/*Noack/Zetzsche* § 130 Rn. 213; MünchKommAktG/*Kubis* § 130 Rn. 69.

259 MünchKommAktG/*Kubis* § 130 Rn. 69.

260 Hüffer/*Koch* § 130 Rn. 23b; MünchKommAktG/*Kubis* § 130 Rn. 69; a.A. KK-AktG/*Noack/Zetzsche* § 130 Rn. 213; *Allmendinger* DNotZ 2012, 164, 166 f.

261 MünchKommAktG/*Kubis* § 130 Rn. 64.

262 Spindler/Stilz/*Wicke* § 130 Rn. 56.

263 Hüffer/*Koch* § 130 Rn. 4.

Für den Umfang der Beurkundungspflicht ist weiterhin entscheidend, ob neben den gesetzlichen Bestimmungen ungeschriebene Beurkundungspflichten existieren:

Nach einer älteren Ansicht in der Literatur ist der Notar bereits aufgrund aktienrechtlicher Vorgaben verpflichtet, alle für einen Beschluss rechtserheblichen Vorgänge der Hauptversammlung zu beurkunden.[264]

Mittlerweile hat sich jedoch die Ansicht durchgesetzt, dass zwischen der aktienrechtlichen Beurkundungspflicht der Urkundsperson und den Amtspflichten bei einer notariellen Beurkundung zu unterscheiden ist.[265] Es besteht Einigkeit darüber, dass die Rechtsfolge der Nichtigkeit des Beschlusses nur bei einem Verstoß gegen gesetzlich ausdrücklich angeordnete Beurkundungspflichten eintritt.[266] Aufgrund seiner Amtspflichten ist der Notar über die aktienrechtlichen Beurkundungspflichten hinaus dazu verpflichtet, zusätzlich alle Vorgänge zu protokollieren, die für das Zustandekommen und die Wirksamkeit des Beschlusses erheblich sind.[267] Hierzu zählen beispielsweise Verstöße gegen Stimmverbote oder Beschränkungen des Teilnahmerechts.[268]

Weiterhin ist es der Urkundsperson nach allgemeiner Meinung unbenommen, neben den obligatorischen Angaben weitere fakultative Angaben in die Niederschrift aufzunehmen.[269]

d) Sonstige von § 130 AktG bestimmte Pflichten

§ 130 AktG statuiert in seinen Absätzen drei bis sechs weitere Pflichten, welche die Beurkundungspflicht ergänzen.

---

264 *Falkenhausen* BB 1966, 337, 341; *Knur* DNotZ 1938, 700; *Lamers* DNotZ 1962, 287, 293; *Wilhelmi* BB 1987, 1331, 1334.

265 Vgl. MünchKommAktG/*Kubis* § 130 Rn. 11, 71.

266 BGHZ 180, 9, 18; Bürgers/Körber/*Reger* § 130 Rn. 18; Heidel/*Terbrack/Lohr* § 130 Rn. 34; Hüffer/*Koch* § 130 Rn. 5; MünchKommAktG/*Kubis* § 130 Rn. 11, 71; *Schulte* AG 1985, 33, 39; Spindler/Stilz/*Wicke* § 130 Rn. 12.

267 Bürgers/Körber/*Reger* § 130 Rn. 18; MünchKommAktG/*Kubis* § 130 Rn. 71; *Schulte* AG 1985, 33, 39.

268 KK-AktG/*Noack/Zetzsche* § 130 Rn. 258 ff. und MünchKommAktG/*Kubis* § 130 Rn. 71 bieten eine Auflistung zahlreicher Vorgänge, die ein Notar aufgrund seiner Amtspflicht in die Niederschrift aufzunehmen hat.

269 Vgl. nur Hüffer/*Koch* § 130 Rn. 6.

aa) § 130 Abs. 3 AktG: Die beizufügenden Anlagen

Gemäß § 130 Abs. 3 AktG sind der Niederschrift als Anlage die Belege über die Einberufung der Versammlung beizufügen. In Zeiten von elektronischen Kommunikationsmedien ist es ausreichend und oftmals mangels Existenz von Originalen erforderlich, dass die Belege als Kopie beigefügt werden.[270] Daher sind der Niederschrift ein Ausdruck aus dem Bundesanzeiger und im Falle einer Privateinberufung nach § 121 Abs. 4 S. 2 AktG eine Kopie des Einberufungsschreibens beizufügen.[271] Die Beifügung der Einberufungsbelege erfolgt, indem sie in der Niederschrift als Anlagen benannt und mit ihr körperlich permanent verbunden werden.[272] Die Beifügung bewirkt, dass die Einberufungsbelege Bestandteil der notariellen bzw. privatschriftlichen Niederschrift werden.[273]

Bei einer Universalversammlung nach § 121 Abs. 6 AktG ist die Beifügung der Einberufungsbelege dagegen entbehrlich, soweit kein Aktionär widerspricht.[274] Dies ist jedoch in der Niederschrift zu vermerken, um die Abweichung von der Regelung des § 130 Abs. 3 AktG zu verdeutlichen.[275]

Ferner ist nach § 130 Abs. 3, 2. Hs. AktG die Beifügung der Anlagen nicht erforderlich, wenn die Belege über die Einberufung der Versammlung unter Angabe ihres Inhalts in der Niederschrift aufgeführt werden.

§ 130 Abs. 3 AktG ist nicht abschließend. Das Aktiengesetz und das Umwandlungsgesetz enthalten einzelne Regelungen, die festlegen, dass bei bestimmten Vorgängen weitere Dokumente der Niederschrift als Anlage beizufügen sind.[276]

bb) § 130 Abs. 4 AktG: Die Unterschrift des Notars

Gemäß § 130 Abs. 4 S. 1 AktG ist die Niederschrift durch den Notar zu unterzeichnen. Die Niederschrift muss vom Notar eigenhändig unterschrieben werden und ihr soll auch die Amtsbezeichnung des Notars beigefügt werden.[277] Die notarielle Unterschrift dient drei verschiedenen Funktionen: Erstens ist die Unterschrift gemäß § 241 Nr. 2 AktG Voraussetzung für die Wirksamkeit eines

---

270 Hüffer/*Koch* § 130 Rn. 24; KK-AktG/*Noack/Zetzsche* § 130 Rn. 273; MünchKommAktG/*Kubis* § 130 Rn. 73; K. Schmidt/Lutter/*Ziemons* § 130 Rn. 73.

271 KK-AktG/*Noack/Zetzsche* § 130 Rn. 273.

272 Hüffer/*Koch* § 130 Rn. 24.

273 MünchKommAktG/*Kubis* § 130 Rn. 73.

274 KK-AktG/*Noack/Zetzsche* § 130 Rn. 275; MünchKommAktG/*Kubis* § 130 Rn. 73; K. Schmidt/Lutter/*Ziemons* § 130 Rn. 74.

275 MünchKommAktG/*Kubis* § 130 Rn. 73; K. Schmidt/Lutter/*Ziemons* § 130 Rn. 74.

276 Überblick über die möglichen Fallgestaltungen bei Hüffer/*Koch* § 130 Rn. 25.

277 Hüffer/*Koch* § 130 Rn. 26; MünchKommAktG/*Kubis* § 130 Rn. 23.

Hauptversammlungsbeschlusses. Zweitens dokumentiert die Unterschrift, dass die Urkundsperson die Tatsachen so wie in der Niederschrift festgehalten auch wahrgenommen hat. Und schließlich drittens bildet die Unterschrift den Abschluss der Niederschrift, sodass zu deren Inhalt nur das gehört, was oberhalb der Unterschrift aufgeführt wird.[278]

§ 130 Abs. 4 AktG sieht nur den Notar als mögliche Urkundsperson vor. Eine Anpassung des Wortlauts an die durch § 130 Abs. 1 S. 3 AktG eröffnete Möglichkeit, ein privatschriftliches Protokoll ohne Mitwirkung eines Notars zu erstellen, erfolgte nicht.[279] Sofern der Aufsichtsratsvorsitzende als Versammlungsleiter fungiert, ist das privatschriftliche Protokoll gemäß § 130 Abs. 1 S. 3 AktG daher von ihm zu unterzeichnen.[280]

Fraglich ist, wer die Niederschrift zu unterzeichnen hat, wenn nicht der Aufsichtsratsvorsitzende, sondern ein Dritter die Hauptversammlung leitet und ein privatschriftliches Protokoll gefertigt werden soll. Nach einer Ansicht ist auch in diesem Fall die Unterschrift vom Aufsichtsratsvorsitzenden und bei dessen Verhinderung von seinem Stellvertreter vorzunehmen.[281] Der Gesetzgeber sei sich bei Schaffung des § 130 Abs. 1 S. 3 AktG bewusst gewesen, dass auch andere Personen als der Aufsichtsratsvorsitzende die Versammlung leiten könnten; er hätte aber dennoch die Befugnis zur Anfertigung eines privatschriftlichen Protokolls allein dem Aufsichtsratsvorsitzenden übertragen.[282] Daher scheide die Möglichkeit eines privatschriftlichen Protokolls aus, wenn weder der Vorsitzende des Aufsichtsrats noch sein Stellvertreter anwesend sind.[283] Es widerspricht jedoch der mit der Schaffung des § 130 Abs. 1 S. 3 AktG verfolgten gesetzgeberischen Intention zur Erleichterung des Beurkundungsverfahrens, wenn man die Befugnis zur Unterzeichnung der Niederschrift allein dem Notar respektive Aufsichtsratsvorsitzenden zuspräche.[284] Der Wortlaut des § 130 Abs. 4 AktG zeigt selbst, dass der Gesetzgeber die Vorschrift nicht mit der Regelung des § 130 Abs. 1 S. 3 AktG abgestimmt hat, weswegen der Wortlaut des § 130 Abs. 4 AktG nur bedingt für die Auslegung der Vorschrift fruchtbar gemacht werden kann. Daher ist der die

278 Zu allen drei Funktionen der Unterschrift siehe KK-AktG/*Noack/Zetzsche* § 130 Rn. 301.

279 KK-AktG/*Noack/Zetzsche* § 130 Rn. 302.

280 KK-AktG/*Noack/Zetzsche* § 130 Rn. 302.

281 GroßkommAktG/*Mülbert* Vor §§ 118–147 Rn. 173; *Heller* AG 2008, 493, 495; K. Schmidt/Lutter/*Ziemons* § 130 Rn. 48; Spindler/Stilz/*Würthwein* § 241 Rn. 192.

282 *Heller* AG 2008, 493, 495; Spindler/Stilz/*Würthwein* § 241 Rn. 192.

283 K. Schmidt/Lutter/*Ziemons* § 130 Rn. 48.

284 KK-AktG/*Noack/Zetzsche* § 130 Rn. 303.

Versammlung tatsächlich leitende Dritte namentlich anzugeben und zur Unterzeichnung des privatschriftlichen Protokolls befugt.[285]

cc) § 130 Abs. 5 AktG: Die Einreichung einer Abschrift zum Handelsregister

Gemäß § 130 Abs. 5 AktG hat der Vorstand unverzüglich nach der Versammlung eine öffentlich beglaubigte Abschrift der Niederschrift und ihrer Anlagen zum Handelsregister einzureichen. Sofern es sich um ein privatschriftliches Protokoll nach § 130 Abs. 1 S. 3 AktG handelt, sieht § 130 Abs. 5 AktG vor, dass die Abschrift vom Vorsitzenden des Aufsichtsrats unterzeichnet wird. Nach hier vertretener Ansicht hat der Versammlungsleiter die Abschrift des privatschriftlichen Protokolls zu unterzeichnen, wenn der Versammlungsleiter nicht der Vorsitzende des Aufsichtsrats ist.[286]

Die Abschrift ist gemäß § 12 Abs. 2 S. 1 HGB elektronisch einzureichen. Die öffentlich beglaubigte Abschrift einer notariellen Niederschrift ist gemäß § 12 Abs. 2 S. 2, 2. Hs. HGB mit einem einfachen elektronischen Zeugnis nach § 39a BeurkG versehen an das Handelsregister zu übermitteln.[287] Das einfache elektronische Zeugnis besteht aus einer qualifizierten elektronischen Signatur nach dem Signaturgesetz und muss eine Bestätigung der Notareigenschaft enthalten. Zudem soll es Ort und Tag der Ausstellung angeben. Die Urschrift verbleibt nach § 45 Abs. 1 BeurkG in der Urkundsrolle beim Notar.[288] Die Abschrift eines privatschriftlichen Protokolls kann dagegen durch eine einfache elektronische Aufzeichnung an das Handelsregister übermittelt werden, § 12 Abs. 2 S. 2, 1. Hs. HGB.[289]

dd) § 130 Abs. 6 AktG: Die Veröffentlichung auf der Internetseite

§ 130 Abs. 6 statuiert eine zusätzliche Publizitätspflicht für börsennotierte Gesellschaften. Der Begriff der börsennotierten Gesellschaft bestimmt sich wiederum nach § 3 Abs. 2 AktG. Solche Gesellschaften müssen innerhalb von sieben Tagen nach der Versammlung die festgestellten Abstimmungsergebnisse einschließlich der Angaben nach § 130 Abs. 2 S. 2 AktG auf ihrer Internetseite veröffentlichen.

---

285 OLG Karlsruhe NZG 2013, 1261, 1265; Hüffer/*Koch* § 130 Rn. 14e; *Noack* FS Happ, S. 201, 206; MünchKommAktG/*Kubis* § 130 Rn. 33; Spindler/Stilz/*Wicke* § 130 Rn. 41; offenlassend OLG Köln DNotZ 2008, 789 f.

286 Hüffer/*Koch* § 130 Rn. 27a.

287 Hüffer/*Koch* § 130 Rn. 27.

288 MünchKommAktG/*Kubis* § 130 Rn. 76; Spindler/Stilz/*Wicke* § 130 Rn. 61.

289 Hüffer/*Koch* § 130 Rn. 27a; Spindler/Stilz/*Wicke* § 130 Rn. 61.

Fraglich ist, ob die Angaben nach § 130 Abs. 2 S. 2 AktG auch dann auf der gesellschaftseigenen Internetseite zu veröffentlichen sind, wenn der Versammlungsleiter von der durch § 130 Abs. 2 S. 3 AktG eröffneten Möglichkeit zur verkürzten Feststellung Gebrauch gemacht hat. Nach hier vertretener Ansicht umfasst der in § 130 Abs. 2 S. 1 AktG enthaltene Begriff „Ergebnis der Abstimmung“ nur das rechtliche Abstimmungsergebnis und nicht das zahlenmäßige.[290] Es wäre widersinnig und widerspräche auch der von Art. 14 Abs. 1 der Aktionärsrechterichtlinie[291] eröffneten Gestaltungsfreiheit, eine nach § 130 Abs. 2 S. 3 AktG verkürzte Feststellung zu ermöglichen, aber gleichfalls über § 130 Abs. 6 AktG eine Pflicht zur Ermittlung der Angaben nach § 130 Abs. 2 S. 2 AktG zu stipulieren.[292] Denn dann wäre der Versammlungsleiter über die „Hintertür“ des § 130 Abs. 6 AktG dennoch verpflichtet, die Angaben nach § 130 Abs. 2 S. 2 AktG zu treffen und die von § 130 Abs. 2 S. 3 AktG intendierte Verfahrenserleichterung würde nicht eintreten. Sofern kein zahlenmäßiges Abstimmungsergebnis vorliegt, ist es daher ausreichend, das rechtliche Abstimmungsergebnis zu veröffentlichen.[293]

e) Die Erstellung der Niederschrift in der (notariellen) Praxis

§ 130 AktG enthält keine Angaben dazu, wann die Niederschrift zu erstellen ist. Auch aus der Formulierung „über die Verhandlung“ in § 130 Abs. 1 S. 3 AktG lässt sich nicht folgern, dass sie zwingend in der Hauptversammlung selbst aufzunehmen ist.[294]

In der Praxis wird der Notar anhand der Einberufungsunterlagen und eines von der Gesellschaft für den Versammlungsleiter erstellten Leitfadens regelmäßig bereits vor der Versammlung einen Entwurf der Niederschrift erstellen, der dann in der Hauptversammlung um die relevanten Angaben wie beispielsweise Abstimmungsergebnisse ergänzt wird.[295] Anschließend wird die Niederschrift unmittelbar nach Beendigung der Hauptversammlung vorsorglich für den Fall des

---

290 Vgl. S. 51 f.

291 Richtlinie 2007/36/EG des Europäischen Parlaments und des Rates vom 11. Juli 2007 über die Ausübung bestimmter Rechte von Aktionären in börsennotierten Gesellschaften, ABl. EG Nr. L 184 S. 17 vom 14.07.2007.

292 KK-AktG/*Noack/Zetzsche* § 130 Rn. 392.

293 KK-AktG/*Noack/Zetzsche* § 130 Rn. 392; a.A. Hüffer/*Koch* § 130 Rn. 29a; Spindler/Stilz/*Wicke* § 130 Rn. 62.

294 MünchKommAktG/*Kubis* § 130 Rn. 19.

295 Happ/Groß/*Zimmermann* Muster 10.18 Rn. 2.29 f.; KK-AktG/*Noack/Zetzsche* § 130 Rn. 289.

plötzlichen Todes oder den Eintritt der Handlungsunfähigkeit der Urkundsperson durch diese unterschrieben, sodass bereits eine gültige Niederschrift existiert.[296] Mit der Unterschrift ist die Niederschrift jedoch im aktienrechtlichen Sinne noch nicht fertiggestellt, da es dazu noch eines Entäußerungsakts der Urkundsperson bedarf.[297] Bis zur Entäußerung durch Erteilung von Ausfertigungen und Abschriften können nach zutreffender herrschender Meinung auch noch Berichtigungen vorgenommen werden.[298] Erst nach Beendigung der Hauptversammlung wird die Reinschrift der Niederschrift erstellt und von der Urkundsperson unterzeichnet. Diese Reinschrift ersetzt den vorsorglich unterschriebenen Entwurf und stellt nun die Urschrift im beurkundungsrechtlichen Sinne dar.[299] Die Gesellschaft erhält in den Fällen der notariellen Niederschrift anschließend eine öffentlich beglaubigte Abschrift der Niederschrift und ihrer Anlagen, während der Notar die Urschrift gemäß § 45 Abs. 1 BeurkG in seine Urkundensammlung aufnimmt.[300] Die Gesellschaft hat zusätzlich zu ihrem Anspruch aus § 130 Abs. 5 AktG gegenüber dem Notar einen Anspruch auf Erteilung weiterer Ausfertigungen oder beglaubigter Abschriften der Niederschrift, § 51 Abs. 1 Nr. 2, Abs. 3 BeurkG. Nach herrschender Meinung haben auch die Aktionäre und Organmitglieder einen Anspruch auf Erteilung von Ausfertigungen oder Abschriften.[301] Dieser Anspruch besteht aber gegenüber der Gesellschaft und nicht gegenüber dem Notar.[302] Wegen des unbegrenzten Rechts auf Einsichtnahme für jedermann nach § 9 Abs. 1 HGB und dem Recht auf Erteilung von Abschriften nach § 9 Abs. 2 HGB ist diesem Aspekt jedoch nur geringe praktische Bedeutung beizumessen.[303]

Hinsichtlich der Rechtsgrundlagen des Beurkundungsverfahrens ist zu beachten, dass das Beurkundungsgesetz für die Niederschrift über die Hauptversammlung nur eingeschränkt anwendbar ist. § 130 AktG geht als speziellere Norm vielen Vorschriften des Beurkundungsgesetzes, insbesondere den §§ 36 ff. BeurkG vor, § 59 BeurkG.[304] Die allgemeinen Vorschriften des Beurkundungs-

---

296 BGHZ 180, 9, 13 ff.; Heidel/*Terbrack/Lohr* § 130 Rn. 16; KK-AktG/*Noack/Zetzsche* § 130 Rn. 289.

297 BGHZ 180, 9, 13 ff.; MünchKommAktG/*Kubis* § 130 Rn. 23.

298 BGHZ 180, 9, 13 ff.; KK-AktG/*Noack/Zetzsche* § 130 Rn. 318 m.w.N.

299 BGHZ 180, 9, 13 ff.

300 KK-AktG/*Noack/Zetzsche* § 130 Rn. 289.

301 MünchKommAktG/*Kubis* § 130 Rn. 78 m.w.N.

302 MünchKommAktG/*Kubis* § 130 Rn. 78 f.

303 Spindler/Stilz/*Wicke* § 130 Rn. 63.

304 Happ/Groß/*Zimmermann* Muster 10.18 Rn. 2.36; Heidel/*Terbrack/Lohr* § 130 Rn. 15; Hüffer/*Koch* § 130 Rn. 11.

gesetzes sind jedoch anwendbar.[305] Daher hat der Notar gemäß § 4 BeurkG die Beurkundung abzulehnen, wenn sie mit seinen Amtspflichten nicht vereinbar wäre, insbesondere wenn seine Mitwirkung bei Handlungen verlangt wird, mit denen erkennbar unerlaubte oder unredliche Zwecke verfolgt werden. Ferner wird § 44a Abs. 2 BeurkG als anwendbar angesehen, da § 130 AktG keine Bestimmungen zur Korrektur offensichtlicher Fehler in der Niederschrift nach deren Abschluss enthält.[306]

f) Die Rechtsfolgen einer fehlenden oder ungenügenden Protokollierung

Um die mit einer Auslandsbeurkundung verbundenen Risiken abschätzen zu können, sind die Rechtsfolgen einer fehlenden oder unrichtigen Protokollierung der Hauptversammlung zu skizzieren. Es ist zunächst festzustellen, dass § 241 Nr. 2 AktG nur die nicht ordnungsgemäße Protokollierung von Hauptversammlungsbeschlüssen erfasst. Hinsichtlich der Rechtsfolgen eines Verstoßes ist daher zwischen Beschlüssen und anderen protokollierungsbedürftigen Vorgängen zu unterscheiden.

aa) Beschlüsse der Hauptversammlung

Gemäß § 241 Nr. 2 AktG ist ein Beschluss der Hauptversammlung nichtig, wenn er nicht nach § 130 Abs. 1, 2 S. 1, Abs. 4 AktG beurkundet ist. Da § 241 Nr. 2 AktG somit nicht auf den gesamten § 130 AktG verweist, tritt die Nichtigkeitsfolge nur bei bestimmten, besonders schwerwiegenden Verstößen ein. Liegt ein solcher Verstoß jedoch vor, ist der Beschluss auch dann nichtig, wenn es sich um einen Bagatellfehler offensichtlicher Art handelt.[307] Je nach Art des Verstoßes sind entweder alle auf der Hauptversammlung gefassten Beschlüsse oder nur einzelne Beschlüsse nichtig.[308]

Das Registergericht hat bei Protokollierungsmängeln, die die Nichtigkeit des Beschlusses zur Folge haben, auf diesen Mangel per Zwischenverfügung nach § 382 Abs. 4 S. 1 FamFG hinzuweisen und kann die Eintragung ins Handelsregister ablehnen, wenn eine nachträgliche Korrektur des Verstoßes ausgeschlossen scheint.[309] Trägt das Registergericht einen nach § 241 Nr. 2 AktG nichtigen Be-

---

305 Armbrüster/Preuß/Renner/*Preuß* § 37 Rn. 10; Spindler/Stilz/*Wicke* § 130 Rn. 16.

306 Hüffer/*Koch* § 130 Rn. 11a.

307 BGH DNotZ 1995, 549, 551; Hüffer/*Koch* § 130 Rn. 30; MünchKommAktG/*Kubis* § 130 Rn. 86.

308 Einen Überblick über die einzelnen Arten von Verstößen und ihre Auswirkungen bieten KK-AktG/*Noack/Zetzsche* § 130 Rn. 339 ff.

309 Spindler/Stilz/*Wicke* § 130 Rn. 67.

schluss dennoch ins Handelsregister ein, ist die Geltendmachung der Nichtigkeit des Beschlusses gemäß § 242 Abs. 1 AktG nicht mehr möglich. Eine Heilung nicht eintragungsbedürftiger Beschlüsse ist im Gesetz jedoch nicht vorgesehen.[310]

Fraglich ist, ob die Nichtigkeitsfolge des § 241 Nr. 2 AktG nur auf in notariellen Niederschriften dokumentierte Beschlüsse oder auch auf privatschriftlich protokollierte Beschlüsse anzuwenden ist. Nach einer Ansicht erfasst § 241 Nr. 2 AktG wegen seines Wortlauts („beurkundet") keine nach § 130 Abs. 1 S. 3 AktG privatschriftlich protokollierten Beschlüsse, da nur der Notar, nicht aber der Vorsitzende des Aufsichtsrats bzw. der Versammlungsleiter eine Beurkundung vornehmen kann.[311] Daher wird teilweise bei privatschriftlichen Protokollen eine entsprechende Anwendung der Vorschrift vorgeschlagen.[312] Die herrschende Meinung wendet § 241 Nr. 2 AktG dagegen direkt auf Auslassungen und Mängel eines privatschriftlichen Protokolls an, da diese Vorschrift auf den gesamten § 130 Abs. 1 AktG, also auch auf das in § 130 Abs. 1 S. 3 AktG geregelte privatschriftliche Protokoll verweist.[313]

Zur Entscheidung dieses Streits muss man sich zunächst wieder vor Augen führen, dass das Aktiengesetz – wie bereits bei den Erläuterungen zu § 130 Abs. 4 AktG gezeigt – nicht vollständig an die durch § 130 Abs. 1 S. 3 AktG eingeführte Möglichkeit der Erstellung eines privatschriftlichen Protokolls angepasst wurde.[314] Daher kann der Wortlaut des § 241 Nr. 2 AktG nur eingeschränkt für die Auslegung der Vorschrift genutzt werden. Folglich ist die durch das Wort „beurkundet" naheliegende Schlussfolgerung, nur in einer notariellen Niederschrift dokumentierte Beschlüsse seien von der Vorschrift erfasst, nicht zwingend. Eine dahingehende Auslegung hätte auch zur Konsequenz, dass dem expliziten Verweis auf den gesamten § 130 Abs. 1 AktG kein eigener Aussagegehalt zukäme. Denn dann verwiese das Wort „beurkundet" für sich allein schon auf die notarielle Niederschrift nach § 130 Abs. 1 S. 1 AktG und die explizite Nennung des gesamten § 130 Abs. 1 AktG hätte keinerlei Konsequenz. Mit der Auslegung der herrschenden Meinung kommt dem Verweis auf § 130 Abs. 1 AktG aber der über das Wort „beurkundet" hinausgehende Aussagegehalt zu, dass auch privatschriftlich protokollierte Beschlüsse bei einer nicht ordnungsgemäßen Protokollierung nichtig sind. Daher ist der herr-

---

310 Spindler/Stilz/*Wicke* § 130 Rn. 67.

311 *Noack* FS Happ, S. 201, 208; siehe auch KK-AktG/*Noack/Zetzsche* § 130 Rn. 348.

312 In diesem Sinne wohl *Bezzenberger* FS Schippel, S. 361, 364 f.

313 *Grumann/Gillmann* NZG 2004, 839, 841; Hölters/*Drinhausen* § 130 Rn. 47; Hüffer/*Koch* § 130 Rn. 30; MünchKommAktG/*Kubis* § 130 Rn. 81; ohne Begründung Spindler/Stilz/*Wicke* § 130 Rn. 64.

314 Vgl. S. 56.

schenden Meinung folgend § 241 Nr. 2 AktG sowohl auf notariell als auch privatschriftlich dokumentierte Beschlüsse unmittelbar anzuwenden.

bb) Minderheitsverlangen, Auskunftsverlangen und Widersprüche

Minderheitsverlangen, Auskunftsverlangen sowie Widersprüche bleiben bei fehlender, unvollständiger oder fehlerhafter Protokollierung nach allgemeiner Auffassung wirksam.[315] Jedoch kann der Aktionär nicht auf die Niederschrift als Beweismittel zurückgreifen und ist daher darauf verwiesen, durch andere Mittel nachzuweisen, dass ein Minderheitsverlangen, ein Auskunftsverlangen oder ein Widerspruch in der Hauptversammlung geäußert wurden.[316]

3. *Ansichten in der Literatur zur Zulässigkeit von Hauptversammlungen im Ausland*

Nachdem mit § 121 Abs. 5 AktG und § 130 AktG die für die Diskussion über die Zulässigkeit einer Hauptversammlung im Ausland wesentlichen Vorschriften erläutert wurden, ist nun das Meinungsbild im gesellschaftsrechtlichen Schrifttum zu dieser umstrittenen Frage darzustellen. Nach der weit herrschenden Ansicht in der Literatur darf die Satzung einer deutschen Aktiengesellschaft vorsehen, dass die Hauptversammlung an einem Ort im Ausland abgehalten wird.[317] Demgegenüber sieht eine Mindermeinung eine solche Satzungsregelung als generell unzulässig an.[318] Folgend werden die verschiedenen Ansichten und ihre Argumente zunächst näher skizziert. Eine vertiefte Auseinandersetzung mit den beiden Ansichten und den in der Rechtsprechung geäußerten Auffassungen zur Auslandsversammlung erfolgt anschließend in der Stellungnahme.[319]

---

315 Vgl. nur Hüffer/*Koch* § 130 Rn. 31.

316 MünchKommAktG/*Kubis* § 130 Rn. 89 ff.

317 *Biehler* NJW 2000, 1243, 1244; *Bungert* AG 1995, 26, 35; Bürgers/Körber/*Reger* § 121 Rn. 24; Grigoleit/*Herrler* § 121 Rn. 27; Hölters/*Drinhausen* § 121 Rn. 43; Henssler/Strohn/*Liebscher* § 121 AktG Rn. 25; Hüffer/*Koch* § 121 Rn. 14 f.; KK-AktG/*Noack/Zetzsche* § 121 Rn. 187; *Linnerz* NZG 2006, 208; MünchKommAktG/*Kubis* § 121 Rn. 91; *Schiessl* DB 1992, 823; K. Schmidt/Lutter/*Ziemons* § 121 Rn. 96; *Schulte* AG 1985, 33, 37; Spindler/Stilz/*Rieckers* § 121 Rn. 74; Wachter/*Mayrhofer* § 121 Rn. 30.

318 GroßkommAktG/*Werner* § 121 Rn. 48; Heidel/*Müller* § 121 Rn. 45; *Wilhelmi* BB 1987, 1331; *Winkler* NJW 1972, 981, 982; skeptisch Heidel/*Terbrack/Lohr* § 130 Rn. 12.

319 Vgl. S. 71 ff.

a) Die Argumente der Mindermeinung

Teilweise wird vertreten, die Unzulässigkeit einer Hauptversammlung im Ausland folge bereits aus der mit der Wahl eines ausländischen Versammlungsorts verbundenen Erschwerung der Teilnahme an der Hauptversammlung.[320] Zumindest bei Publikumsgesellschaften sei die Wahl eines ausländischen Versammlungsorts unzulässig, da die Durchführung einer Hauptversammlung im Ausland den Aktionärsschutz verletze.[321]

Wesentliches Argument der Vertreter der Mindermeinung gegen die Zulässigkeit einer satzungsmäßigen Bestimmung, die die Wahl eines ausländischen Versammlungsorts ermöglicht, ist jedoch, dass bei einer Abhaltung der Hauptversammlung im Ausland das Beurkundungserfordernis nach § 130 Abs. 1 AktG nicht gewahrt werden könne.[322] Gemäß Art. 11 Abs. 1 EGBGB ist ein Rechtsgeschäft formgültig, wenn es die Formerfordernisse des Rechts, das auf das seinen Gegenstand bildende Rechtsverhältnis anzuwenden ist, oder des Rechts des Staates erfüllt, in dem es vorgenommen wird. Die erste Variante von Art. 11 Abs. 1 EGBGB wird als Geschäftsform bezeichnet und die zweite Variante als Ortsform.[323] Nach Ansicht der Vertreter der Mindermeinung gelte für gesellschaftsrechtliche Vorgänge wie die Beurkundung der Hauptversammlung nicht die Ortsform nach Art. 11 Abs. 1, 2. Var. EGBGB, sondern ausschließlich die Geschäftsform nach Art. 11 Abs. 1, 1. Var. EGBGB.[324] Folglich sei für die Beurkundung der Hauptversammlung allein deutsches Recht, mithin § 130 Abs. 1 AktG maßgeblich.[325] Die von einer ausländischen Urkundsperson vorgenommene Beurkundung und das bei Erstellung der Niederschrift befolgte Verfahren müssten daher die Anforderungen des deutschen Rechts erfüllen.[326]

Zu diesen Anforderungen des deutschen Rechts gehöre, dass die Urkundsperson in der Lage sein müsse, wahrzunehmen, wenn auf der Hauptversammlung erkennbar unerlaubte oder unredliche Zwecke verfolgt werden.[327] Darüber hinaus müsse der Notar in der Hauptversammlung auch auf Verstöße gegen die

---

320 Heidel/*Müller* § 121 Rn. 45.

321 Heidel/*Müller* § 121 Rn. 45.

322 GroßkommAktG/*Werner* § 121 Rn. 48; *Wilhelmi* BB 1987, 1331; *Winkler* NJW 1972, 981, 982.

323 Vgl. KK-AktG/*Noack/Zetzsche* § 130 Rn. 402, 404; MünchKommAktG/*Kubis* § 121 Rn. 92.

324 *Winkler* NJW 1972, 981, 982, der die Geschäftsform als Personalstatut bezeichnet.

325 *Winkler* NJW 1972, 981, 982.

326 *Winkler* NJW 1972, 981, 982.

327 GroßkommAktG/*Werner* § 121 Rn. 48

Satzung oder das Gesetz hinweisen, da er gemäß § 17 BeurkG entsprechenden Prüfungs- und Belehrungspflichten unterliege.[328] Diese Aufgaben könnten aber wegen der dazu erforderlichen Kenntnis des deutschen Rechts nur von einem deutschen Notar ordnungsgemäß erfüllt werden.[329] Die auf der Hauptversammlung im Ausland gefassten Beschlüsse könnten somit nicht wirksam beurkundet werden, woraus die Unzulässigkeit von Auslandsversammlungen folge.

b) Die Argumente der herrschenden Literaturansicht

Die herrschende Literaturansicht geht dagegen davon aus, dass in der Satzung auch ein Hauptversammlungsort im Ausland bestimmt werden könne. Zur Begründung dieser Ansicht wird zunächst mit dem offenen Wortlaut des § 121 Abs. 5 AktG argumentiert. Diese Vorschrift enthalte keine Begrenzung auf inländische Versammlungsorte, sondern lege nur fest, dass in der Satzung eine von der gesetzlichen Regelung abweichende Bestimmung getroffen werden könne.[330]

Weiterhin spreche für die Zulässigkeit von Auslandsversammlungen, dass eine Internationalisierung der deutschen Aktiengesellschaft und ihres Aktionärskreises eingetreten sei.[331] Insbesondere bei Publikums-Aktiengesellschaften sei der Aktionärskreis aufgrund zahlreicher internationaler Zusammenschlüsse heutzutage international zusammengesetzt und ein rein deutscher Aktionärskreis sei nur noch bei regional agierenden Aktiengesellschaften oder Gesellschaften mit wenigen Anteilseignern anzutreffen.[332]

Die Vertreter der herrschenden Literaturansicht betonen ebenfalls, dass bei der Wahl eines ausländischen Versammlungsorts nur ein Ort gewählt werden dürfe, der die Anreise für die Aktionäre nicht unzumutbar erschwere.[333] Es sei jedoch zu beachten, dass sich auch die Infrastruktur im In- und Ausland verbessert habe, sodass ausländische Versammlungsorte besser zu erreichen seien als früher.[334] Die Infrastruktur habe sich im Ausland verglichen mit den Verkehrsbedingungen in einigen inländischen Regionen sogar teilweise überproportional verbessert.[335]

---

328 GroßkommAktG/*Werner* § 121 Rn. 48; *Winkler* NJW 1972, 981, 986.

329 GroßkommAktG/*Werner* § 121 Rn. 48; *Wilhelmi* BB 1987, 1331; *Winkler* NJW 1972, 981, 987.

330 *Biehler* NJW 2000, 1243, 1244; KK-AktG/*Noack/Zetzsche* § 121 Rn. 187; *Schiessl* DB 1992, 823.

331 Hüffer/*Koch* § 121 Rn. 14; Semler/Volhard/Reichert/*Reichert/Balke* § 4 Rn. 114.

332 KK-AktG/*Noack/Zetzsche* § 121 Rn. 188; MünchKommAktG/*Kubis* § 121 Rn. 87.

333 Hüffer/*Koch* § 121 Rn. 15; K. Schmidt/Lutter/*Ziemons* § 121 Rn. 96.

334 *Linnerz* NZG 2006, 208, 209; MünchKommAktG/*Kubis* § 121 Rn. 87.

335 MünchKommAktG/*Kubis* § 121 Rn. 87.

Daher könne bei der Wahl eines ausländischen Versammlungsorts entgegen der Ansicht der Mindermeinung nicht pauschal von einer unzumutbaren Erschwerung der Teilnahme an der Hauptversammlung ausgegangen werden.[336] Zudem seien auch bei der Wahl eines Hauptversammlungsorts innerhalb Deutschlands beträchtliche Entfernungen verbunden mit erheblichen Anreisekosten möglich, sodass die Wahl eines ausländischen Versammlungsorts für die Aktionäre unter Umständen vorteilhafter sei als die Wahl eines Versammlungsorts im Inland.[337] Daher sei es nur schwer einzusehen, dass „eine Aktiengesellschaft mit Sitz in Aachen ihre Hauptversammlung in Dresden, nicht aber in Maastricht abhalten" könne.[338]

Zudem würden Kleinaktionäre in der Hauptversammlung häufig durch depotführende Kreditinstitute vertreten, weswegen ihre Schutzbedürftigkeit nicht überbewertet werden dürfe.[339] Weiterhin bedeute die Durchführung der Hauptversammlung im Ausland insbesondere dann keine wesentliche Einschränkung der Teilnahmemöglichkeit, wenn die Satzung der Aktiengesellschaft die Ausübung von Aktionärsrechten in der Hauptversammlung auf elektronischem Weg gemäß § 118 Abs. 1 S. 2 AktG (sog. Online-Teilnahme) zulasse.[340]

Die herrschende Meinung ist aufgrund dieser Erwägungen der Ansicht, dass das von der Mindermeinung angeführte Argument, die Wahl eines ausländischen Versammlungsorts erschwere den Aktionären die Teilnahme an der Hauptversammlung in unzumutbarer Weise, nicht überzeugen könne.

Bezüglich der Auslandsbeurkundung wird innerhalb der herrschenden Literaturmeinung ebenfalls verbreitet die Ansicht vertreten, dass für die Beurkundung der Hauptversammlungsbeschlüsse nicht die Ortsform nach Art. 11 Abs. 1, 2. Var. EGBGB gelten könne, da diese Vorschrift auf gesellschaftsrechtliche Vorgänge nicht anwendbar sei.[341] Allerdings folge daraus nicht die Unzulässigkeit einer Auslandsbeurkundung, da es zur Einhaltung der Geschäftsform nach Art. 11 Abs. 1, 1. Var. EGBGB ausreichend sei, wenn die Auslandsbeurkundung der Niederschrift durch einen deutschen Notar gleichwertig sei.[342] Ob eine Beur-

---

336 Hölters/*Drinhausen* § 121 Rn. 43.

337 *Schiessl* DB 1992, 823.

338 *Schiessl* DB 1992, 823.

339 *Schiessl* DB 1992, 823 f.

340 *Herrler* ZGR 2015, 918, 926.

341 Henssler/Strohn/*Liebscher* § 121 AktG Rn. 25; Hüffer/*Koch* § 121 Rn. 16; MünchKommAktG/*Kubis* § 121 Rn. 92; Spindler/Stilz/*Rieckers* § 121 Rn. 75.

342 Hüffer/*Koch* § 121 Rn. 16; MünchKommAktG/*Kubis* § 121 Rn. 92; Spindler/Stilz/*Rieckers* § 121 Rn. 75.

kundung gleichwertig sei, bestimme sich nach den von der Rechtsprechung[343] zur Beurkundung von GmbH-Gesellschafterbeschlüssen (§ 53 Abs. 2 GmbHG) entwickelten Kriterien.[344] Daher müsse die ausländische Urkundsperson hinsichtlich Ausbildung, Funktion und Stellung mit einem deutschen Notar vergleichbar sein.[345] Bei der Ermittlung der Gleichwertigkeit sei auf die Prüfung und Belehrung durch die ausländische Urkundsperson kein entscheidendes Gewicht zu legen, da insbesondere § 17 BeurkG nicht für die Beurkundung der Beschlüsse der Hauptversammlung nach § 130 Abs. 1 AktG gelte und selbst der Gesetzgeber davon ausgehe, dass die Mitwirkung eines Notars nicht bei jeder Hauptversammlung erforderlich sei.[346] Die herrschende Lehre geht somit davon aus, dass die auf der Auslandsversammlung gefassten Beschlüsse durch eine ausländische Urkundsperson beurkundet werden könnten und § 130 Abs. 1 AktG demnach der Bestimmung eines ausländischen Versammlungsorts nicht entgegenstünde.

4. *Die Rechtsprechung zur Zulässigkeit von Hauptversammlungen im Ausland*

Das Urteil[347] des BGH vom 21.10.2014 war nicht der erste Fall, in dem sich ein deutsches Gericht mit der Zulässigkeit einer Versammlung der Anteilsinhaber im Ausland befassen musste. Es wurde bereits darauf hingewiesen, dass die deutschen Gerichte zunächst Fälle entscheiden mussten, in denen eine GmbH-Gesellschafterversammlung im Ausland stattfand. Auf diesen Teil der Rechtsprechung wird an späterer Stelle zurückzukommen sein.[348] Doch auch bezüglich einer satzungsmäßigen Bestimmung eines ausländischen Hauptversammlungsorts ergingen zuvor Entscheidungen.

a) Das Urteil des LG Stuttgart vom 08.11.1991

Bereits in einem Urteil des LG Stuttgart finden sich einige wenige Ausführungen zur Problematik der Auslandsversammlung.[349] Gegenstand der diesem Rechtsstreit zugrundeliegenden Aktionärsklage war ein Hauptversammlungsbeschluss, der unter anderem vorsah, dass die Hauptversammlung den Ort der nächsten

---

343 BGHZ 80, 76, 78.

344 Henssler/Strohn/*Liebscher* § 121 AktG Rn. 25.

345 MünchKommAktG/*Kubis* § 121 Rn. 92; Spindler/Stilz/*Rieckers* § 121 Rn. 75.

346 Hüffer/*Koch* § 121 Rn. 16; MünchKommAktG/*Kubis* § 121 Rn. 92.

347 BGHZ 203, 68.

348 Vgl. S. 121 ff.

349 LG Stuttgart AG 1992, 236.

Hauptversammlung bestimmen konnte. Das LG Stuttgart führte aus, dass § 121 AktG über den Ort der Hauptversammlung keine zwingende Regelung enthalte und es vorrangiges Recht der Hauptversammlung sei, diesen zu bestimmen. Der Vorstand als das die Hauptversammlung einberufende Organ sei im Zweifel aber gehalten, einen Hauptversammlungsort in Deutschland zu wählen. Allerdings könne auch das streitgegenständliche Recht der Hauptversammlung, über den Ort der nächsten Hauptversammlung zu bestimmen, das Recht von Aktionären und insbesondere von Kleinaktionären tangieren, „wenn die Hauptversammlung etwa einen Versammlungsort im Ausland" bestimme, was im Zweifel ein Missbrauch des durch die Satzung eingeräumten Rechts sei.[350] Die Entscheidung des LG Stuttgart zeigt somit eine deutliche Skepsis gegenüber Hauptversammlungen im Ausland, unabhängig davon, ob dem Vorstand oder der Hauptversammlung das Recht zur Einberufung obliegt.[351] Allerdings versäumte das Gericht zu erläutern, worin genau die Beeinträchtigung der Aktionärsrechte liegt, wenn ein ausländischer Versammlungsort gewählt wird, und ob diese Beeinträchtigung generell, also unabhängig vom konkret gewählten ausländischen Versammlungsort besteht. In der Revisionsentscheidung[352] des BGH zu dieser Sache finden sich dagegen keine Ausführungen zur Zulässigkeit von europaweiten Hauptversammlungen.[353]

b) Der Beschluss des OLG Hamburg vom 07.05.1993

Die Aktionäre einer Aktiengesellschaft mit Sitz in Hamburg beschlossen einstimmig, die Gesellschaftssatzung dahingehend zu ändern, dass die Hauptversammlung sowohl in Hamburg als auch in Zürich abgehalten werden kann. Die Änderung der Satzung wurde daraufhin zur Eintragung ins Handelsregister angemeldet. Das Amtsgericht wies die Anmeldung der Gesellschaft jedoch ab. Da Beschwerde und weitere Beschwerde gegen diese registerrechtliche Maßnahme erfolglos blieben, musste das OLG Hamburg über die Zulässigkeit der Satzungsänderung entscheiden.[354]

Zunächst führte das OLG Hamburg allgemein aus, aus „den Vorschriften des AktG und dessen aus dem Zusammenhang des Gesetzes zu erschließenden Sinn und Zweck" sei eine abschließende Regelung dahingehend zu entnehmen,

---

350 LG Stuttgart AG 1992, 236, 237.

351 *Schiessl* DB 1992, 823.

352 BGH NJW 1994, 320

353 A.A. *Lichtenberger* MittBayNot 1994, 82, 83, nach dessen Auffassung die Entscheidung des BGH indirekt habe erkennen lassen, dass die Satzung einer Aktiengesellschaft nur einen inländischen Versammlungsort bestimmen könne.

354 OLG Hamburg AG 1993, 384.

dass „die Abhaltung von Hauptversammlungen im Ausland nicht allgemein in der Satzung vorgesehen werden kann." Allerdings schränkte das Gericht seine Schlussfolgerung mit dem nächsten Satz wiederum ein, dass dies jedenfalls für die Länder außerhalb der EG und insbesondere auch für Zürich als Ort künftiger Hauptversammlungen gelte.

Das OLG Hamburg befasste sich zuerst mit der Auslegung des § 121 Abs. 5 AktG[355] und argumentierte mit dem Schutz des Teilnahmeinteresses der Aktionäre, der die Wahl eines Versammlungsorts im Ausland verbiete. Die Wahl eines ausländischen Versammlungsorts, auch wenn es sich dabei wie Zürich um eine gut erreichbare Schweizer Großstadt handelt, bedeute dennoch „eine zusätzliche Erschwerung der Erreichbarkeit des Versammlungsorts, wie sie nach wie vor mit dem Grenzübertritt in verschiedener Hinsicht verbunden" sei.

Das Gericht stützte seine Entscheidung allerdings im Wesentlichen nicht auf die Auslegung des § 121 Abs. 5 AktG, sondern auf das Erfordernis der notariellen Beurkundung der Hauptversammlungsbeschlüsse gemäß § 130 AktG. Den Notar treffe zwar bei Anfertigung der Niederschrift keine Aufklärungs- und Belehrungspflicht nach § 17 BeurkG, weil Beschlüsse und keine Willenserklärungen beurkundet würden. Dennoch komme dem Notar eine wichtige Funktion zu, da er für eine Vielzahl von Situationen der Hauptversammlung Hinweis- und Prüfungspflichten zu erfüllen habe. Diese Pflichten könnten von einem ausländischen Notar mangels der erforderlichen Rechtskenntnisse regelmäßig nur lückenhaft oder gar nicht wahrgenommen werden, sodass gegen im Ausland gefasste und beurkundete Beschlüsse erfolgreich mit Nichtigkeits- oder Anfechtungsklage vorgegangen werden könnte. Daher spreche nach Ansicht des OLG Hamburg auch dieser Gesichtspunkt gegen die Zulässigkeit von Auslandsversammlungen.

Anschließend befasste sich das OLG Hamburg mit der Rechtsprechung zum Recht der GmbH in ähnlichen gesellschaftsrechtlichen Situationen. Aus dem Beschluss[356] des BGH vom 16.02.1981 könne für die deutsche Aktiengesellschaft nicht die Zulässigkeit von Auslandsversammlungen abgeleitet werden. In dem vom BGH entschiedenen Fall ging es um die gemäß § 53 Abs. 2 GmbHG vorzunehmende Beurkundung eines Beschlusses des einzigen Gesellschafters einer GmbH. Die Beurkundung erfolgte durch einen Züricher Notar. Der BGH sah eine solche Auslandsbeurkundung bei der GmbH als zulässig an. Das OLG Hamburg war jedoch der Auffassung, der dem Beschluss des BGH zugrunde liegende Sach-

---

355 Zum Zeitpunkt der Entscheidung des OLG Hamburg war die Regelung über die zulässigen Versammlungsorte inhaltlich gleichbedeutend in § 121 Abs. 4 AktG a. F. geregelt.

356 BGHZ 80, 76.

verhalt sei mit dem von ihm zu entscheidenden Fall einer Satzungsänderung einer Aktiengesellschaft nicht vergleichbar. Anders als die einmalige Beurkundung durch einen ausländischen Notar käme die Änderung der Satzung einem allgemeinen Verzicht auf die Mitwirkung eines deutschen Notars gleich. Daher sah sich das OLG Hamburg in seiner Entscheidung nicht an den Beschluss des BGH gebunden und konnte die Zulässigkeit von Auslandsversammlungen für die Aktiengesellschaft mit Sitz in Deutschland verneinen.

c) Das Urteil des BGH vom 21.10.2014

In seiner Entscheidung vom 21.10.2014 musste sich der BGH wie bereits dargestellt mit der Frage befassen, ob die Satzung auch die Durchführung einer Hauptversammlung im Ausland ermöglichen könne.[357] Die Entscheidungen der Vorinstanzen enthalten nur wenige Aussagen zum nationalen deutschen Aktienrecht, da das KG und das LG Berlin die Zulässigkeit von Auslandsversammlungen bereits aus der supranationalen Rechtsform der Beklagten, einer SE, ableiteten.[358] Lediglich das KG stellte dar, dass die Notwenigkeit einer notariellen Beurkundung der Hauptversammlungsbeschlüsse nicht zur Unzulässigkeit von Auslandsversammlungen führe. Vielmehr sei im Einzelfall zu prüfen, ob die von § 130 AktG gestellten Anforderungen eingehalten wurden und die Auslandsbeurkundung mit der Beurkundung durch einen deutschen Notar vergleichbar sei.[359]

Nach seinen Ausführungen zur Rechtsform der SE, in denen erläutert wird, warum die Zulässigkeit einer solchen Satzungsbestimmung nicht bereits aus europäischem Recht folge, befasste sich der BGH anschließend mit dem nationalen Aktienrecht. Die Erläuterungen des Gerichts zur Auslegung des § 121 Abs. 5 AktG sind dabei recht kurz gehalten. Das wesentliche Augenmerk legte der BGH auf die Vereinbarkeit von Auslandsversammlungen mit dem Beurkundungserfordernis nach § 130 AktG und die konkrete Ausgestaltung der Satzungsregelung.

Das Gericht führte aus, dass der Wortlaut des § 121 Abs. 5 AktG keine Eingrenzung für eine satzungsmäßige Bestimmung des Versammlungsorts enthalte und auch der Zweck dieser Vorschrift keine Begrenzung auf inländische Versammlungsorte rechtfertige. Schutzzweck des § 121 Abs. 5 AktG sei es, die Beteiligten, namentlich die Minderheitsaktionäre, vor einer willkürlichen Auswahl des Versammlungsorts zu bewahren. Dies verlange jedoch nicht mehr, ausländische Versammlungsorte kategorisch auszuschließen, da Städte und Regionen in an

357 BGHZ 203, 68.

358 KG BeckRS 2014, 22868; LG Berlin BeckRS 2014, 22869.

359 KG BeckRS 2014, 22868.

Deutschland angrenzenden Ländern ebenso schnell und leicht erreichbar seien wie Orte in Deutschland oder der Satzungssitz.

Auch das Beurkundungserfordernis nach § 130 AktG stehe einer Hauptversammlung im Ausland nicht grundsätzlich entgegen. Der BGH enthielt sich einer Aussage zur umstrittenen Anwendbarkeit der Ortsform auf Fragen des Gesellschaftsrecht, da auch die von § 130 Abs. 1 AktG verlangte Form, mithin die Geschäftsform, gewahrt werden könne. Soweit eine notarielle Niederschrift über die Hauptversammlung nicht nach § 130 Abs. 1 S. 3 AktG entbehrlich und auch kein Konsularbeamter zur Beurkundung bereit sei, genüge die Gleichwertigkeit der Beurkundung durch einen ausländischen Notar mit einer deutschen Beurkundung. Bezüglich der Kriterien der Gleichwertigkeit verwies der Gerichtshof auf seine Rechtsprechung zur Beurkundung von die Satzung einer GmbH ändernden Gesellschafterbeschlüssen.[360] Die mit der Beurkundung verbundenen Zwecke seien Rechtssicherheit sowie Transparenz und Beweissicherung. Die Sicherung eines rechtlich geordneten Verfahrensablaufs sei dagegen nicht Aufgabe des Notars, sondern des Versammlungsleiters, weswegen eine fehlende Kenntnis der ausländischen Urkundsperson vom deutschen Aktienrecht für die Ermittlung der Gleichwertigkeit nicht maßgeblich sei. Zudem habe der Gesetzgeber selbst für weniger bedeutende Beschlüsse bei nichtbörsennotierten Gesellschaften die Anwesenheit eines Notars für verzichtbar erachtet. Weiterhin könne die Gleichwertigkeit auch nicht deswegen verneint werden, weil der deutsche Notar bei der Beurkundung der Hauptversammlungsbeschlüsse einer Prüfungs- und Belehrungspflicht nach § 17 BeurkG unterliege. Denn die Beurkundung der Hauptversammlung sei eine sonstige Beurkundung über die Wahrnehmung des Notars, sodass die von § 17 BeurkG festgelegten Pflichten nicht gelten könnten.

Folglich könne durch die Satzung ein Hauptversammlungsort bestimmt werden. Die Revision der Kläger war dennoch erfolgreich, da der BGH die konkrete Ausgestaltung der Satzungsänderung mangels ausreichender Bindung des Ermessens des Einberufungsberechtigten als nicht mit § 121 Abs. 5 AktG vereinbar wertete.[361]

Die Entscheidung vom 21.10.2014 liegt auf einer Linie mit einer vorherigen Entscheidung desselben Senats vom 17.12.2013 zum Recht der GmbH.[362] Das Registergericht dürfe eine zum Handelsregister eingereichte Gesellschafterliste nicht schon deshalb zurückweisen, weil sie von einem Notar mit Sitz in Basel/Schweiz eingereicht wurde.[363] Eine nach dem GmbHG erforderliche Beurkundung könne

360 Vgl. BGHZ 80, 76, 78.

361 Zu diesem Aspekt der Entscheidung vgl. den 4. Teil der Arbeit ab S. 129.

362 BGHZ 199, 270.

363 1. Leitsatz von BGHZ 199, 270.

auch nach dem Inkrafttreten des Gesetzes[364] zur Modernisierung des GmbH-Rechts und zur Bekämpfung von Missbräuchen (MoMiG) durch einen ausländischen Notar vorgenommen werden, sofern die ausländische Beurkundung der deutschen gleichwertig sei.[365]

Die Entscheidung des BGH vom 21.10.2014 wurde in der Fachliteratur überwiegend positiv aufgenommen, da sie Rechtssicherheit darüber schafft, ob eine satzungsmäßige Bestimmung eines Hauptversammlungsorts im Ausland generell zulässig ist.[366] Es verwundert dabei nicht, dass die Unterstützer der Entscheidung vor allem Vertreter der (international ausgerichteten) anwaltlichen Praxis sind, während die notarielle Praxis die Entscheidung eher kritisch aufnahm.[367]

5. *Stellungnahme*

Ein Vergleich zwischen Lehre und Rechtsprechung zeigt, dass sich die Diskussion um die Zulässigkeit von Hauptversammlungen im Ausland auf zwei wesentliche Punkte fokussiert: die mit der Wahl eines ausländischen Hauptversammlungsorts eventuell verbundene Erschwerung der Teilnahme an der Hauptversammlung und die Beurkundung der Beschlüsse durch eine andere Person als einen deutschen Notar. Außerdem muss sich mit dem Argument des OLG Hamburg auseinandergesetzt werden, die Vorschriften des Aktiengesetzes und dessen aus dem Zusammenhang des Gesetzes zu erschließender Sinn und Zweck enthielten eine abschließende Regelung dahingehend, dass die Abhaltung einer Hauptversammlung im Ausland nicht allgemein in der Satzung vorgesehen werden könne.

a) *Die Erschwerung der Teilnahme an der Hauptversammlung*

aa) Möglichkeiten der Online-Teilnahme und Stellvertretung

Das von den Vertretern der herrschenden Literaturansicht vorgebrachten Argument, die Wahl eines ausländischen Versammlungsorts bedeute keine wesentliche Einschränkung der Teilnahmemöglichkeit, da das Gesetz die Online-Teilnahme

---

364 BGBl. 2008 I S. 2026.

365 2. Leitsatz von BGHZ 199, 270.

366 *Bungert/Leyendecker-Langner* BB 2015, 268; *von Eiff* GWR 2015, 29; *Görtz* BB 2015, 144; *Kiem/Reutershahn* EWiR 2015, 3; *Noack* WuB 2015, 106; kritisch *Hüren* DNotZ 2015, 213.

367 Zu diesem Charakteristikum der Diskussion über die Zulässigkeit der Hauptversammlung im Ausland vgl. MünchKommAktG/*Kubis* § 121 Rn. 87 und *Stauch* S. 48 f.

nach § 118 Abs. 1 S. 2 AktG und die Stimmrechtsvertretung in der Hauptversammlung ermögliche, kann nicht vollständig überzeugen.

Für die Teilnahme an der Hauptversammlung ist in diesen Fällen für die Aktionäre zwar unerheblich, ob die Hauptversammlung im In- oder Ausland stattfindet, was für die Zulässigkeit der Wahl eines Versammlungsorts im Ausland spricht. Die Online-Teilnahme nach § 118 Abs. 1 S. 2 AktG kann jedoch mit der Einschränkung einzelner Komponenten der versammlungsgebundenen Aktionärsrechte zulasten der Online-Aktionäre verbunden werden[368] und es können auch technische Störungen auftreten, die gemäß § 243 Abs. 3 Nr. 1, 1. Hs. AktG nur bei grober Fahrlässigkeit oder Vorsatz der Gesellschaft die Anfechtbarkeit der gefassten Beschlüsse begründen. Beruht die technische Störung auf einem Fall der einfachen Fahrlässigkeit der Gesellschaft, ist der Aktionär an einer effektiven Ausübung seiner versammlungsgebundenen Rechte gehindert, ohne dass er die Beschlüsse der Hauptversammlung durch eine Anfechtungsklage angreifen kann. Daher ist, sofern den Aktionären nicht die uneingeschränkte Ausübung ihrer versammlungsgebundenen Rechte in der Hauptversammlung gestattet und der Verschuldensmaßstab für technische Störungen in der Satzung[369] auf einfache Fahrlässigkeit herabgesetzt wird, ein Bedürfnis der Aktionäre anzuerkennen, dass sie durch Anwesenheit vor Ort an der Hauptversammlung teilnehmen. So ist § 118 Abs. 1 S. 2 AktG auch nur als neben der physischen Teilnahme zusätzliche Option ausgestaltet.

Ähnliches gilt für die Stimmrechtsvertretung des Aktionärs in der Hauptversammlung durch depotführende Kreditinstitute oder andere Dritte. Die Vertretung ermöglicht es dem Aktionär grundsätzlich, dass alle seine versammlungsgebundenen Rechte von dem Vertreter wahrgenommen werden und die Vollmacht ist nicht zwangsläufig auf die Ausübung des Stimmrechts begrenzt, sondern auslegungsfähig.[370] Der Aktionär kann den Vertreter daher auch anweisen, bestimmte Anträge zu stellen und Redebeiträge zu leisten.[371] Aufgrund der Dynamik einer Hauptversammlung ist es aber nicht möglich, dass der Aktionär dem Vertreter zum Zeitpunkt der Erteilung der Vollmacht für jede erdenkliche Situation eine Handlungsanweisung gibt. Insbesondere auf Redebeiträge und Anträge anderer Aktionäre wird der Vollmachtgeber nur effektiv reagieren können, wenn er persönlich an der Hauptversammlung teilnimmt. Die Möglichkeit der Vertretung des Aktionärs in der Hauptversammlung kann daher das Bedürfnis

---

368 MünchKommAktG/*Kubis* § 118 Rn. 82.

369 Diese Gestaltungsmöglichkeit sieht § 243 Abs. 3 Nr. 1, 2. Hs. AktG ausdrücklich vor.

370 MünchKommAktG/*Arnold* § 134 Rn. 60 f.

371 MünchKommAktG/*Arnold* § 134 Rn. 61.

der Aktionäre auf physische Teilnahme vor Ort nicht gänzlich befriedigen. Um alle seine versammlungsgebundenen Rechte effektiv wahrnehmen zu können, ist der Aktionär vielmehr auf die Teilnahme an der Hauptversammlung angewiesen.

Es ist folglich der herrschenden Literaturansicht zwar darin zuzustimmen, dass die Online-Teilnahme und die Stimmrechtsvertretung die Schutzbedürftigkeit der Aktionäre begrenzen können. Sie können aber das Bedürfnis der Aktionäre, durch persönliche und physische Anwesenheit vor Ort an der Hauptversammlung teilzunehmen, nicht gänzlich ausschalten und rechtfertigen deswegen für sich genommen nicht die Zulässigkeit der Wahl eines ausländischen Versammlungsorts.

bb) Leichtere Erreichbarkeit aufgrund verbesserter Infrastruktur

Die Erschwerung der Teilnahme an der Hauptversammlung besteht in dem größeren Zeitaufwand für die Anreise zum Versammlungsort und den damit verbundenen steigenden Kosten. Die Verbesserung der Infrastruktur führt zur Senkung dieser Faktoren, was gegen eine unzumutbare Erschwerung der Teilnahme spricht. Zudem ist zu beachten, dass die Teilnahme durch die Wahl des Versammlungsorts nur nicht unverhältnismäßig erschwert werden darf.[372] Es ist jedoch zulässig, einen Ort zu wählen, der nicht ganz leicht erreichbar ist.[373] Auch wenn die Wahl eines ausländischen Versammlungsorts mit Unannehmlichkeiten wie Sprachhindernissen oder der Notwenigkeit, eine andere Währung zu nutzen, verbunden sein kann, führt dies nicht bereits zu einer Überschreitung dieser Schwelle.

Weiterhin hängen die Dauer der Anreise zur Hauptversammlung und die mit ihr verbundenen Kosten nicht allein vom gewählten Hauptversammlungsort ab. Maßgeblich ist auch der Wohnsitz des Aktionärs bzw. der eigene Gesellschaftssitz, wenn der Aktionär eine juristische Person ist. Es kann allerdings nicht angenommen werden, dass Aktionäre Aktien vorwiegend aufgrund der Nähe der Gesellschaft zu ihrem Wohnsitz kaufen.[374] Zudem wird die Gesellschaft auch oft gar keine Kenntnis davon haben, wo ihre Aktionäre, insbesondere ihre Kleinaktionäre, wohnen,[375] sodass der Wohnsitz der Aktionäre bei der Wahl des Versammlungsorts keine Beachtung finden kann.[376] Folglich ist für die Auslegung des

372 GroßkommAktG/*Werner* § 121 Rn. 46.

373 GroßkommAktG/*Werner* § 121 Rn. 46; ähnlich MünchKommAktG/*Kubis* § 121 Rn. 91, der verlangt, dass kein Ort bestimmt wird oder bestimmbar ist, der „nur durch einen außerordentlichen zeitlichen oder finanziellen Aufwand erreichbar ist".

374 *Bungert* AG 1995, 26, 27.

375 Vgl. S. 33 f.

376 Vgl. S. 136 f.

§ 121 Abs. 5 AktG die verkehrstechnische Erreichbarkeit des Versammlungsorts unabhängig vom Wohnsitz des Aktionärs entscheidend, die aber nicht zwingend die Abhaltung der Hauptversammlung im Inland verlangt.[377] So ist für den Stuttgarter Daimler-Aktionär „Paris nicht schwerer erreichbar als Berlin".[378] Daher kann es nicht überzeugen, von der generellen Unzulässigkeit einer Hauptversammlung im Ausland auszugehen. Entscheidend ist dagegen, bei der Fassung der Satzungsklausel zum Versammlungsort darauf zu achten, dass diese nur die Wahl von Versammlungsorten ermöglicht, die noch in den Grenzen des Zumutbaren liegen. Auf die Frage, welche Orte den Aktionären noch zumutbar sind, insbesondere welche Anreisedistanzen noch mit dem Aktionärsschutz vereinbar sind, wird an späterer Stelle zurückzukommen sein.[379]

cc) Internationalisierung der Aktiengesellschaft und ihres Aktionärskreises

Bei der Beurteilung der Zumutbarkeit kann es nur auf den typisierten Aktionärskreis ankommen, da die Gesellschaft oft keine genauere Kenntnis von ihren Aktionären haben wird und ihr nicht zugemutet werden kann, vor jeder Hauptversammlung umfangreiche Erhebungen zu ihrer Aktionärsstruktur durchzuführen.[380] Wie in der Literatur zutreffend dargestellt, ist in Deutschland generell eine Internationalisierung der Aktionärsstruktur eingetreten.[381] Dieser Wandel in der Zusammensetzung des Aktionariats wurde bereits 1992 als Argument für die Zulässigkeit von Hauptversammlungen im Ausland angeführt[382] und fällt bei der aktuellen Diskussion noch stärker ins Gewicht. Für Aktionäre aus dem Ausland wird es zumeist unerheblich sein, ob die Hauptversammlung in Deutschland oder einem anderen Land stattfindet. Die Wahl eines ausländischen Versammlungsorts kann dann auch nicht zu einer unzumutbaren Erschwerung der Teilnahme führen, sodass diesbezüglich der herrschenden Literaturmeinung zuzustimmen ist. Im Gegenteil wird die Gesellschaft so in die Lage versetzt, die Hauptversammlung an einem Ort abzuhalten, der für viele ihrer Aktionäre leichter zu erreichen ist.[383]

---

377 *Bungert* AG 1995, 26, 27.

378 KK-AktG/*Noack/Zetzsche* § 121 Rn. 188.

379 Vgl. S. 135 ff.

380 Zur alleinigen Maßgeblichkeit des typisierten Aktionärskreises vgl. bereits S. 33 f.

381 Zum Anteil ausländischer Aktionäre an der Marktkapitalisierung deutscher Gesellschaften siehe Monatsbericht der Deutschen Bundesbank September 2014, S. 19 ff.

382 *Schiessl* DB 1992, 823.

383 Semler/Volhard/Reichert/*Reichert/Balke* § 4 Rn. 114.

dd) Zwischenergebnis zur Erschwerung der Teilnahme an der Hauptversammlung

Es ist dem BGH und den Vertretern der herrschenden Meinung in der Literatur darin zuzustimmen, dass bei der Wahl eines ausländischen Versammlungsorts nicht generell von einer unzumutbaren Erschwerung der Teilnahme ausgegangen werden kann.

Die Entscheidung des OLG Hamburg datiert vom 07.05.1993. Es ist davon auszugehen, dass sich seit diesem Zeitpunkt die Verkehrsinfrastruktur im Ausland weiter verbessert hat. Daher ist es zudem fraglich, ob das OLG Hamburg in der heutigen Situation ebenfalls mit dem Schutz der Aktionäre argumentieren oder das von ihm gefundene Ergebnis allein auf § 130 AktG stützen würde.

b) Die Auslandsbeurkundung

In diesem Abschnitt ist zu untersuchen, ob der Einwand der Mindermeinung, im Ausland könnten die Beschlüsse der Hauptversammlung nicht wirksam beurkundet werden, zutreffend ist.

Es ist zunächst festzuhalten, dass ein deutscher Notar im Ausland mangels Urkundsgewalt keine Beurkundungen nach dem Beurkundungsgesetz vornehmen kann.[384] Nach zutreffender Ansicht beschränken sich die Hoheitsbefugnisse eines deutschen Notars wegen des völkerrechtlichen Territorialitätsgrundsatzes allein auf das deutsche Staatsgebiet.[385] Das dem Notar übertragene öffentliche Amt ist darauf beschränkt, in Deutschland ausgeübt zu werden.[386] Die von einem deutschen Notar im Ausland gefertigten Urkunden sind daher als Privaturkunden zu werten[387] und erfüllen somit nicht die von § 130 Abs. 1 S. 1 AktG aufgestellte Voraussetzung einer notariell aufgenommenen Niederschrift über die Hauptversammlung. Gleiches gilt für ausländische Urkundspersonen, die in Deutschland tätig werden.[388] Eine Urkundsperson wie beispielsweise ein deutscher Notar ist daher nur für Beurkundungen international zuständig, welche auf dem Staatsgebiet des Staates vorgenommen werden sollen, der die Urkundsperson bestellt hat.[389]

---

384 Vgl. zur Urkundsgewalt *Winkler* Einl Rn. 40 ff.

385 *Henssler/Kilian* NJW 2012, 481, 485; Spindler/Stilz/*Wicke* § 130 Rn. 18; *Winkler* § 2 Rn. 2; a.A. *Schmid/Pinkel* NJW 2011, 2928, 2930; offen gelassen BGHZ 196, 271.

386 *Henssler/Kilian* NJW 2012, 481, 485; *Winkler* § 2 Rn. 2.

387 *Henssler/Kilian* NJW 2012, 481, 485; *Winkler* Einl Rn. 41.

388 Spindler/Stilz/*Wicke* § 130 Rn. 18.

389 Vgl. zur internationalen Zuständigkeit der Notare *Schoetensack* DNotZ 1952, 265 passim; *Winkler* Einl. Rn. 48 ff.

Ferner ist zu beachten, dass eine Beurkundung einer Hauptversammlung im Ausland durch einen deutschen Notar gegen die Vorschriften zur örtlichen Zuständigkeit von Notaren nach den §§ 10a, 11 BNotO verstößt.[390] Der deutsche Notar begeht daher in diesen Fällen ein Dienstvergehen.[391] In der Praxis wird sich deswegen aller Wahrscheinlichkeit nach auch kein deutscher Notar finden lassen, der sich zur Vornahme einer Beurkundung im Ausland bereit erklärt.[392]

Seit Einführung des § 130 Ab. 1 S. 3 AktG ist die Mitwirkung eines Notars jedoch nicht mehr bei jeder Hauptversammlung erforderlich. Bereits aus dieser Möglichkeit der privatschriftlichen Protokollierung folgt, wie auch der BGH[393] in seiner Entscheidung vom 21.10.2014 erkennt, dass die Ablehnung der Zulässigkeit einer Hauptversammlung im Ausland nicht mehr in dieser Allgemeinheit aufrechterhalten werden kann.[394] Zudem können deutsche Konsularbeamte gemäß § 10 Abs. 1 des Konsulargesetzes[395] (KonsularG) vom 11.09.1974 eine Niederschrift über die Hauptversammlung aufnehmen.[396] Die von einem Konsularbeamten aufgenommenen Urkunden stehen gemäß § 10 Abs. 2 KonsularG den von einem inländischen Notar aufgenommenen Urkunden gleich. Es ist für die restliche Bearbeitung daher nur noch zu klären, ob Hauptversammlungsbeschlüsse, deren Beurkundung sich nach § 130 Abs. 1 S. 1 AktG und nicht nach § 130 Abs. 1 S. 3 AktG richtet und für deren Beurkundung auch kein Konsularbeamter zur Verfügung steht, im Ausland wirksam beurkundet werden können.

Dafür ist zuerst zu analysieren, welches Recht für die Beurkundung der Beschlüsse der Hauptversammlung überhaupt gilt, wenn eine Gesellschaft ihre Hauptversammlung an einem Ort im Ausland stattfinden lässt. Es ist zu klären, ob § 130 Abs. 1 AktG oder alternativ eine Vorschrift des Staates, in dem die Hauptversammlung abgehalten wird, Anwendung findet. Dies ist eine Frage des Internationalen Privatrechts.

Für die weitere Bearbeitung ist von einer Aktiengesellschaft auszugehen, die sowohl ihren tatsächlichen Verwaltungssitz in Deutschland hat als auch nach deutschen Recht gegründet wurde sowie in einem deutschen Handelsregister eingetragen ist. Eine Entscheidung zwischen der Gründungstheorie und Sitztheorie ist daher

---

390 Vgl. S. 43 f.

391 KK-AktG/*Noack/Zetzsche* § 130 Rn. 402; Spindler/Stilz/*Wicke* § 130 Rn. 18.

392 KK-AktG/*Noack/Zetzsche* § 130 Rn. 402.

393 BGHZ 203, 68, 73 Rn. 16.

394 Hölters/*Drinhausen* 2. Auflage § 121 Rn. 44.

395 BGBl. 1974 I S. 2317.

396 Es besteht jedoch kein Anspruch auf eine Beurkundung durch einen Konsularbeamten, vgl. *Biehler* NJW 2000, 1243, 1245.

nicht erforderlich, da in diesem Fall nach beiden Theorien das deutsche Gesellschaftsstatut für die gesellschaftsrechtlichen Rechtsgeschäfte der Gesellschaft gilt.[397]

aa) Die Anwendbarkeit der Rom-I-VO?

Das für die Formwirksamkeit zu beachtende anwendbare Recht wird auch als Formstatut bezeichnet. Fraglich ist, ob sich das Formstatut für im Ausland gefasste Hauptversammlungsbeschlüsse durch Anwendung der Verordnung[398] über das auf vertragliche Schuldverhältnisse anzuwendende Recht (Rom-I-VO) bestimmen lässt. Denn gemäß Art. 3 Nr. 1 lit. b) EGBGB sind die Vorschriften der Rom-I-VO gegenüber den nationalen Bestimmungen zum Internationalen Privatrecht vorrangig anzuwenden.

Gemäß Art. 1 Abs. 2 lit. f) Rom-I-VO sind Fragen betreffend das Gesellschaftsrecht, das Vereinsrecht und das Recht der juristischen Personen vom Anwendungsbereich der Verordnung ausgenommen. Daher kann das für die Beurkundung von Hauptversammlungsbeschlüssen maßgebliche Formstatut nicht mittels der Rom-I-VO bestimmt werden.[399]

bb) Die Anwendbarkeit des Art. 11 Abs. 1 EGBGB auf gesellschaftsrechtliche Vorgänge

Wenn sich das Formstatut nicht unter Anwendung der Rom-I-VO bestimmen lässt, sind die nationalen Bestimmungen zum Internationalen Privatrecht heranzuziehen. Diese sind in den Art. 3 ff. EGBGB enthalten.

Art. 11 EGBGB ist die für die Bestimmung des Formstatuts maßgebliche Vorschrift. Gemäß Art. 11 Abs. 1 EGBGB ist ein Rechtsgeschäft formgültig, wenn es die Formerfordernisse des Rechts, das auf das seinen Gegenstand bildende Rechtsverhältnis anzuwenden ist, oder des Rechts des Staates erfüllt, in dem es vorgenommen wird. Es wurde schon erwähnt, dass sich diese alternativen Formen auch unter dem Begriffspaar Ortsform und Geschäftsform zusammenfassen lassen. Die Wahl der Ortsform führt zur Anwendung des ausländischen Formstatuts, während die Wahl der Geschäftsform bei deutschem Gesellschaftsstatut für die Beurkundung der auf der Auslandsversammlung gefassten Beschlüsse die Geltung des § 130 AktG zur Folge hat.

---

397 Zu diesen beiden Theorien vgl. Staudinger/*Großfeld* IntGesR Rn. 20 ff.

398 Verordnung (EG) Nr. 593/2008 des Europäischen Parlaments und des Rates vom 17.06.2008 über das auf vertragliche Schuldverhältnisse anzuwendende Recht, ABl. Nr. L 177 S. 6 vom 04.07.2008, berichtigt durch ABl. Nr. L 309 S. 87 vom 24.11.2009.

399 Spindler/Stilz/*Wicke* § 130 Rn. 18.

Wie bereits dargestellt ist ein wesentlicher Punkt der Diskussion um die Zulässigkeit einer Beurkundung der Hauptversammlungsbeschlüsse durch eine ausländische Urkundsperson die Frage, ob für die Beurkundung der Beschlüsse einer Hauptversammlung neben der Geschäftsform nach Art. 11 Abs. 1, 1. Var EGBGB auch alternativ die Ortsform nach Art. 11 Abs. 1, 2. Var EGBGB ausreichend ist. Es ist jedoch bereits fraglich, ob die von Art. 11 Abs. 1 EGBGB vorgesehene Alternativanknüpfung generell bei gesellschaftsrechtlichen Vorgängen Anwendung findet. Der BGH macht in seiner Entscheidung vom 21.10.2014 zu diesem Punkt keine Ausführungen und beschränkt sich auf die Aussage, es könne dahin stehen, ob die Einhaltung der jeweiligen Ortsform genüge, da auch die in § 130 Abs. 1 AktG verlangte Form eingehalten werden könne.[400] Verwunderlich an den Ausführungen des BGH ist, dass er sich zwar kurz zur Nichtanwendbarkeit der Rom-I-VO äußert, Art. 11 EGBGB jedoch in den gesamten Entscheidungsgründen keine Erwähnung findet und sich der Gerichtshof direkt mit der Gleichwertigkeit der Auslandsbeurkundung befasst. Da die Frage, ob Art. 11 Abs. 1 EGBGB im Gesellschaftsrecht unbeschränkt Anwendung findet, wegen der Einhaltung des Beurkundungserfordernisses aus § 130 Abs. 1 AktG für den konkreten Fall nicht entscheidungserheblich war, ist dies zwar verständlich. Dennoch fehlt dem Urteil des BGH insoweit die dogmatische Anknüpfung an das Internationale Privatrecht. Es ist daher in einem ersten Schritt zu klären, ob die in Art. 11 Abs. 1 EGBGB vorgesehene Wahl zwischen Geschäftsform und Ortsform generell auch für gesellschaftsrechtliche Vorgänge gilt. Sollte dies bejaht werden, ist in einem zweiten Schritt der Frage nachzugehen, ob für den besonderen Fall der Beurkundung von Hauptversammlungsbeschlüssen neben der Geschäftsform auch die Ortsform genügt.[401] Daran anschließend werden die Voraussetzungen für die Wahrung der Geschäftsform untersucht.[402]

(1) Erste Ansicht: Art. 11 Abs. 1 EGBGB findet auf verfassungsrelevante Vorgänge keine Anwendung

Nach einer Ansicht gilt die in Art. 11 Abs. 1 EGBGB vorgesehene Alternativität von Ortsform und Geschäftsform nicht für gesellschaftsrechtliche Vorgänge, die sich unmittelbar auf die Verfassung der Gesellschaft beziehen.[403] Eine im Ergebnis

---

400 BGHZ 203, 68, 73 Rn. 16.

401 Vgl. S. 88 ff.

402 Vgl. S. 99 ff.

403 OLG Hamm NJW 1974, 1057, 1058 (Satzungsänderung einer GmbH); OLG Karlsruhe RIW 1979, 567, 568 (Satzungsänderung einer GmbH); Bamberger/Roth/Hau/Poseck/*Mäsch* Art. 11 Rom-I-VO Rn. 68; *Goette* DStR 1996, 709, 711; *Kropholler* ZHR 140 (1976), 394, 402; *Lichtenberger* DNotZ 1986, 644, 653 f.; MünchKommBGB/

identische Ansicht will Art. 11 Abs. 1 EGBGB dagegen in seiner Gesamtheit – also nicht nur bezogen auf die alternative Möglichkeit der Ortsform – nicht auf verfassungsrelevante Vorgänge anwenden, leitet aber die Geltung der Geschäftsform für verfassungsrelevante Vorgänge aus allgemeinen IPR-Grundsätzen ab.[404] Vorgänge, die sich auf die Verfassung beziehen, sind die Gründung der Gesellschaft, die Satzungsänderung und Maßnahmen nach dem Umwandlungsgesetz.[405]

(a)1. Argument: Die Gesetzesmaterialien zu Art. 11 EGBGB

Das erste Argument dieser Ansicht basiert auf der Entstehungsgeschichte des Art. 11 EGBGB. Die Bestimmung sei zwar durch das Gesetz[406] zur Neuregelung des Internationalen Privatrechts vom 25.07.1986 in seinem Wortlaut nicht wesentlich geändert worden, jedoch ergebe sich die Beschränkung des Anwendungsbereichs aus den Gesetzesmaterialien.[407] So findet sich in der Begründung zum Gesetzesentwurf der Bundesregierung[408] der Passus „Aus dem Standort … und der Entstehungsgeschichte der Bestimmung … ergibt sich dagegen, dass Art. 11 nicht die Form von Vorgängen regelt, die sich auf die Verfassung von Gesellschaften und juristischen Personen beziehen. Insoweit sollen allgemeine Regeln, die an Hand der bisherigen Vorschriften des EGBGB für schwerpunktmäßig über das Bürgerliche Recht hinausgehende Bereiche entwickelt worden sind, durch den Entwurf nicht berührt werden."

(b)2. Argument: Analogie zu Art. 11 Abs. 4 EGBGB für verfassungsrelevante Vorgänge

Andere Vertreter dieser Ansicht wollen den Ausschluss der Ortsform für gesellschaftsrechtliche Vorgänge, die sich unmittelbar auf die Verfassung der Gesellschaft beziehen, mit einer direkten[409] oder analogen[410] Anwendung des Art. 11

Kindler IntGesR Rn. 535; *van Randenborgh* BB 1974, 483, 484 f. für Fusionsverträge und Geschäftsanteilsübertragungen; Staudinger/*Großfeld* IntGesR Rn. 467.

404 *Kröll* ZGR 2000, 111, 116 und 120 ff.

405 *Goette* DStR 1996, 709, 711.

406 BGBl. 1986 I S. 1142.

407 *Goette* DStR 1996, 709, 710 f.

408 Begr. RegE zu Art. 11 EGBGB, BT-Drucks. 10/504, S. 49.

409 *van Randenborgh* BB 1974, 483, 484 f., der sich für eine Anwendung des Art. 11 Abs. 2 EGBGB i.d.F. von 1896 auf Fusionsverträge und Geschäftsanteilsübertragungen ausspricht.

410 *Kropholler* ZHR 140 (1976), 394, 401 zu Art. 11 Abs. 2 EGBGB i.d.F. von 1896; MünchKommBGB/*Kindler* IntGesR Rn. 535; ähnlich *Bredthauer* BB 1986, 1864, 1865.

Abs. 4 EGBGB begründen. Gemäß Art. 11 Abs. 4 EGBGB ist ein Rechtsgeschäft, durch das ein Recht an einer Sache begründet oder über ein solches Recht verfügt wird, nur formgültig, wenn es die Formerfordernisse des Rechts erfüllt, das auf das seinen Gegenstand bildende Rechtsverhältnis anzuwenden ist. Für sachenrechtliche Rechtsgeschäfte ist die Wahl der Ortsform mithin ausgeschlossen. Gesetzgeberisches Motiv dieser Regelung ist die Bedeutung dieser Geschäfte für das Interesse der Allgemeinheit und die Nähe zum häufig mitwirkenden Grundbuch bzw. Register.[411]

Vertreter der Auffassung, die für verfassungsrelevante Rechtsgeschäfte eine Analogie zu Art. 11 Abs. 4 EGBGB fordern, sehen eine Parallele zwischen dem Sachenrecht und dem Gesellschaftsrecht.[412] Das öffentliche Interesse sei bei solchen gesellschaftsrechtlichen Akten in gleicher Weise wie bei Grundstücksgeschäften berührt.[413] Von beiden Vorgängen seien nicht nur die unmittelbar am Geschäft beteiligten Personen betroffen, sondern jedermann.[414] Zudem habe die wirtschaftliche Bedeutung von Kapitalvermögen in solchem Umfang zugenommen, dass sie der Bedeutung von Grundvermögen gleichstehe.[415] Weiterhin sei durch gesellschaftsrechtliche Vorgänge häufig die dingliche Zuordnung von Vermögensgegenständen betroffen.[416] Die zwischen verfassungsrelevanten Beschlüssen und sachenrechtlichen Geschäften bestehende identische Interessenlage rechtfertige daher die analoge Anwendung des Art. 11 Abs. 4 EGBGB, weswegen sich die Formgültigkeit von verfassungsrelevanten Rechtsgeschäften allein nach der Geschäftsform richte.[417]

(2) Zweite Ansicht: Art. 11 Abs. 1 EGBGB findet auf gesellschaftsrechtliche Vorgänge generell keine Anwendung

Nach einer noch restriktiveren Ansicht ist Art. 11 Abs. 1 EGBGB generell nicht auf gesellschaftsrechtliche Vorgänge anzuwenden – unabhängig davon, ob sie sich auf

---

411 *Kropholler* ZHR 140 (1976), 394, 401 zu Art. 11 Abs. 2 EGBGB i.d.F. von 1896; MünchKommBGB/*Spellenberg* Art. 11 EGBGB Rn. 166.

412 *Bredthauer* BB 1986, 1864, 1865; *Kropholler* ZHR 140 (1976), 394, 402 f. zu Art. 11 Abs. 2 EGBGB i.d.F. von 1896; MünchKommBGB/*Kindler* IntGesR Rn. 535; ebenso Staudinger/*Hertel* Vorbem zu §§ 127a, 128 (BeurkG) Rn. 858.

413 *Bredthauer* BB 1986, 1864, 1865; *Kropholler* ZHR 140 (1976), 394, 402.

414 *Kropholler* ZHR 140 (1976), 394, 402.

415 *Kropholler* ZHR 140 (1976), 394, 402.

416 MünchKommBGB/*Kindler* IntGesR Rn. 535.

417 MünchKommBGB/*Kindler* IntGesR Rn. 535.

die Verfassung der Gesellschaft beziehen oder nicht.[418] Für die Beurkundung eines gesellschaftsrechtlichen Vorgangs sei daher stets die Geschäftsform einzuhalten. Begründet wird dies ebenfalls mit der Entstehungsgeschichte der Bestimmung.[419]

(a)1. Argument: Art. 37 S. 1 Nr. 2 EGBGB a. F.

Weitergehend als die Vertreter der ersten Auffassung wird, um den Ausschluss der Ortsform für alle gesellschaftsrechtlichen Vorgänge zu rechtfertigen, mit Art. 37 S. 1 Nr. 2 EGBGB a. F. argumentiert. Art. 37 S. 1 Nr. 2 EGBGB a. F. enthielt die Formulierung: „Die Vorschriften dieses Unterabschnitts sind nicht anzuwenden auf Fragen betreffend das Gesellschaftsrecht, das Vereinsrecht und das Recht der juristischen Personen, wie zum Beispiel ...". Art. 37 EGBGB a. F. stand im Unterabschnitt „Vertragliche Schuldverhältnisse", der die Art. 27–37 EGBGB umfasste. Eine Zusammenschau des Wortlauts des – mittlerweile aufgehobenen – Art. 37 S. 1 Nr. 2 EGBGB a. F. und der Entstehungsgeschichte des Art. 11 EGBGB ergebe, dass die Vorschrift generell keine Anwendung auf gesellschaftsrechtliche Vorgänge finden könne.[420]

(b)2. Argument: Der Referentenentwurf zum Internationalen Gesellschaftsrecht

Außerdem wird mit dem Referentenentwurf des Bundesministeriums der Justiz zu einem Gesetz zum Internationalen Privatrecht der Gesellschaften, Vereine und juristischen Personen argumentiert.[421] Der Referentenentwurf sieht eine Ergänzung des Art. 11 EGBGB dahingehend vor, dass ein Rechtsgeschäft, welches die Verfassung einer Gesellschaft, eines Vereins oder einer juristischen Person betrifft, nur formgültig ist, wenn es die Formerfordernisse des nach Art. 10 EGBGB anzuwendenden Rechts erfüllt. Gemäß Art. 10 EGBGB des Referentenentwurfs ist das Gesellschaftsstatut das Recht des Registerstaats. Die Ergänzung des Art. 11 EGBGB läuft somit auf einen Ausschluss der Ortsform für verfassungsrelevante Rechtsgeschäfte hinaus. Der Referentenentwurf zeige nach Ansicht der Vertreter dieser restriktiven Auffassung somit offensichtlich, dass mangels Kodifikation des internationalen Gesellschaftsrechts im Rahmen des EGBGB Art. 11 EGBGB

418 LG München DNotZ 1976, 501 (Abtretung eines GmbH-Geschäftsanteils); Hüffer/*Koch* § 23 Rn. 10; KK-AktG/*Arnold* § 23 Rn. 32; *Schervier* NJW 1992, 593, 594; *Süß* DNotZ 2011, 414, 415 f.; *Winkler* NJW 1972, 981, 982.

419 Hüffer/*Koch* § 23 Rn. 10; *Schervier* NJW 1992, 593, 594; *Süß* DNotZ 2011, 414, 415 f.

420 *Schervier* NJW 1992, 593, 594.

421 *Süß* DNotZ 2011, 414, 416.

in seiner jetzigen Fassung auf das Gesellschaftsrecht generell nicht anzuwenden sei, sodass erst die Ergänzung des EGBGB um das internationale Gesellschaftsrecht einen Vorbehalt für verfassungsrelevante Vorgänge erforderlich mache.[422]

(c)3. Argument: Gesetzesumgehung

Gesetzeszweck der Alternativität von Orts- und Geschäftsform ist die Erleichterung des internationalen Rechtsverkehrs.[423] Die Parteien sollen zum Abschluss eines wirksamen Rechtsgeschäfts auf die Ortsform zurückgreifen können, wenn das Rechtsgeschäft am Vornahmeort nicht in der Geschäftsform vorgenommen werden kann.[424] Auf diese Weise soll die Formungültigkeit von Rechtsgeschäften eingeschränkt werden.[425]

Aus diesem Gesetzeszweck wird gefolgert, dass die Wahl der Ortsform zulässig sei, wenn die Parteien des Rechtsgeschäfts ihren Wohnsitz oder ständigen Aufenthalt im Ausland hätten.[426] Die Wahl der Ortsform scheide dagegen wegen einer intendierten Umgehung der zwingenden deutschen Formvorschrift aus, sofern die Parteien des Rechtsgeschäfts sich regelmäßig im Inland aufhielten und – wie dies bei der Beurkundung gesellschaftsrechtlicher Vorgänge oftmals der Fall sei – lediglich zum Abschluss des Rechtsgeschäfts ins Ausland reisten, um sich die Erleichterungen der Ortsform zu verschaffen.[427]

(3) Dritte Ansicht: Art. 11 Abs. 1 EGBGB findet auf gesellschaftsrechtliche Vorgänge vollumfänglich Anwendung

Eine dritte Ansicht kommt zum gegenteiligen Ergebnis. Der Anwendungsbereich des Art. 11 Abs. 1 EGBGB umfasse auch gesellschaftsrechtliche Vorgänge.[428] Nach

---

422 *Süß* DNotZ 2011, 414, 416.

423 *Stauch* S. 15; *Wolfsteiner* DNotZ 1978, 532, 536; *Winkler* NJW 1972, 981, 983.

424 Staudinger/*Winkler von Mohrenfels* Art. 11 EGBGB Rn. 40; *Wolfsteiner* DNotZ 1978, 532, 536.

425 MünchKommBGB/*Spellenberg* Art. 11 EGBGB Rn. 1; Palandt/*Thorn* Art. 11 EGBGB Rn. 11; Staudinger/*Winkler von Mohrenfels* Art. 11 EGBGB Rn. 42.

426 *Winkler* NJW 1972, 981, 984.

427 *Wolfsteiner* DNotZ 1978, 532, 536; *Winkler* NJW 1972, 981, 984.

428 RGZ 160, 225, 229; BayObLG NJW 1978, 500; OLG Stuttgart NJW 1981, 1176; OLG Frankfurt DB 1981, 1456; OLG Düsseldorf NJW 1989, 2200; *v. Bar/Grothe* IPRax 1994, 269; *Bauer* NZG 2001, 45, 46; Erman/*Hohloch* Art. 11 EGBGB Rn. 3; MünchKommBGB/*Spellenberg* Art. 11 EGBGB Rn. 177, 182; Palandt/*Thorn* Art. 11 EGBGB Rn. 2; *Sick/Schwarz* NZG 1998, 540, 542; *Ulrich/Böhle* GmbHR 2007, 566, 567; differenzierend Staudinger/*Winkler von Mohrenfels* Art. 11 EGBGB Rn. 275 ff., der von der generellen Anwendbarkeit des Art. 11 Abs. 1 EGBGB auf gesellschafts-

dieser Ansicht ist für die Wirksamkeit eines gesellschaftsrechtlichen Vorgangs, der dem deutschen Gesellschaftsstatut unterliegt, folglich die Beachtung der Ortsform ausreichend. Voraussetzung für die Anwendbarkeit der Ortsform ist jedoch stets, dass das Recht des Vornahmeorts einen entsprechenden gesellschaftsrechtlichen Vorgang kennt, mithin keine sogenannte Formenleere existiert.[429]

Der BGH sprach sich in einem obiter dictum[430] zunächst ebenfalls für die generelle Geltung des Art. 11 EGBGB für gesellschaftsrechtliche Vorgänge aus, während sich einem weiteren obiter dictum[431] nicht klar entnehmen lässt, ob der BGH eher mit der ersten oder dritten Ansicht sympathisiert. Es ist dabei jedoch zu beachten, dass diese obiter dicta von unterschiedlichen Senaten des BGH verfasst wurden.

(4) Stellungnahme

(a) Ablehnung der zweiten Ansicht

Die zweite Ansicht, die Art. 11 EGBGB generell nicht auf gesellschaftsrechtliche Vorgänge anwenden will, kann nicht überzeugen.

Gegen ihr auf Art. 37 S. 1 Nr. 2 EGBGB a. F. gestütztes Argument lässt sich zunächst anführen, dass diese Bestimmung aufgehoben wurde und sich daher nur noch bedingt für die Auslegung des Anwendungsbereichs des Art. 11 EGBGB heranziehen lässt. Doch auch vor Aufhebung des Art. 37 EGBGB a. F. war dieses Argument nicht stichhaltig. Art. 37 EGBGB a. F. galt nur für den Unterabschnitt „Vertragliche Schuldverhältnisse" (Art. 27–37 EGBGB) und demnach nicht für Art. 11 EGBGB. Dieser Einwand wird zwar anerkannt, sodass eine Zusammenschau von Vorschrift und Entstehungsgeschichte bemüht wird, um die Beschränkung des Anwendungsbereichs zu rechtfertigen.[432] Es ist jedoch nicht ersichtlich, warum eine solche Zusammenschau die Regelungsweite des Art. 37 EGBGB a. F. auf Art. 11 EGBGB erstrecken sollte. Vielmehr hätte der Gesetzgeber in diesem

---

rechtliche Vorgänge ausgeht, aber das Recht der Ortsform am ordre public messen will und daher bei verfassungsrelevanten Beschlüssen eine öffentliche Beurkundung verlangt; ähnlich *Stauch* S. 34 und S. 56 f., der jedoch für die Beurkundung von allen und nicht nur den verfassungsrelevanten Beschlüssen die Ortsform ausschließt, wenn diese nur einen weniger sicheren Beweis garantiert als § 130 Abs. 1 S. 1 AktG.

429 RGZ 160, 225; MünchKommBGB/*Spellenberg* Art. 11 EGBGB Rn. 136; Palandt/*Thorn* Art. 11 EGBGB Rn. 13; *Ulrich/Böhle* GmbHR 2007, 566, 567.

430 BGHZ 80, 76, 78.

431 BGH NZG 2005, 41, 42.

432 *Schervier* NJW 1992, 593, 594.

Fall eine allgemeine Regelung schaffen müssen, wie es der europäische Verordnungsgeber in Art. 1 Abs. 2 lit. f) Rom-I-VO getan hat.

Weiterhin ist der zweiten Ansicht bezüglich ihrer auf den Referentenentwurf zum Internationalen Privatrecht der Gesellschaften, Vereine und juristischen Personen gestützten Argumentation nicht zu folgen. Es kann entgegen dieser Sichtweise mit identischer Begründung angenommen werden, Art. 11 EGBGB sei de lege lata vollumfänglich auch auf gesellschaftsrechtliche Rechtsgeschäfte anzuwenden und durch die im Referentenentwurf vorgesehene Ergänzung des Art. 11 EGBGB solle lediglich dessen Anwendungsbereich eingeschränkt werden, sodass verfassungsrelevante Vorgänge nicht länger von der Vorschrift erfasst sind. Zudem ist zu beachten, dass der Referentenentwurf bisher nicht umgesetzt wurde und seine Umsetzung auch nicht abzusehen ist. Hintergrund dieser Zurückhaltung des deutschen Gesetzgebers ist, dass einer europäischen Regelung nicht vorgegriffen werden soll.[433] Der Referentenentwurf sollte daher bei der Auslegung des Art. 11 EGBGB in seiner jetzigen Fassung keine Beachtung finden.

Das dritte Argument, die Wahl der Ortsform scheide aus, wenn sich die Parteien lediglich zur Vermeidung der deutschen Formvorschriften ins Ausland begäben, kann ebenfalls nicht überzeugen. Anders als beispielsweise dem französischen Recht ist dem deutschen Recht die Gesetzesumgehung als eigenes Rechtsinstitut fremd.[434] Die Anerkennung einer Gesetzesumgehung im Zusammenhang mit Auslandsbeurkundungen hätte zudem eine erhebliche Rechtsunsicherheit zu Folge, die insbesondere bei der Anwendung von Formvorschriften unerwünscht ist.[435] Es ließe sich nicht mit ausreichender Sicherheit abschätzen, wann der Auslandsbezug ausreichend gefestigt ist, um die Wahl der Ortsform zuzulassen. Außerdem ist es nicht Teil des Tatbestands des Art. 11 Abs. 1 EGBGB, dass infolge der Wahl der Ortsform eine Verkehrserleichterung eintritt.[436] Die Vorschrift verhält sich schlicht nicht zu den Motiven, aus denen die Parteien einen Abschluss ihres Rechtsgeschäfts und Beurkundung desselben im Ausland wünschen. Die Motive der Parteien sind daher bei der Anwendung des Art. 11 Abs. 1 EGBGB unerheblich.[437] Folglich scheidet die Wahl der Ortsform, selbst wenn die Parteien

---

433 MünchKommBGB/*Spellenberg* Art. 11 EGBGB Rn. 183.

434 *Kropholler* ZHR 140 (1976), 394, 397; das OLG Frankfurt OLGZ 1967, 374, 377 (zur Formgültigkeit einer im Ausland geschlossenen Ehe) spricht sich ebenfalls dagegen aus, dass eine Gesetzesumgehung zum Ausschluss der Ortsform führt.

435 *Bokelmann* 1972, 1729, 1734; *Kropholler* ZHR 140 (1976), 394, 398.

436 *Kropholler* ZHR 140 (1976), 394, 398.

437 *Bokelmann* 1972, 1729, 1734.

nur zur Kostenersparnis eine Auslandsbeurkundung beabsichtigen, nicht wegen einer Gesetzesumgehung aus.

Die Argumente der zweiten Ansicht, nach der Art. 11 Abs. 1 EGBGB generell nicht auf gesellschaftsrechtliche Vorgänge anzuwenden ist, können folglich entkräftet werden.

(b) Ablehnung der ersten Ansicht

Doch kann auch der ersten Ansicht, die vom Anwendungsbereich des Art. 11 Abs. 1 EGBGB verfassungsrelevante Vorgänge ausnimmt, nicht gefolgt werden. Der Vorschlag einer Analogie zu Art. 11 Abs. 4 EGBGB überzeugt nicht. Es ist den Befürwortern einer solchen Analogie zwar darin zuzustimmen, dass ähnlich wie bei Grundstücksgeschäften nicht nur die unmittelbar am gesellschaftsrechtlichen Akt beteiligten Personen, sondern auch Dritte wie beispielsweise Gläubiger oder Arbeitnehmer der Gesellschaft von einem verfassungsrelevanten Vorgang betroffen sind. Allerdings werden die Belange Dritter und der Öffentlichkeit bereits dadurch ausreichend geschützt, dass das deutsche Registergericht bei eintragungsbedürftigen Vorgängen wie beispielsweise Satzungsänderungen die Einhaltung der Formvorschriften des Ortsrechts überprüft.[438] Einer Analogie bedarf es insoweit nicht mehr. Zudem besteht im Gesellschaftsrecht anders als im Sachenrecht kein unumstrittenes kollisionsrechtliches Anknüpfungsmoment.[439] Im Sachenrecht ist die Geltung des Rechts des Belegenheitsorts (lex rei sitae) international akzeptiert. Im Gesellschaftsrecht stehen sich aber die Sitztheorie und die Gründungstheorie gegenüber. Je nachdem welcher dieser beiden Theorien man folgt, schützt man ein anderes öffentliches Interesse, was einen Unterschied gegenüber dem originären Anwendungsbereich des Art. 11 Abs. 4 EGBGB darstellt und daher ebenfalls gegen eine analoge Anwendung der Vorschrift spricht.[440]

Doch auch das andere, auf die Gesetzesmaterialien gestützte Argument der ersten Ansicht verfängt nur auf den ersten Blick. Zunächst ist festzustellen, dass die in den Materialien zum Gesetzesentwurf der Bundesregierung angestellten Erwägungen nicht zutreffen.[441] Der Gesetzgeber geht von der falschen Erwägung aus, der Standort des Art. 11 EGBGB im zweiten Abschnitt, der sonst nur Regelungen zu natürlichen Personen enthalte, spreche bereits für die nur eingeschränkt

438 *v. Bar/Grothe* IPRax 1994, 269, 271.
439 Staudinger/*Winkler von Mohrenfels* Art. 11 EGBGB Rn. 278.
440 Staudinger/*Winkler von Mohrenfels* Art. 11 EGBGB Rn. 278.
441 Dies übersieht beispielsweise *Kröll* ZGR 2000, 111, 115.

bestehende Anwendbarkeit der Vorschrift auf gesellschaftsrechtliche Vorgänge.[442] Art. 10 EGBGB enthielt in seiner ursprünglichen Fassung von 1896[443] jedoch eine Regelung zur Rechtsfähigkeit von ausländischen Vereinen, sodass Art. 11 EGBGB nicht die einzige Vorschrift im zweiten Abschnitt war, die sich nicht ausschließlich mit dem Recht natürlicher Personen befasste.[444] Aus dem Standort der Vorschrift kann daher nicht gefolgert werden, dass sie auf das Gesellschaftsrecht keine Anwendung findet.[445]

Entscheidend ist, dass sich der Gesetzgeber des Meinungsstreits um den Anwendungsbereich des Art. 11 EGBGB bewusst war und er auch die in der Literatur entwickelten Änderungsvorschläge zur Begrenzung des Anwendungsbereichs kannte.[446] Man hätte daher eine ausdrückliche Regelung erwarten können, wenn Art. 11 Abs. 1 EGBGB keine (verfassungsrelevanten) gesellschaftsrechtlichen Vorgänge erfassen sollte.[447] Es kann deswegen auch nicht angenommen werden, der Gesetzgeber hätte den Ausschluss des Gesellschaftsrechts aus dem Anwendungsbereich des EGBGB für so selbstverständlich gehalten, dass er von einer ausdrücklichen Regelung abgesehen hätte.[448] Vielmehr hätte der Gesetzgeber, sofern er einen teilweisen Ausschluss gesellschaftsrechtlicher Vorgänge vom Anwendungsbereich des Art. 11 Abs. 1 EGBGB gewünscht hätte, seinen Willen im Gesetz eindeutig ausdrücken müssen.[449] Aufgrund seiner Kenntnis vom Streit um die Regelungsweite des Art. 11 Abs. 1 EGBGB ist die Interpretation überzeugender, dass der Gesetzgeber durch den oben zitierten Passus nicht die Geltung des Art. 11 Abs. 1 EGBGB für gesellschaftsrechtliche Vorgänge ausschließen, sondern nur einer eventuellen Änderung durch eine europäische Regelung nicht vorgreifen wollte.[450]

---

442 Begr. RegE zu Art. 11 EGBGB, BT-Drucks. 10/504, S. 49.

443 RGBl. 1896 S. 604, 605 f.

444 Staudinger/*Winkler von Mohrenfels* Art. 11 EGBGB Rn. 264.

445 Staudinger/*Winkler von Mohrenfels* Art. 11 EGBGB Rn. 264.

446 Vgl. beispielsweise den Vorschlag des *Max-Planck-Instituts* in RabelsZ 1983, 595, 621 zur Schaffung eines Art. 11 Abs. 3 EGBGB mit dem Wortlaut: „Die Form einer gesellschaftsrechtlichen Rechtshandlung, zu deren Wirksamkeit gemäß Absatz 1 Satz 1 die Eintragung in ein deutsches öffentliches Register vorgeschrieben ist, unterliegt ausschließlich dem deutschen Recht.“.

447 *Kröll* ZGR 2000, 111, 116; MünchKommBGB/*Spellenberg* Art. 11 EGBGB Rn. 183; Staudinger/*Winkler von Mohrenfels* Art. 11 EGBGB Rn. 265.

448 So aber jurisPK-BGB/*Süß* Art. 11 EGBGB Rn. 55.

449 Palandt/*Thorn* Art. 11 EGBGB Rn. 13.

450 *Kröll* ZGR 2000, 111, 115 f.; MünchKommBGB/*Spellenberg* Art. 11 EGBGB Rn. 183.

Außerdem hätte der deutsche Gesetzgeber, sofern er mit dem Gesetz[451] zur Neuregelung des Internationalen Privatrechts vom 25.07.1986 tatsächlich eine Beschränkung des Anwendungsbereichs des Art. 11 Abs. 1 EGBGB beabsichtigt hätte, seitdem Gelegenheit gehabt, sein vermeintliches Anliegen durch eine Neufassung des Art. 11 Abs. 1 EGBGB durchzusetzen. Art. 11 EGBGB wurde zuletzt im Jahr 2009 durch das Gesetz[452] zur Anpassung der Vorschriften des internationalen Privatrechts an die Verordnung (EG) Nr. 593/2008 geändert. Zu diesem Zeitpunkt war die Weite des Anwendungsbereichs des Art. 11 Abs. 1 EGBGB noch immer in Literatur und Rechtsprechung umstritten. Dennoch erfolgte keine Änderung des Art. 11 Abs. 1 EGBGB, sondern es wurde lediglich Art. 11 Abs. 4 EGBGB aufgehoben, da dessen Regelungsgegenstand nun von Art. 11 Abs. 5 Rom-I-VO erfasst wird.[453] Aus dieser Passivität des Gesetzgebers hinsichtlich Art. 11 Abs. 1 EGBGB lässt sich schlussfolgern, dass eine Ausklammerung von verfassungsrelevanten Vorgängen vom Anwendungsbereich des Art. 11 Abs. 1 EGBGB kein Anliegen des Gesetzgebers war oder zumindest kein Anliegen mehr ist. Zudem enthält die Begründung des Regierungsentwurfs zum Gesetz zur Anpassung der Vorschriften des internationalen Privatrechts an die Verordnung (EG) Nr. 593/2008 die Formulierung, dass eine gänzliche Streichung des Art. 11 EGBGB ausscheide, „da sich der übrige Anwendungsbereich dieser Vorschrift … ganz allgemein auf Rechtsgeschäfte" erstrecke.[454] Diese Begründung lässt somit ebenfalls keine gesetzgeberische Absicht zur Beschränkung des Anwendungsbereichs des Art. 11 Abs. 1 EGBGB erkennen, sondern spricht im Gegenteil wegen der Formulierung „ganz allgemein" für eine Erfassung des Gesellschaftsrechts durch Art. 11 Abs. 1 EGBGB.

Das auf die Gesetzmaterialien zum Gesetz zur Neuregelung des Internationalen Privatrechts vom 25.07.1986 gestützte Argument der ersten Ansicht kann folglich ebenfalls nicht überzeugen.

(c) Zwischenergebnis

Es kann somit festgestellt werden, dass sich weder aus einer Analogie zu Art. 11 Abs. 4 EGBGB noch aus den Gesetzmaterialien eine Rechtfertigung für die Beschränkung des Anwendungsbereichs des Art. 11 Abs. 1 EGBGB auf die Geschäftsform ableiten lässt. Es verbleibt somit bei dem offenen Wortlaut des Art. 11

451 BGBl. 1986 I S. 1142.

452 BGBl. 2009 I S. 1574.

453 Begr. RegE zu Art. 11 EGBGB, BT-Drucks. 16/12104, S. 9.

454 Begr. RegE zu Art. 11 EGBGB, BT-Drucks. 16/12104, S. 9.

Abs. 1 EGBGB, der einen Ausschluss der Anwendbarkeit der Ortsform für gesellschaftsrechtliche Vorgänge nicht erkennen lässt.[455] Die Vorschrift ist demnach in Gänze auch auf gesellschaftsrechtliche Vorgänge anzuwenden, selbst wenn sich diese auf die Verfassung der Gesellschaft beziehen.

Es ist somit der dritten Ansicht beizutreten. Art. 11 Abs. 1 EGBGB und die mit seiner Anwendbarkeit verbundene Wahl zwischen Ortsform und Geschäftsform gelten demnach auch für gesellschaftsrechtliche Vorgänge.

cc) Anwendbarkeit des Art. 11 Abs. 1 EGBGB auf die Beurkundung von Beschlüssen der Hauptversammlung

Nachdem die grundsätzliche Anwendbarkeit des Art. 11 Abs. 1 EGBGB auf gesellschaftsrechtliche Vorgänge bejaht wurde, ist nun zu klären, ob Art. 11 Abs. 1 EGBGB auch den speziellen Fall der Beurkundung von Hauptversammlungsbeschlüssen umfasst und demnach eine Wahlmöglichkeit zwischen der Form des Ortsrechts und der Form des Gesellschaftsstatuts besteht.

(1) Die tatbestandliche Begrenzung des Art. 11 EGBGB auf Rechtsgeschäfte

Gegen die Anwendbarkeit des Art. 11 EGBGB auf die Beurkundung von Hauptversammlungsbeschlüssen wird angeführt, dass die Vorschrift ihrem Wortlaut nach das Formstatut nur für Rechtsgeschäfte bestimmt. Auch die Überschrift des Art. 11 EGBGB spricht nur von Rechtsgeschäften und Art. 11 EGBGB befindet sich im Abschnitt des Rechts der natürlichen Personen und der Rechtsgeschäfte. In der Literatur wird eingewandt, die Beurkundung tatsächlicher Vorgänge, die in der Niederschrift über die Hauptversammlung einer Aktiengesellschaft enthalten sind, sei aber kein Rechtsgeschäft, sodass die Vorschrift nicht auf die Beurkundung eines Beschlusses der Hauptversammlung anwendbar sei.[456]

Zur Bewertung dieses Einwands ist zunächst der Begriff des Rechtsgeschäfts kurz darzulegen. Nach dem Verständnis des deutschen Zivilrechts besteht ein Rechtsgeschäft aus einer oder mehreren Willenserklärungen, die allein oder zusammen mit anderen Tatbestandsmerkmalen eine Rechtsfolge, weil sie gewollt

---

455 OLG Düsseldorf NJW 1989, 2200; *Bauer* NZG 2001, 45, 46; Palandt/*Thorn* Art. 11 EGBGB Rn. 2.

456 Bamberger/Roth/Hau/Poseck/*Mäsch* Art. 11 Rom-I-VO Rn. 71; *Lichtenberger* MittBayNot 1994, 82.

und von der Rechtsordnung anerkannt ist, herbeiführen.[457] Der Begriff des Rechtsgeschäfts i.S.d. EGBGB ist wegen des im Internationalen Privatrecht geltenden Gebots der einheitlichen Auslegung rechtsvergleichend zu bestimmen.[458] Aufgrund der gemeinsamen Rechtstraditionen kann dabei aber von dem dem deutschen Recht bekannten Begriff des Rechtsgeschäfts ausgegangen werden, welcher jedoch für das Internationale Privatrecht um rechtsgeschäftsähnliche Handlungen zu erweitern ist.[459] Der Begriff des Rechtsgeschäfts ist somit im Internationalen Privatrecht weiter als im sonstigen deutschen Zivilrecht.

Die notariell aufgenommene Niederschrift ist ein Bericht des Notars über seine Wahrnehmungen.[460] Die Literaturauffassung, die Beurkundung sei kein Rechtsgeschäft, ist daher insoweit zutreffend.

Dennoch spricht dies nicht dafür, dass Art. 11 EGBGB auf die Beurkundung von Hauptversammlungsbeschlüssen keine Anwendung fände. Gemäß § 130 Abs. 1 S. 1 AktG ist der Hauptversammlungsbeschluss durch eine über die Verhandlung notariell aufgenommene Niederschrift zu beurkunden. Der Wortlaut des § 130 Abs. 1 S. 1 AktG zeigt somit, dass sich das Beurkundungserfordernis auf den Beschluss der Hauptversammlung bezieht.[461] Dieser ist aber ein mehrseitiges, nichtvertragliches Rechtsgeschäft eigener Art.[462] Es ist folglich zwischen dem Beschluss der Hauptversammlung, der einen rechtsgeschäftlichen Charakter aufweist[463] und auf den sich das Beurkundungserfordernis des § 130 Abs. 1 AktG bezieht, und der notariell aufgenommenen Niederschrift, die ein Protokoll der Wahrnehmung der Urkundsperson ist,[464] zu unterscheiden. Das von Art. 11 Abs. 1 EGBGB tatbestandlich vorausgesetzte Rechtsgeschäft ist somit der Hauptversammlungsbeschluss. Daher lässt sich die Begrenzung des Art. 11 Abs. 1 EGBGB auf Rechtsgeschäfte nicht dagegen anführen, dass die Vorschrift im Falle einer Auslandsbeurkundung zur Ermittlung des Formstatuts heranzuziehen ist.[465]

Für dieses Ergebnis spricht zudem ein Vergleich des Art. 11 EGBGB mit § 241 Nr. 2 AktG. Art. 11 EGBGB behandelt die Formgültigkeit. Bei einer dem

---

457 Jauernig/*Mansel* Vorbemerkungen § 104 Rn. 1; Palandt/*Ellenberger* Überbl v § 104 Rn. 2.

458 Staudinger/*Winkler von Mohrenfels* Art. 11 EGBGB Rn. 74.

459 Staudinger/*Winkler von Mohrenfels* Art. 11 EGBGB Rn. 74.

460 BGHZ 180, 9, 15.

461 Staudinger/*Winkler von Mohrenfels* Art. 11 EGBGB Rn. 279.

462 Hüffer/*Koch* § 133 Rn. 3.

463 GroßkommAktG/*Werner* § 130 Rn. 76.

464 BGHZ 180, 9, 15.

465 Staudinger/*Winkler von Mohrenfels* Art. 11 EGBGB Rn. 279.

deutschen Gesellschaftsstatut unterliegenden Gesellschaft führt die Wahl der Geschäftsform zur Geltung des § 130 AktG. § 241 Nr. 2 AktG ordnet bei einem Verstoß gegen die von § 130 Abs. 1 AktG verlangte Form die Nichtigkeit des Hauptversammlungsbeschlusses an. § 241 Nr. 2 AktG statuiert somit auf nationalrechtlicher Ebene die Rechtsfolge zu Art. 11 EGBGB, wenn weder die Ortsform noch die Geschäftsform eingehalten wurden. § 241 Nr. 2 AktG zeigt folglich ebenfalls, dass sich die von Art. 11 Abs. 1 EGBGB angesprochene Formgültigkeit auf den Beschluss der Hauptversammlung und nicht die Niederschrift bezieht. Bei einem Formverstoß ist nicht die Niederschrift unwirksam, sondern der Beschluss der Hauptversammlung nichtig. Da der Hauptversammlungsbeschluss aber wie dargestellt ein Rechtsgeschäft ist, unterfällt er dem Anwendungsbereich des Art. 11 Abs. 1 EGBGB.

(2) Kein Ausschluss der Ortsform aufgrund der Publizitätspflicht des § 130 Abs. 5 AktG

Nach anderer Ansicht können Beschlüsse der Hauptversammlung nicht durch Einhaltung der ausländischen Ortsform beurkundet werden, weil § 130 Abs. 5 AktG die „Einreichung des notariellen Protokolls zum Handelsregister des Sitzes der Gesellschaft" vorsehe.[466] Dieses Erfordernis könne aber nur durch eine einem deutschen Notar gleichwertige Urkundsperson erfüllt werden.[467] Aufgrund der registergerichtlichen Prüfungs- und Publizitätsfunktion könne deswegen bei einer Hauptversammlung im Ausland nicht auf die Ortsform zurückgegriffen werden.[468]

Die Publizitätspflicht gemäß § 130 Abs. 5 AktG ist Teil des Registerverfahrens und keine Formvorschrift. Die Wahl der Ortsform gemäß Art. 11 Abs. 1, 2. Var. EGBGB befreit daher Aktiengesellschaften, die dem deutschen Gesellschaftsstatut unterliegen, nicht von dieser Verpflichtung. Eine genauere Betrachtung des Wortlauts des § 130 Abs. 5 AktG zeigt aber, dass diese Vorschrift keine Anforderungen an das Beurkundungsverfahren stellt, die bei Wahl der Ortsform nicht eingehalten werden könnten. § 130 Abs. 5 AktG verpflichtet zur Einreichung einer öffentlich beglaubigten Abschrift der Niederschrift über die Hauptversammlung.[469] Das Beglaubigungserfordernis bezieht sich folglich allein auf die Abschrift. Die Gegen-

466 Münch. Hdb. AG/*Semler* 3. Auflage, § 35 Rn. 36.
467 Münch. Hdb. AG/*Semler* 3. Auflage, § 35 Rn. 36.
468 MünchKommAktG/*Kubis* § 121 Rn. 92.
469 Wenn von der Privilegierung des § 130 Abs. 1 S. 3 AktG Gebrauch gemacht wurde, ist eine vom Vorsitzenden des Aufsichtsrats unterzeichnete Abschrift der Niederschrift einzureichen.

meinung begründet ihre Ansicht somit irrigerweise mit einer nicht existierenden gesetzlichen Verpflichtung zur Einreichung eines notariellen Protokolls. Tatsächlich ist lediglich die von der Niederschrift zu unterscheidende Abschrift, welche öffentlich beglaubigt sein muss, einzureichen.

Es ist daher möglich, die Niederschrift unter Beachtung der Ortsform am ausländischen Versammlungsort zu fertigen und in Deutschland anschließend von einem deutschen Notar eine öffentlich beglaubigte Abschrift erstellen zu lassen, die von diesem als Vertreter der Gesellschaft zum Handelsregister eingereicht wird.[470]

Ebenso ist es möglich, dass die ausländische Urkundsperson sowohl die Niederschrift als auch deren Abschrift, die durch sie beglaubigt wird, fertigt und sich lediglich für den letzten Schritt – der elektronischen Einreichung der Abschrift zum Handelsregister – eines deutschen Notars als Boten bedient.[471] Es ist kein Grund dafür ersichtlich, der ausländischen Urkundsperson die Befähigung zur Erstellung und Beglaubigung einer Abschrift zu versagen, wenn sie schon die Niederschrift über die Hauptversammlung als Originalurkunde zulässigerweise fertigen kann.

Diese zwei Möglichkeiten der Einreichung der öffentlich beglaubigten Abschrift unter Mitwirkung eines deutschen Notars zeigen bereits, dass aus der Publikationspflicht des § 130 Abs. 5 AktG nicht abgeleitet werden kann, bei einer Hauptversammlung im Ausland sei die Wahl der Ortsform ausgeschlossen. Dem deutschen Registergericht obliegt es dann bei eintragungsbedürftigen Beschlüssen, die Einhaltung der ausländischen Ortsform zu überprüfen. Die mit der Publizitätspflicht nach § 130 Abs. 5 AktG verfolgte Unterrichtung der Allgemeinheit über den Inhalt der Niederschrift ist durch dieses Verfahren ebenfalls gewahrt, da das Handelsregister die eingereichte Abschrift publizieren kann und somit kein Unterschied zu einer nach deutschem Recht erstellten Niederschrift besteht. Die von der Gegenmeinung erhobenen Einwände, die registergerichtlichen Prüfungs- und Publizitätsfunktionen bedeuteten einen Ausschluss der Ortsform, gehen somit fehl. Das Publizitätserfordernis des § 130 Abs. 5 AktG

---

470 A.A. wohl *Mann* ZHR 138 (1974), 448, 453, der ohne Begründung bereits die Erstellung einer Urkunde als ersten Schritt eines einheitlichen, verfahrensrechtlichen Gesamtvorgangs sieht, für den ausschließlich die lex fori gelte; dagegen zu Recht *Stauch* S. 37.

471 Zu dieser Nutzung eines deutschen Notars als Boten im Registerverfahren vgl. OLG Düsseldorf NJW 2011, 1370, 1372 und *Link* RNotZ 2009, 193, 199 (jeweils zur Einreichung einer GmbH-Gesellschafterliste).

steht der Wahl der Ortsform für die Errichtung der Niederschrift folglich nicht entgegen.

Es ist jedoch fraglich, ob eine ausländische Urkundsperson die Pflicht der Aktiengesellschaft nach § 130 Abs. 5 AktG zur Einreichung einer Abschrift der Niederschrift erfüllen kann, ohne sich eines deutschen Notars als Boten zu bedienen.

In einer Entscheidung hat es der BGH als möglich erachtet, dass eine ausländische Urkundsperson die nach § 40 Abs. 2 GmbHG erforderliche Einreichung einer GmbH-Gesellschafterliste zum Handelsregister vornimmt, ohne dass ein deutscher Notar am Registerverfahren mitwirkt.[472] Es ist kein Grund ersichtlich, warum diese Rechtsprechung nicht auf die Publizitätspflicht des § 130 Abs. 5 AktG zu übertragen ist, da sich sowohl die Einreichung einer GmbH-Gesellschafterliste durch einen Notar als auch die Übermittlung einer öffentlich beglaubigten Abschrift der Hauptversammlungsniederschrift nach § 12 Abs. 2 S. 2, 2. Hs. HGB richten. Es ist jedoch zu beachten, dass der BGH in seiner Entscheidung nicht näher auf das Registerverfahren und seine technischen Anforderungen eingegangen ist. Vielmehr spricht er einer ausländischen Urkundsperson bei bestehender Gleichwertigkeit zwischen Auslands- und Inlandsbeurkundung generell die Berechtigung zu, eine GmbH-Gesellschafterliste, an deren Erstellung sie mitgewirkt hat, einzureichen.[473]

Vielfach wird eine ausländische Urkundsperson die Abschrift der Niederschrift über die Hauptversammlung nicht zum Handelsregister einreichen können, weil ihr die notwendige Soft- und Hardware fehlt. Sofern sie jedoch über die notwendige Ausstattung verfügt, die nicht nur von deutschen Notaren, sondern auch von ausländischen Urkundspersonen erworben werden darf,[474] kann sie die Abschrift nach § 12 Abs. 2 S. 2, 2. Hs. HGB zum Handelsregister einreichen. Die grundlegenden technischen Anforderungen des Registerverfahrens stehen folglich der Einreichung der Abschrift durch eine ausländische Urkundsperson nicht entgegen.

In der Diskussion um die Berechtigung einer ausländischen Urkundsperson zur Einreichung einer von ihr erstellten GmbH-Gesellschafterliste ist allerdings auf das Problem hingewiesen worden, dass die Echtheit der im Ausland von der ausländischen Urkundsperson errichteten Urkunde häufig durch eine Apostille zu bestätigen ist.[475] Für eine durch eine ausländische Urkundsperson

---

472 BGHZ 199, 270.

473 BGHZ 199, 270, 275.

474 *Begemann/Galla* GmbHR 2009, 1065, 1068; *Link* RNotZ 2009, 193, 199.

475 *Begemann/Galla* GmbHR 2009, 1065; *Link* RNotZ 2009, 193; Scholz/*Seibt* § 40 Rn. 90.

erstellte Hauptversammlungsniederschrift und deren Abschriften gilt nichts anderes. Insbesondere bei Hauptversammlungen in der Schweiz müssen die von Schweizer Notaren gefertigten Urkunden mit einer Apostille versehen werden. In entsprechender Anwendung des § 12 Abs. 2 S. 2, 2. Hs. BeurkG ist eine Apostille wie die Abschrift selbst ebenfalls elektronisch einzureichen.[476] Das einfache elektronische Zeugnis nach § 39a BeurkG muss selbst mit einer Apostille versehen sein.[477] Eine elektronische Apostille, die sich auf die signierte Bilddatei bezieht, ist momentan jedoch nicht verfügbar, da Apostillen bisher nur in papiergebundener Form existieren.[478] Zudem ist es nicht ausreichend, eine in Papier erteilte Apostille einzuscannen und dann als Anlage zur Abschrift dem Handelsregister zu übermitteln.[479] In Fällen, in denen eine Apostille oder Legalisation zum Nachweis der Echtheit der ausländischen Urkunde verwendet wird, kann das von § 12 Abs. 2 S. 2, 2. Hs. HGB und § 39a BeurkG vorgesehene Registerverfahren folglich nicht eingehalten werden.

Daher ist es entgegen der Ansicht des BGH zur Übermittlung von GmbH-Gesellschafterlisten durch ausländische Urkundspersonen wohl nicht möglich, dass die ausländische Urkundsperson die öffentlich beglaubigte Abschrift der Hauptversammlungsniederschrift ohne Mitwirkung eines deutschen Notars zum Handelsregister einreicht.

Da aber wie gezeigt die Einreichung einer öffentlich beglaubigten Abschrift der Hauptversammlungsniederschrift unter Mitwirkung eines deutschen Notars erfolgen kann, ist die Wahl der Ortsform für die Beurkundung von Hauptversammlungsbeschlüssen nicht wegen der Publizitätspflicht des § 130 Abs. 5 AktG ausgeschlossen. Es lässt sich somit als Zwischenergebnis festhalten, dass die Beachtung der Ortsform für die Beurkundung von Hauptversammlungsbeschlüssen grundsätzlich ausreichend ist.[480]

---

476 *Jeep/Wiedemann* NJW 2007, 2439, 2445; *Link* RNotZ 2009, 193, 199; *Sikora/Schwab* MittBayNot 2007, 1, 6.

477 *Böttcher* ZNotP 2010, 6, 10.

478 *Begemann/Galla* GmbHR 2009, 1065, 1069; *Böttcher* ZNotP 2010, 6, 10; *Link* RNotZ 2009, 193, 199.

479 *Begemann/Galla* GmbHR 2009, 1065, 1069.

480 Ebenso *Schulte* AG 1985, 33, 37 und Geßler/Hefermehl/Eckardt/Kropff/*Eckardt* § 121 Rn. 42, die jedoch beide auch bei der Wahl der Ortsform fälschlicherweise die Gleichwertigkeit der Auslandsbeurkundung mit einer nach deutschem Recht erfolgten Beurkundung verlangen.

(3) Die Wahl der Ortsform als Verstoß gegen den ordre public

Sofern für die Beurkundung der Hauptversammlungsbeschlüsse die nach hier vertretener Ansicht zulässige Ortsform gewählt wurde, ist zu prüfen, ob die Formvorschrift des ausländischen Rechts nicht gegen den deutschen ordre public nach Art. 6 EGBGB verstößt.[481] Gemäß Art. 6 S. 1 EGBGB ist eine Rechtsnorm eines anderen Staats nicht anzuwenden, wenn ihre Anwendung zu einem Ergebnis führt, das mit wesentlichen Grundsätzen des deutschen Rechts offensichtlich unvereinbar ist.

Wie der Wortlaut des Art. 6 S. 1 EGBGB zeigt, ist Prüfungsgegenstand nicht die ausländische abstrakte Norm, sondern das konkrete Ergebnis ihrer Anwendung auf den Einzelfall.[482] Der Tatbestand der ordre-public-Klausel fordert die Wesentlichkeit des Grundsatzes, gegen den verstoßen wird. Zudem wird die Offensichtlichkeit der Unvereinbarkeit verlangt. Der Tatbestand des Art. 6 S. 1 EGBGB formuliert somit enge Kriterien, unter denen eine sonst anzuwendende Vorschrift ausnahmsweise nicht angewendet werden darf.

(a) Unvereinbarkeit mit einem Grundsatz des deutschen Rechts

Erstes Tatbestandsmerkmal des Art. 6 S. 1 EGBGB ist, dass die Anwendung der Rechtsnorm eines anderen Staats zu einem Ergebnis führt, das mit einem Grundsatz des deutschen Rechts unvereinbar ist.

Nach einer Literaturansicht liegt ein Verstoß gegen den deutschen ordre public vor, wenn Beschlüsse, die die Verfassung der Gesellschaft betreffen, nach der ausländischen Formvorschrift nicht öffentlich zu beurkunden sind.[483] Der mit der Beurkundung verfolgte Zweck der Beweissicherung verlange eine hinreichende Dokumentation.[484] Es müsste somit ein Grundsatz des deutschen Rechts sein, dass verfassungsrelevante Beschlüsse öffentlich zu beurkunden sind. Nach der noch weitergehenden Ansicht *Stauchs* scheidet die Wahl der Ortsform dagegen wegen des deutschen ordre public-Vorbehalts für die Beurkundung sämtlicher und nicht nur verfassungsrelevanter Beschlüsse aus, wenn die ausländische Formvorschrift eine leichtere und insbesondere weniger beweissichere Form zulässt.[485]

---

481 Zur Anwendbarkeit der ordre public-Klausel im Bereich des Art. 11 Abs. 1 EGBGB vgl. *Stauch* S. 51 f.

482 Bamberger/Roth/Hau/Poseck/*Lorenz* Art. 6 EGBGB Rn. 10; MünchKommBGB/*v. Hein* Art. 6 EGBGB Rn. 117.

483 Staudinger/*Winkler von Mohrenfels* Art. 11 EGBGB Rn. 284.

484 Staudinger/*Winkler von Mohrenfels* Art. 11 EGBGB Rn. 284.

485 *Stauch* S. 56 f. zu Art. 30 EGBGB a. F.: „Die Anwendung eines ausländischen Gesetzes ist ausgeschlossen, wenn die Anwendung gegen die guten Sitten oder gegen den Zweck eines deutschen Gesetzes verstoßen würde."

Gegen diese Ansichten scheint zunächst § 130 Abs. 1 S. 3 AktG zu sprechen. Sofern die Voraussetzungen des § 130 Abs. 1 S. 3 AktG erfüllt sind, ist eine privatschriftliche Niederschrift des Aufsichtsratsvorsitzenden für die Dokumentation der Beschlüsse ausreichend. Es ist somit kein Grundsatz des deutschen Rechts, dass Hauptversammlungsbeschlüsse stets durch eine notariell aufgenommene Niederschrift, also öffentlich zu beurkunden sind. *Stauchs* Ansicht kann somit wegen der Einfügung des § 130 Abs. 1 S. 3 AktG als überholt angesehen werden. Für die restliche Bearbeitung ist daher nur noch der Frage nachzugehen, ob Art. 6 S. 1 EGBGB bei der Beurkundung verfassungsrelevanter Beschlüsse zu einem Ausschluss der Ortsform führen kann.

Eine der Voraussetzungen des § 130 Abs. 1 S. 3 AktG ist jedoch, dass der zu beurkundende Beschluss kein Grundlagenbeschluss ist. Verfassungsrelevante Beschlüsse wie Satzungsänderungsbeschluss[486] oder Verschmelzungsbeschluss[487] bedürfen allerdings einer Mehrheit, die mindestens drei Viertel des bei der Beschlussfassung vertretenen Grundkapitals umfasst. Verfassungsrelevante Beschlüsse sind daher stets Grundlagenbeschlüsse und können generell nicht gemäß § 130 Abs. 1 S. 3 AktG durch eine vom Aufsichtsratsvorsitzenden unterzeichnete Niederschrift beurkundet werden. Das deutsche Recht fordert für eine hinreichende Dokumentation dieser Art von Beschlüssen immer eine Protokollierung durch eine notariell aufgenommene Niederschrift. Es lässt sich daher aufgrund der Parallelität von Grundlagenbeschlüssen und verfassungsrelevanten Beschlüssen als Grundsatz des deutschen (Aktien-) Rechts feststellen, dass verfassungsrelevante Beschlüsse öffentlich zu beurkunden sind.

Das erste Merkmal des Tatbestands des Art. 6 S. 1 EGBGB, es muss ein Verstoß gegen einen Grundsatz des deutschen Rechts vorliegen, ist folglich erfüllt, wenn unter Anwendung einer ausländischen Formvorschrift ein verfassungsrelevanter Hauptversammlungsbeschluss in einem privatschriftlichen Protokoll dokumentiert wird.

(b) Wesentlichkeit des verletzten Grundsatzes

Art. 6 S. 1 EGBGB verlangt die Wesentlichkeit des Grundsatzes, gegen den durch die Anwendung einer Rechtsnorm eines anderen Staats verstoßen wurde. Das Erfordernis, dass für verfassungsrelevante Beschlüsse eine öffentliche Beurkundung notwendig ist, müsste daher ein wesentlicher Grundsatz des deutschen Rechts sein.

---

486 Vgl. § 179 Abs. 2 S. 1 AktG.
487 Vgl. § 65 Abs. 1 S. 1 UmwG.

Die Absätze zwei bis vier des § 130 AktG legen den Inhalt der Niederschrift umfassend fest, ohne Abweichungen von diesen Bestimmungen zuzulassen. Dies zeigt bereits, dass der Gesetzgeber der Niederschrift eine hohe Bedeutung zugemessen hat. Die Rechtsfolge eines Verstoßes gegen das Beurkundungserfordernis – die Nichtigkeit des Beschlusses gemäß § 241 Nr. 2 AktG – ist ein weiteres starkes Indiz dafür, dass dieser Grundsatz als wesentlich einzuordnen ist. Aus § 130 Abs. 2 bis 4 AktG und § 241 Nr. 2 AktG lässt sich folglich ableiten, dass das Beurkundungserfordernis für Hauptversammlungsbeschlüsse ein wesentlicher Grundsatz des deutschen Rechts ist. Wenn nach ausländischem Recht verfassungsrelevante Beschlüsse nicht öffentlich zu beurkunden sind, führt die Anwendung dieser ausländischen Formvorschrift somit zu einem Ergebnis, welches in Widerspruch zu einem wesentlichen Grundsatz des deutschen Rechts steht.

(c) Offensichtliche Unvereinbarkeit

Jedoch ist Art. 6 EGBGB wie dargestellt eine eng auszulegende Ausnahmevorschrift. Das aus der Anwendung der ausländischen Rechtsnorm resultierende Ergebnis muss nicht nur im Widerspruch zu einem Grundsatz des deutschen Rechts stehen, sondern mit diesem offensichtlich unvereinbar sein. Nach ständiger Rechtsprechung des BGH ist diese Offensichtlichkeit nur gegeben, wenn „das Ergebnis der Anwendung des ausländischen Rechts zu den Grundgedanken der deutschen Regelungen und den in ihnen enthaltenen Gerechtigkeitsvorstellungen in so starkem Widerspruch steht, daß es nach inländischer Vorstellung untragbar erscheint.“[488]

Um dieses Votum der Untragbarkeit des Ergebnisses feststellen zu können, ist auf den Gesetzeszweck des § 130 AktG zu rekurrieren.[489] Das Erfordernis der Erstellung einer Niederschrift dient zunächst der Dokumentation der Willensbildung der Hauptversammlung, welche für die Gesellschaft und die Allgemeinheit Rechtssicherheit schaffen soll. Zudem ist beabsichtigter Nebeneffekt der Anwesenheit des Notars, dass gesetzlich und satzungsmäßig vorgesehene Verfahrensbestimmungen für die Beschlussfassung in der Hauptversammlung in größerem Umfang befolgt werden. Die Pflicht zur Einreichung einer Abschrift der Niederschrift gemäß § 130 Abs. 5 AktG stellt sicher, dass der Inhalt der Niederschrift publik wird. Wie bereits dargestellt ist die Publizitätsfunktion auch bei der Wahl der Ortsform gewahrt, da die Wahl des ausländischen Formrechts eine dem

488 BGHZ 123, 268, 270 m.w.N zur ständigen Rechtsprechung.

489 Vgl. zum Zweck der Beurkundung bereits S. 41 f.

deutschen Gesellschaftsstatut unterliegende Gesellschaft nicht von der Pflicht zur Einreichung einer öffentlich beglaubigten Abschrift zum Handelsregister befreit.

Die Niederschrift gibt – unabhängig davon, ob sie von einem Notar oder dem Vorsitzenden des Aufsichtsrats erstellt wurde – nicht den vollständigen Verlauf der Versammlung wieder.[490] Sie ist vielmehr ein Protokoll, in dem die Abstimmungsergebnisse ergänzt um einige zentrale Angaben zum Verlauf der Hauptversammlung aufgeführt werden. Trotz ihres insoweit begrenzten Aussagegehalts bildet die Niederschrift zumeist die Grundlage für spätere Anfechtungs- und Nichtigkeitsprozesse.[491] Insbesondere die notariell aufgenommene Niederschrift in ihrer Funktion als öffentliche Urkunde gemäß § 415 ZPO entscheidet – sofern kein Gegenbeweis erbracht wurde – in tatsächlicher Hinsicht über die Umstände der Beschlussfassung und den Wortlaut eines Beschlusses sowie über die Existenz eines gegen den Beschluss erhobenen Widerspruchs.[492] Verfassungsrelevante Beschlüsse sind für die Gesellschaft selbst, aber auch für Dritte wie beispielsweise Gläubiger häufig von besonderer Wichtigkeit. Es ist daher entscheidend, die Tatsachenlage bei verfassungsrelevanten Beschlüssen möglichst rechtssicher und präzise für die Zukunft und insbesondere für Anfechtungs- und Nichtigkeitsprozesse zu dokumentieren. Dies kann ein Notar oder eine ausländische, vom Staat bestellte Urkundsperson aufgrund ihrer Ausbildung und Erfahrung eher gewährleisten als eine private Urkundsperson. Zudem erhöht es die Transparenz, wenn eine Person, die nicht in einer ständigen Verbindung zur Gesellschaft steht und somit weitestgehend frei von Interessenskonflikten ist, als neutrale Amtsperson die Niederschrift erstellt.[493] Die mit der Niederschrift bezweckte Rechtssicherheit und Transparenz gebieten es folglich, dass bei verfassungsrelevanten Beschlüssen aufgrund ihrer Bedeutung für die Gesellschaft und die Allgemeinheit eine privatschriftliche Protokollierung nicht ausreicht. Eine bloß privatschriftlich erfolgte Protokollierung hätte zur Folge, dass im Falle einer Klage aufgrund der unsichereren Tatsachenlage das Prozessrisiko wesentlich schwerer zu ermitteln wäre. Diese Unsicherheit kann weder der Gesellschaft und ihren Aktionären noch der von verfassungsrelevanten Beschlüssen zumeist ebenfalls betroffenen Allgemeinheit zugemutet werden.

Die Anwendung einer ausländischen Formvorschrift, die für die Beurkundung von Hauptversammlungsbeschlüssen keine öffentliche Beurkundung verlangt,

---

490 Vgl. bereits. S. 42.
491 GroßkommAktG/*Werner* § 130 Rn. 3; KK-AktG/*Noack/Zetzsche* § 130 Rn. 4.
492 GroßkommAktG/*Werner* § 130 Rn. 3; KK-AktG/*Noack/Zetzsche* § 130 Rn. 4.
493 Vgl. MünchKommAktG/*Kubis* § 130 Rn. 26 zur Rolle des Notars als „neutrale Amtsperson".

führt somit zu einem Ergebnis, welches mit deutschem Recht offensichtlich unvereinbar ist.

(d) Zwischenergebnis zum ordre public

Es ist daher der Ansicht[494] beizutreten, die einen Verstoß gegen den deutschen ordre public annimmt, wenn unter Anwendung einer ausländischen Formvorschrift verfassungsrelevante Beschlüsse nicht öffentlich beurkundet werden. Dies bedeutet für die Beurkundung von verfassungsrelevanten Beschlüssen den Ausschluss der Ortsform, wenn diese für jede Art von Hauptversammlungsbeschluss eine privatschriftliche Protokollierung ausreichen lässt. In diesem Fall ist die Geschäftsform gemäß Art. 11 Abs. 1, 1. Var. EGBGB einzuhalten, was bei deutschem Gesellschaftsstatut zur Anwendung des § 130 Abs. 1 S. 1 AktG führt.

(4) Zwischenergebnis zur Anwendbarkeit des Art. 11 Abs. 1 EGBGB auf die Beurkundung von Beschlüssen der Hauptversammlung

Zur Beurkundung von Hauptversammlungsbeschlüssen besteht gemäß Art. 11 Abs. 1 EGBGB grundsätzlich eine Wahl zwischen Ortsform und Geschäftsform. Soll ein Beschluss beurkundet werden, der sich auf die Verfassung der Gesellschaft bezieht, stellt die Wahl der Ortsform, sofern diese stets eine privatschriftliche Protokollierung zulässt, einen Verstoß gegen den deutschen ordre public dar. Sieht das ausländische Formstatut dagegen zumindest für verfassungsrelevante Beschlüsse eine öffentliche Beurkundung vor, können Hauptversammlungsbeschlüsse gemäß der Ortsform beurkundet werden. Bei der Frage, ob die ausländische Formvorschrift eine öffentliche Beurkundung vorschreibt, spielt die Gleichwertigkeit der Auslandsbeurkundung mit einer durch einen deutschen Notar vorgenommenen Beurkundung keine Rolle, da die Gleichwertigkeit der Auslandsbeurkundung nur bei der Wahl der Geschäftsform erheblich ist.[495] Entscheidend ist allein, dass das Recht des Versammlungsorts generell zwischen öffentlichen und privaten Protokollierungen unterscheidet und für die Beurkundung von verfassungsrelevanten Beschlüssen die strengere Form der öffentlichen Protokollierung durch eine vom Staat des Versammlungsorts bestellte sowie von der Gesellschaft unabhängige Person vorschreibt. Ist dies der Fall, können auch verfassungsrelevante Beschlüsse nach den Formvorschriften des Versammlungsorts beurkundet werden.

---

494 Staudinger/*Winkler von Mohrenfels* Art. 11 EGBGB Rn. 284.

495 *Goette* DStR 1996, 709; MünchKommBGB/*Spellenberg* Art. 11 EGBGB Rn. 139.

dd) Die Geschäftsform

Sofern die Ortsform ausscheidet, weil die Anwendung der ausländischen Formvorschrift gegen den deutschen ordre public verstößt, oder auf die Wahl der Ortsform verzichtet wird, ist der Beschluss gemäß Art. 11 Abs. 1, 1. Var. EGBGB formgültig, wenn er die Formerfordernisse des Rechts, das auf das seinen Gegenstand bildende Rechtsverhältnis anzuwenden ist, erfüllt (Geschäftsform). Die Geschäftsform ist ebenfalls zwingend einzuhalten, wenn das Recht des Versammlungsorts keinen vergleichbaren gesellschaftsrechtlichen Vorgang (Formenleere) kennt und die Ortsform daher ausscheidet.[496]

Wie dargestellt ist für die Bearbeitung von einer Gesellschaft auszugehen, die sowohl nach der Sitztheorie als auch der Gründungstheorie dem deutschen Gesellschaftsstatut unterliegt.

Die Wahl der Geschäftsform führt mithin bei deutschem Gesellschaftsstatut zur Geltung des § 130 AktG. Die von der ausländischen Urkundsperson am Ort der Hauptversammlung vorgenommene Beurkundung muss folglich das Erfordernis einer notariell aufgenommenen Niederschrift gemäß § 130 Abs. 1 S. 1 AktG erfüllen und den von § 130 Abs. 2 bis 4 AktG festgelegten Inhalt aufweisen.

Die Angaben gemäß § 130 Abs. 2 bis 4 AktG können problemlos auch von einer ausländischen Urkundsperson in die Niederschrift aufgenommen werden. Fraglich ist allerdings, ob die Vorgabe einer notariell aufgenommenen Niederschrift auch von einer ausländischen Urkundsperson gewahrt werden kann. Dies ist ein Substitutionsproblem.[497] Entscheidend ist die Gleichwertigkeit des ausländischen Beurkundungsvorgangs mit einer in Deutschland von einem deutschen Notar vorgenommenen Beurkundung.[498]

(1) Die Kriterien der Gleichwertigkeit

Die Gleichwertigkeit ist anhand des Sinns und Zwecks der Formvorschrift zu ermitteln.[499] Der ausländische Beurkundungsvorgang muss die von der deutschen Formvorschrift verfolgten Zwecke in gleicher Weise erfüllen, als wenn die Beurkundung durch einen deutschen Notar vorgenommen worden wäre.[500] Nach einer

---

496 RGZ 160, 225; MünchKommBGB/*Spellenberg* Art. 11 EGBGB Rn. 136; Palandt/*Thorn* Art. 11 EGBGB Rn. 13; *Ulrich/Böhle* GmbHR 2007, 566, 567.

497 Erman/*Hohloch* Art. 11 EGBGB Rn. 16; MünchKommBGB/*Spellenberg* Art. 11 EGBGB Rn. 87; Staudinger/*Winkler von Mohrenfels* Art. 11 EGBGB Rn. 285.

498 Staudinger/*Winkler von Mohrenfels* Art. 11 EGBGB Rn. 285.

499 jurisPK-BGB/*Süß* Art. 11 EGBGB Rn. 65; Palandt/*Thorn* Art. 11 EGBGB Rn. 9; Staudinger/*Winkler von Mohrenfels* Art. 11 EGBGB Rn. 286.

500 *Goette* DStR 1996, 709, 712.

Formulierung des BGH ist die Gleichwertigkeit gegeben, „wenn die ausländische Urkundsperson nach Vorbildung und Stellung im Rechtsleben eine der Tätigkeit des deutschen Notars entsprechende Funktion ausübt und für die Errichtung der Urkunde ein Verfahrensrecht zu beachten hat, das den tragenden Grundsätzen des deutschen Beurkundungsrechts entspricht."[501] Es lässt sich insoweit zwischen der Gleichwertigkeit der Urkundsperson und der Gleichwertigkeit des zu beachtenden Beurkundungsverfahrens unterscheiden. Erstere wird auch als persönliche Gleichwertigkeit bezeichnet.[502]

Damit Gleichwertigkeit zwischen der ausländischen Beurkundungsform und der Beurkundung nach deutschem Recht angenommen werden kann, ist keine vollständige Identität der Auslandsbeurkundung und der heimischen Beurkundung erforderlich, sondern nur ein Übereinstimmen in den wesentlichen Aspekten.[503]

Die Übernahme der Haftung der Urkundsperson für die rechtliche Korrektheit der Urkunde ist dagegen kein Kriterium der Gleichwertigkeit.[504] Die Haftung der Urkundsperson zählt nicht zu dem Beurkundungsverfahren, da es diesem zeitlich nachgeordnet ist und dieses daher nicht betrifft.[505] Zudem berührt die Frage, ob eine Schadensersatzpflicht besteht oder nicht, nicht die Wirksamkeit des Beurkundungsvorgangs und kann folglich auch nicht zu den wesentlichen Aspekten des Beurkundungsverfahrens zählen,[506] auf die es bei der Prüfung der Gleichwertigkeit allein ankommt.

(2) Anwendung auf die Auslandsbeurkundung eines Hauptversammlungsbeschlusses

Es ist zu untersuchen, ob die mit einer Niederschrift über die Hauptversammlung verfolgten Zwecke generell eingehalten werden können, wenn die Niederschrift

---

501 BGHZ 80, 76, 78.

502 Vgl. MünchKommBGB/*Spellenberg* Art. 11 EGBGB Rn. 88.

503 Begr. RegE zu Art. 11 EGBGB, BT-Drucks. 10/504, S. 49; Erman/*Hohloch* Art. 11 EGBGB Rn. 21; MünchKommBGB/*Spellenberg* Art. 11 EGBGB Rn. 87; *Stauch* S. 73.

504 *Böttcher/Blasche* NZG 2006, 766, 768; *Kröll* ZGR 2000, 111, 149; Staudinger/*Winkler von Mohrenfels* Art. 11 EGBGB Rn. 289; a.A. *Herrler* ZGR 2015, 918, 932; *Schervier* NJW 1992, 593, 596; Staudinger/*Großfeld* IntGesR Rn. 472.

505 *Böttcher/Blasche* NZG 2006, 766, 768.

506 *Böttcher/Blasche* NZG 2006, 766, 768; Staudinger/*Winkler von Mohrenfels* Art. 11 EGBGB Rn. 289.

durch eine ausländische Urkundsperson am ausländischen Versammlungsort erstellt wird.

Ein Zweck der Niederschrift ist die Dokumentation der Willensbildung der Hauptversammlung.[507] Die auf der Hauptversammlung gefassten Beschlüsse sollen rechtssicher festgehalten werden. Dieser Zweck wird auch unter dem Stichwort Beweissicherung zusammengefasst.[508] Die Urkundsperson muss aufgrund ihrer Ausbildung fähig sein, die gefassten Beschlüsse präzise zu dokumentieren und ein Verfahren beachten, welches im Wesentlichen dem deutschen Beurkundungsverfahren entspricht. Dies verlangt, dass eine Niederschrift[509] im Sinne einer schriftlichen Verkörperung der Beschlüsse erstellt wird und die Urkundsperson ihre Unterschrift[510] unter der Niederschrift leistet.[511] Es sind keine Gründe dafür ersichtlich, dass eine ausländische Urkundsperson diesen zwei Anforderungen nicht gerecht werden könnte.[512]

Hauptargument gegen die Gleichwertigkeit von Auslandsbeurkundungen ist jedoch nicht das Erfordernis der Beweissicherung, sondern die allgemein anzunehmende fehlende Kenntnis ausländischer Urkundspersonen im deutschen Recht.[513] Nach einem Beschluss des BGH soll die mit einer Beurkundungspflicht einhergehende Mitwirkung eines Notars nicht nur der Beweissicherung und Rechtssicherheit dienen, sondern auch zum Zwecke einer materiellen Richtigkeitsgewähr sowie zur Gewährleistung einer Prüfungs- und Belehrungspflicht erfolgen.[514] Wegen der fehlenden Kenntnis der ausländischen Urkundsperson im deutschen Recht könne diese weder ihrer Prüfungs- und Belehrungspflicht nach-

---

507 Vgl. bereits S. 41 f.

508 Staudinger/*Winkler von Mohrenfels* Art. 11 EGBGB Rn. 287.

509 Vgl. § 130 Abs. 1 AktG und § 36 BeurkG.

510 Vgl. § 130 Abs. 4 AktG und § 37 Abs. 3 BeurkG.

511 Staudinger/*Winkler von Mohrenfels* Art. 11 EGBGB Rn. 287.

512 Ebenso Staudinger/*Hertel* Vorbem zu §§ 127a, 128 Rn. 859; Staudinger/*Winkler von Mohrenfels* Art. 11 EGBGB Rn. 287.

513 OLG Hamburg AG 1993, 384; *Geimer* DNotZ 1981, 406; *Goette* DStR 1996, 709, 712; GroßkommAktG/*Werner* § 121 Rn. 48 f.; *van Randenborgh* GmbHR 1996, 909 f. und BB 1974, 483; Staudinger/*Hertel* Vorbem zu §§ 127a, 128 Rn. 859; ebenfalls kritisch Staudinger/*Großfeld* IntGesR Rn. 490 und *Schervier* NJW 1992, 593, 596, der die fehlende Kenntnis im deutschen Recht bei einer Haftung der ausländischen Urkundsperson entsprechend den Bestimmungen der Bundesnotarordnung jedoch nicht als entscheidend ansieht.

514 BGHZ 105, 324, 338 zur entsprechenden Anwendung des § 53 Abs. 2 GmbHG auf Unternehmensverträge.

kommen noch die sich aus der Prüfungs- und Belehrungspflicht resultierende materielle Richtigkeit der protokollierten Vorgänge garantieren.

Auf diesem Beschluss des BGH basierend und aus dem Unterschied zwischen notarieller Beurkundung und notarieller Beglaubigung wird in der Literatur der Schluss gezogen, dass der Notar auch eine Belehrung über die rechtliche Tragweite der protokollierten Vorgänge vornehmen müsse.[515] Bei verfassungsrelevanten Beschlüssen könne auf diese Belehrung nicht verzichtet werden, da verfassungsrelevante Beschlüsse nicht nur für die unmittelbar Beteiligten, sondern auch für Dritte Geltung erlangen könnten.[516] Zur Verdeutlichung wird die Funktion des Notars mit der eines Hafenlotsen verglichen, der die Rechtmäßigkeit und Durchführbarkeit des Rechtsgeschäfts garantiere.[517] Da die ausländische Urkundsperson mangels Kenntnissen im deutschen Recht die vom BGH geforderte materielle Richtigkeitsgewähr nicht vornehmen könne und dies zumeist auch nicht wolle, sei dessen Beurkundung mit der Beurkundung durch einen deutschen Notar nicht gleichwertig.[518] Folglich sei für die Beurkundung von Hauptversammlungsbeschlüssen, die sich auf die Verfassung der Gesellschaft beziehen, ausschließlich der deutsche Notar zuständig.[519]

Dieser Mindermeinung stehen jedoch gravierende Bedenken entgegen. Obwohl die materielle Richtigkeitsgewähr das Pendant zur Prüfungs- und Belehrungspflicht ist,[520] wird aus Gründen der Übersichtlichkeit zunächst die Prüfungs- und Belehrungspflicht, die dem Ersteller der Hauptversammlungsniederschrift nach Ansicht der Mindermeinung obliegt, behandelt. Anschließend wird zu der Frage, ob die Beurkundungspflicht zwingend eine von der ausländischen Urkundsperson nicht erfüllbare materielle Richtigkeitsgewähr bezweckt, Stellung bezogen.

(a) Die Prüfungs- und Belehrungspflicht

Zunächst ist festzustellen, dass § 17 BeurkG als Rechtsgrundlage für die von der Mindermeinung angeführte Prüfungs- und Belehrungspflicht ausscheidet. Gemäß dieser Vorschrift soll der Notar die Beteiligten über die rechtliche Tragweite

---

515 *Goette* DStR 1996, 709, 712 f.

516 *Goette* DStR 1996, 709, 712 f.

517 *van Randenborgh* GmbHR 1996, 909 f.

518 *Goette* DStR 1996, 709, 713; Staudinger/*Hertel* Vorbem zu §§ 127a, 128 Rn. 859.

519 *Goette* DStR 1996, 709, 712 f.; Staudinger/*Hertel* Vorbem zu §§ 127a, 128 Rn. 859; *van Randenborgh* GmbHR 1996, 909 f., der auch für Geschäftsanteilsübertragungen gemäß § 15 GmbHG eine ausschließliche Zuständigkeit des deutschen Notars befürwortet.

520 Staudinger/*Winkler von Mohrenfels* Art. 11 EGBGB Rn. 292.

des Geschäfts belehren. Aus der Formulierung des § 17 BeurkG als Soll-Vorschrift wird der Schluss gezogen, dass die Beteiligten auf die Belehrung des Notars verzichten könnten und dass ein solcher Verzicht darin gesehen werden könne, dass die Beteiligten einen ausländischen Notar aufsuchen.[521] Dieser Argumentation kann man jedoch erfolgreich entgegenhalten, dass von verfassungsrelevanten Beschlüssen auch Dritte betroffen sind, zu deren Lasten die unmittelbar Beteiligten nicht auf eine Belehrung verzichten können.[522]

Dieser Streit über den Charakter des § 17 BeurkG als zwingende oder dispositive Norm muss jedoch nicht weiter vertieft werden. Denn nach wohl mittlerweile allgemeiner Meinung gilt § 17 BeurkG nicht für die notarielle Erstellung einer Niederschrift über die Hauptversammlung.[523] Wie sich aus der Stellung des § 17 BeurkG im zweiten Abschnitt des Beurkundungsgesetzes ergibt, ist die Anwendung dieser Vorschrift auf die Beurkundung von Willenserklärungen beschränkt. Die zur Fassung des Hauptversammlungsbeschlusses erforderlichen Stimmabgaben durch die Aktionäre sind zwar als Willenserklärungen zu werten.[524] Dennoch findet § 17 BeurkG keine Anwendung, da der Notar nicht diese Willenserklärungen beurkundet.[525] Primäre Aufgabe des Notars in der Hauptversammlung ist vielmehr die Erstellung der Niederschrift. Diese ist aber in der Regel keine Beurkundung von Willenserklärungen, sondern ein Tatsachenprotokoll.[526] Die Urkundsperson gibt in diesem Tatsachenprotokoll nur ihre Wahrnehmung wieder, während bei Willenserklärungen die Beteiligten mitwirken.[527]

Das OLG Hamburg als einer der Vertreter der Mindermeinung akzeptiert, dass aus § 17 BeurkG eine Aufklärungs- und Belehrungspflicht des Notars bezüglich der Erstellung der Niederschrift nicht gefolgert werden kann.[528] Es ist dennoch der Ansicht, der Notar unterliege zahlreichen Hinweis- und Prüfungspflichten für einzelne Situationen in der Hauptversammlung, die er auch im öffentlichen Interesse wahrnehme und die ein ausländischer Notar aufgrund mangelnder Kenntnisse im

---

521 BGHZ 80, 76, 79.

522 *Goette* DStR 1996, 709, 713; *Hüren* DNotZ 2015, 213, 216.

523 BGHZ 203, 68, 74 Rn. 19; OLG Hamburg AG 1993, 384; *Bezzenberger* FS Schippel, S. 361, 378; Geßler/Hefermehl/Eckardt/Kropff/*Eckardt* § 130 Rn. 56; Hüffer/*Koch* § 130 Rn. 12; MünchKommAktG/*Kubis* § 130 Rn. 34; *Stauch* S. 31 f. und S. 80.

524 Happ/Groß/*Zimmermann* Muster 10.18 Rn. 2.38.

525 Happ/Groß/*Zimmermann* Muster 10.18 Rn. 2.38.

526 Heidel/*Terbrack/Lohr* § 130 Rn. 15.

527 BGHZ 180, 9, 15.

528 OLG Hamburg AG 1993, 384.

deutschen Recht nicht erfüllen könne.[529] Doch ist auch diese Argumentation abzulehnen. Dem OLG Hamburg ist zwar darin zuzustimmen, dass sich das Pflichtenprogramm des deutschen Notars bei der Mitwirkung an einer Hauptversammlung nicht abschließend aus dem Aktiengesetz und dem Beurkundungsgesetz ergibt, sondern daneben noch die notariellen Amtspflichten bestehen.[530] Dennoch stehen diese Amtspflichten der Gleichwertigkeit einer Auslandsbeurkundung nicht entgegen. Eine Verletzung dieser Pflichten durch einen deutschen Notar hat keine aktienrechtlichen Folgen.[531] Die Befolgung dieser Pflichten ist somit keine Wirksamkeitsvoraussetzung für den Beschluss einer Hauptversammlung. Verneinte man nun die Wirksamkeit eines auf einer Auslandsversammlung gefassten Beschlusses, weil die ausländische Urkundsperson nicht auf die rechtlichen Folgen des Beschlusses hingewiesen hat, wären die Anforderungen an die ausländische Urkundsperson und an das von ihr zu beachtende Beurkundungsverfahren nicht vergleichbar, sondern gegenüber einer Beurkundung durch einen deutschen Notar noch erhöht. Denn eine Verletzung dergleichen Pflicht durch einen deutschen Notar würde nur zur dessen Haftung, aber nicht zur Unwirksamkeit des Beschlusses führen. Da aber für die Formgültigkeit des Beschlusses nur Gleichwertigkeit zwischen der In- und Auslandsbeurkundung gefordert ist, kann im Rahmen der Prüfung der Gleichwertigkeit nicht verlangt werden, dass die ausländische Urkundsperson auf die rechtlichen Folgen hinweist.

Die sich aus den notariellen Amtspflichten ergebenden Hinweis- und Prüfungspflichten begründen somit keine ausschließliche Zuständigkeit deutscher Notare zur Beurkundung von Hauptversammlungsbeschlüssen. Zudem wirkt es konstruiert, allein aus der Amtsstellung des Notars Pflichten abzuleiten, die den in § 17 BeurkG statuierten Pflichten weitestgehend entsprechen, obwohl § 17 BeurkG auf die Beurkundung von Hauptversammlungsbeschlüssen eindeutig keine Anwendung findet. Die Ansicht des OLG Hamburg führt zu einer Erweiterung des Anwendungsbereichs des § 17 BeurkG ohne gesetzliche Grundlage, wenn man von der sehr allgemein gehaltenen Vorschrift des § 1 BNotO absieht. Vielmehr sprechen § 17 BeurkG und seine explizite Begrenzung auf die Beurkundung von Willenserklärungen dafür, dass die Urkundsperson bei der Erstellung der Niederschrift über die Hauptversammlung generell keinen Pflichten unterliegt, die der

529 OLG Hamburg AG 1993, 384.

530 Für einen Überblick zu den Pflichten vgl. Happ/Groß/*Zimmermann* Muster 10.18 Rn. 2.42.

531 MünchKommAktG/*Kubis* § 130 Rn. 34.

in § 17 BeurkG statuierten Belehrungspflicht entsprechen.[532] Der Argumentation des OLG Hamburg kann somit nicht gefolgt werden.

(b) Die materielle Richtigkeitsgewähr

Doch auch der zweite von der Mindermeinung angeführte Einwand, die Mitwirkung des Notars an der Hauptversammlung bezwecke eine materielle Richtigkeitsgewähr, welche von einer ausländischen Urkundsperson nicht geleistet werden könne, überzeugt nicht. Wie dargestellt basiert dieser Einwand auf einem Beschluss des BGH.[533] Allerdings wird die materielle Richtigkeitsgewähr in dieser Entscheidung eher beiläufig erwähnt.[534] In seinem Urteil vom 21.10.2014 zählt der BGH sie nicht mehr zu den Zwecken der Niederschrift, sondern listet insoweit nur Rechtssicherheit, Transparenz und Beweissicherung auf.[535] Die Sicherung eines rechtlich geordneten Verfahrensablaufs sei dagegen kein Hauptzweck des Erfordernisses einer notariellen Beurkundung.[536] Abgesehen von Fällen des § 4 BeurkG und § 14 Abs. 2 BNotO müsse der Notar Beschlüsse, auch wenn er sie für nichtig hält, beurkunden.[537] Es fällt folglich schwer, die materielle Richtigkeitsgewähr noch zu den wesentlichen Zwecken der Beurkundung zu zählen.[538] Vielmehr ist die Beachtung von Satzung und Gesetz lediglich ein – wenn auch gewollter – Nebeneffekt der Anwesenheit eines Notars während der Hauptversammlung.[539]

Dem zweiten Einwand der Mindermeinung wurde somit nachträglich die aus der Rechtsprechung des BGH abgeleitete Grundlage entzogen. Es ginge daher zu weit, die durch die Mitwirkung der Urkundsperson beabsichtigte materielle Richtigkeitsgewähr als tragenden Grundsatz des deutschen Beurkundungsrechts zu werten. Dafür sprechen auch die Gesetzesmaterialien zum Gesetz für kleine Aktiengesellschaften und zur Deregulierung des Aktienrechts, nach denen primä-

---

532 Ähnlich *v. Bar/Grothe* IPRax 1994, 269, 270.

533 BGHZ 105, 324, 338.

534 So MünchKommBGB/*Spellenberg* Art. 11 EGBGB Rn. 94.

535 BGHZ 203, 68, 73 Rn. 17.

536 BGHZ 203, 68, 73 Rn. 18.

537 BGHZ 203, 68, 73 Rn. 18.

538 MünchKommBGB/*Spellenberg* Art. 11 EGBGB Rn. 94; a.A. *Herrler* ZGR 2015, 918, 933.

539 Vgl. S. 42.

re Aufgabe eines Notars in der Hauptversammlung die Beweissicherung ist, neben der die Beratungsfunktion des Notars nur als weitere Tätigkeit aufgezählt wird.[540]

Die materielle Richtigkeitsgewähr kann daher einer Gleichwertigkeit der Urkundsperson nicht entgegenstehen, welche nur ein Übereinstimmen in den wesentlichen Aspekten voraussetzt.[541]

(c) Zwischenergebnis

Die von der Mindermeinung angeführten Einwände können somit entkräftet werden. Zudem würde man mit zweierlei Maß messen, wenn man einer ausländischen Urkundsperson zumutet, über für sie fremdes deutsches Recht belehren zu müssen, während der deutsche Notar gemäß § 17 Abs. 3 S. 2 BeurkG dazu nicht verpflichtet ist.[542] Diese Vorschrift des Beurkundungsgesetzes spricht somit ebenfalls dafür, dass fehlende Kenntnisse im deutschen Recht der Gleichwertigkeit der Auslandsbeurkundung nicht entgegenstehen, auch wenn § 17 BeurkG auf die Erstellung der Niederschrift über die Hauptversammlung nicht anzuwenden ist. Es ist daher der weit herrschenden und auch vom BGH in seinem Urteil vom 21.10.2014 vertretenen Meinung beizutreten, nach der es generell möglich ist, dass die Auslandsbeurkundung einer Beurkundung durch einen deutschen Notar gleichwertig ist und folglich auch keine ausschließliche Zuständigkeit deutscher Notare für die Beurkundung von Hauptversammlungsbeschlüssen besteht. Sofern die Geschäftsform gewählt wird, ist es folglich gemäß Art. 11 Abs. 1, 1. Var. EGBGB grundsätzlich möglich, Hauptversammlungsbeschlüsse an einem ausländischen Versammlungsort durch eine ausländische Urkundsperson wirksam beurkunden zu lassen, soweit die Gleichwertigkeit der Auslandsbeurkundung gegeben ist.

---

540 Begr. FraktionsE zu § 130 AktG, BT-Drucks. 12/6721, S. 9; anders noch die Begründung zum Regierungsentwurf zu Art. 238a ADHGB: „Die Anwesenheit eines Richters oder Notars in der Generalversammlung wird zugleich dazu beitragen, daß Gesetz und Statut bei den Beschlüßen sorgfältiger beobachtet werden.“, Protokolle zu den Sitzungen des Reichstags, 5. Legislaturperiode, 1884, Aktenstück Nr. 21, S. 215, 335.

541 A.A. Staudinger/*Winkler von Mohrenfels* Art. 11 EGBGB Rn. 294, der allerdings ebenfalls nicht verlangt, dass die ausländische Urkundsperson detaillierte Kenntnisse des deutschen Gesellschaftsrechts aufweist.

542 Bamberger/Roth/Hau/Poseck/*Mäsch* Art. 11 Rom-I-VO Rn. 36; Staudinger/*Winkler von Mohrenfels* Art. 11 EGBGB Rn. 290; *Stephan* NJW 1974, 1596, 1598; a.A. *Brambring* NJW 1975, 1255, 1260; *Schervier* NJW 1992, 593, 596.

(3) Die Gleichwertigkeit einer Auslandsbeurkundung bei der SE

Die bisherigen Aussagen zur Wahl der Geschäftsform und der damit verbundenen Prüfung der Gleichwertigkeit der Auslandsbeurkundung erfolgten mit Blick auf die deutsche Aktiengesellschaft. Fraglich ist, ob diese Aussagen auch bei der Beurkundung eines Hauptversammlungsbeschlusses einer Europäischen Aktiengesellschaft Geltung beanspruchen können.

Nach einer Ansicht müsse man wegen der mit der SE bezweckten Harmonisierung an die beurkundenden Notare andere Anforderungen stellen, wenn die Einhaltung der von § 130 AktG postulierten Voraussetzungen geprüft werde.[543] Konsequenz dieser Ansicht wäre, dass eine von einer ausländischen Urkundsperson vorgenommene Beurkundung nicht gleichwertig sein müsste.

Es wird jedoch übersehen, dass die Beurkundung der auf der Hauptversammlung der SE gefassten Beschlüsse nicht in der SE-VO geregelt ist. Gemäß Art. 53 SE-VO gelten daher für die Organisation und den Ablauf der Hauptversammlung die im Sitzstaat der SE für Aktiengesellschaften maßgeblichen Rechtsvorschriften. Bei einer im Ausland stattfindenden Hauptversammlung führt die Wahl der Geschäftsform wiederum zur Geltung des § 130 Abs. 1 AktG, wenn die SE dem deutschen Gesellschaftsstatut unterliegt.[544] Die gesetzlichen Vorgaben zur Beurkundung von Hauptversammlungsbeschlüssen sind folglich bei der deutschen Aktiengesellschaft und der SE identisch. Aufgrund dieses eindeutigen Verweises auf nationales Recht tragen weder die konzeptionelle Ausrichtung der SE auf einen internationalen Aktionärskreis noch ihre Supranationalität eine EU-freundliche Auslegung.[545] Entscheidend ist daher auch bei der SE die Gleichwertigkeit der Auslandsbeurkundung mit einer in Deutschland von einem deutschen Notar vorgenommenen Beurkundung.[546] Für deren Überprüfung gilt der gleiche Beurteilungsmaßstab wie bei einer deutschen Aktiengesellschaft.

(4) Zwischenergebnis zur Geschäftsform

Demnach ist es sowohl bei einer deutschen Aktiengesellschaft als auch bei einer SE möglich, die im Ausland gefassten Hauptversammlungsbeschlüsse unter Wah-

---

543 Lutter/Hommelhoff/Teichmann/*Spindler* Art. 53 Rn. 9.

544 Gemäß Art. 7 S. 1 SE-VO müssen sich der Sitz und die Hauptverwaltung der SE in demselben Mitgliedstaat befinden. Die von der SE-VO vorgeschriebene Konstellation stimmt folglich mit der für die Arbeit geltende Prämisse überein, dass Sitz- und Gründungstheorie nicht zu unterschiedlichen Gesellschaftsstatuten führen.

545 Vgl. S. 34 zur gleichen Argumentation bei der Auslegung des § 121 Abs. 5 AktG.

546 Habersack/Drinhausen/*Bücker* Art. 53 Rn. 11; KK-AktG/*Kiem* Art. 53 SE-VO Rn. 10.

rung der Geschäftsform durch eine ausländische Urkundsperson wirksam beurkunden zu lassen. Eine ausschließliche Zuständigkeit deutscher Notare lässt sich nicht begründen. Voraussetzung ist jedoch stets, dass zwischen der Auslandsbeurkundung und der von einem deutschen Notar vorgenommenen Beurkundung Gleichwertigkeit besteht.

Allerdings kann im Voraus nicht immer sicher festgestellt werden, welche im Ausland gefertigten Niederschriften das Registergericht des Gesellschaftssitzes akzeptieren wird.[547] Es empfiehlt sich daher, eine Hauptversammlung nicht dann erstmalig im Ausland durchzuführen, wenn eine zeitnahe Handelsregistereintragung der im Ausland gefassten Beschlüsse notwendig ist.[548]

ee) Exkurs: Formverletzungsstatut

Wenn bei der Beurkundung der im Ausland gefassten Hauptbeschlüsse weder die Form des Ortsrechts noch die Geschäftsform beachtet wurde, stellt sich die Frage, aus welcher Rechtsordnung sich die Rechtsfolge eines Beurkundungsmangels ergibt. Diese für die Rechtsfolgen eines Formfehlers maßgebliche Rechtsordnung wird als Formverletzungsstatut bezeichnet.[549]

Zweck der von Art. 11 Abs. 1 EGBGB vorgeschriebenen Alternativität zwischen Ortsform und Geschäftsform ist, die Formungültigkeit von Geschäften einzuschränken (favor negotii).[550] Dieser Gesetzeszweck wird am besten verwirklicht, wenn Formverletzungsstatut dasjenige Recht ist, welches für den entsprechenden Formmangel die mildeste Rechtsfolge vorsieht.[551]

Die Heilung von Formmängeln unterfällt als Folge der Verletzung einer Formvorschrift ebenfalls dem Formverletzungsstatut.[552] Dies hat zur Konsequenz, dass bei der Ermittlung des milderen Rechts eventuell bestehende Heilungsvorschriften in die Erwägung miteinzubeziehen sind. So kann deutsches Recht gegenüber dem Recht des ausländischen Hauptversammlungsorts milder sein, wenn der sowohl nach deutschem Recht (Geschäftsform) als auch nach dem Rechts des

---

547 Einen Überblick über die ausländischen Urkundspersonen, bei denen eine gleichwertige Beurkundung angenommen werden kann, bieten KK-AktG/*Noack*/*Zetzsche* § 130 Rn. 404.

548 Hüffer/*Koch* § 121 Rn. 16; MünchKommAktG/*Kubis* § 121 Rn. 92.

549 Staudinger/*Winkler von Mohrenfels* Art. 11 EGBGB Rn. 203.

550 MünchKommBGB/*Spellenberg* Art. 11 EGBGB Rn. 1; Staudinger/*Winkler von Mohrenfels* Art. 11 EGBGB Rn. 42; vgl. S. 78.

551 MünchKommBGB/*Spellenberg* Art. 11 EGBGB Rn. 92; Palandt/*Thorn* Art. 11 EGBGB Rn. 11; Staudinger/*Winkler von Mohrenfels* Art. 11 EGBGB Rn. 206.

552 Staudinger/*Winkler von Mohrenfels* Art. 11 EGBGB Rn. 208.

Versammlungsorts (Ortsform) fehlerhaft beurkundete Beschluss in das Handelsregister des Sitzes der Gesellschaft eingetragen wurde. Denn gemäß § 242 Abs. 1 AktG kann ab diesem Zeitpunkt die nach § 241 Nr. 2 AktG bestehende Nichtigkeit des Beschlusses nicht mehr geltend gemacht werden.

ff) Zwischenergebnis zur Auslandsbeurkundung

Es wurde gezeigt, dass das Erfordernis einer nach § 130 Abs. 1 AktG zu erstellenden Niederschrift, durch die die Beschlüsse der Hauptversammlung beurkundet werden, kein Argument gegen die Zulässigkeit von Hauptversammlungen im Ausland ist, da diesem Formerfordernis auch im Ausland ordnungsgemäß nachgekommen werden kann.

Bereits aus der Möglichkeit einer privatschriftlichen Protokollierung gemäß § 130 Abs. 1 S. 3 AktG folgt, dass die Auffassung, die die Unzulässigkeit von Hauptversammlungen im Ausland aus dem Beurkundungserfordernis ableiten will, zumindest in ihrer Allgemeinheit nicht mehr aufrechterhalten werden kann. Gleiches ist mit Hinblick auf die Möglichkeit einer Beurkundung durch einen deutschen Konsularbeamten am ausländischen Versammlungsort zu sagen. Doch auch wenn die Beschlüsse durch eine notariell aufgenommene Niederschrift zu beurkunden sind und auch kein deutscher Konsularbeamter zur Verfügung steht, kann dieses Formerfordernis im Ausland erfüllt werden. Gemäß § 11 Abs. 1 EGBGB sind im Ausland gefasste Beschlüsse formgültig, wenn sie entweder die Voraussetzungen der Ortsform oder der Geschäftsform erfüllen. Art. 11 Abs. 1 EGBGB ist in seiner Gesamtheit generell auf gesellschaftsrechtliche Vorgänge und im Speziellen auf Hauptversammlungsbeschlüsse anzuwenden. Lediglich für die Beurkundung verfassungsrelevanter Akte scheidet wegen des deutschen ordre public die Ortsform aus, wenn diese auch für verfassungsrelevante Akte eine privatschriftliche Protokollierung genügen lässt. Zur Wahrung der Geschäftsform ist die Gleichwertigkeit der Auslandsbeurkundung erforderlich. Da für die Erstellung der Niederschrift keine Kenntnisse im deutschen Recht erforderlich sind, kann die Beurkundung durch eine ausländische Urkundsperson vorgenommen werden, sofern die Kriterien der Gleichwertigkeit bezüglich der Urkundsperson und des von ihr zu beachtenden Verfahrens gewahrt sind.

c) Abschließende Regelung des Aktiengesetzes zum Versammlungsort?

Schließlich ist, nachdem die Themen Auslandsbeurkundung und Zumutbarkeit einer Auslandsversammlung behandelt wurden, auf das Argument des OLG Hamburg einzugehen, den Vorschriften des Aktiengesetzes und dessen aus dem Zusammenhang des Gesetzes zu erschließenden Sinn und Zweck ließe sich eine abschließende Regelung entnehmen, dass die Abhaltung von Hauptversammlungen im Ausland nicht allgemein in der Satzung vorgesehen werden könne.[553] Basierend auf dieser Ansicht entschied das OLG Hamburg, dass die streitgegenständliche Satzungsbestimmung, welche vom Gericht als ergänzende Bestimmung eingeordnet wurde, wegen eines Verstoßes gegen § 23 Abs. 5 S. 2 AktG unzulässig sei.[554]

Allerdings führt das OLG Hamburg nicht näher aus, woraus sich die abschließende Regelung des Gesetzes ergeben soll. Das Gericht stützt seine Entscheidung auf die mit einer Auslandsversammlung verbundene Erschwerung der Teilnahme und die im Ausland angeblich fehlende Möglichkeit einer ordnungsgemäßen Beurkundung der Hauptversammlungsbeschlüsse. Inwieweit dies eine abschließende Regelung konstituiert, die einer satzungsmäßigen Bestimmung von ausländischen Versammlungsorten entgegenstünde, wird jedoch nicht klar.

aa) Die normative Grundlage der Argumentation des OLG Hamburg

Es ist bereits fraglich, ob die Einordnung des OLG Hamburg zutrifft, die satzungsmäßige Festlegung eines ausländischen Versammlungsorts sei eine das Aktiengesetz ergänzende Satzungsbestimmung nach § 23 Abs. 5 S. 2 AktG. Eine ergänzende Bestimmung liegt vor, wenn das Aktiengesetz zu einer bestimmten Frage keine Regelung trifft oder die gesetzliche Regelung durch die Satzungsbestimmung erweitert wird, sodass die gesetzliche Regelung unberührt bleibt.[555] § 121 Abs. 5 AktG bestimmt jedoch den Sitz der Gesellschaft respektive den Börsensitz als Ort der Hauptversammlung für den Fall, dass in der Satzung eine entsprechende Bestimmung nicht getroffen wurde. Zudem kann die Satzung einen Versammlungsort festlegen, der weder Gesellschaftssitz noch Börsensitz ist und somit vollständig von der gesetzlichen Auffangregelung abweichen. Die satzungsmäßige Bestimmung des Orts der Hauptversammlung ist folglich keine ergänzende Bestimmung der Satzung im Sinne des § 23 Abs. 5 S. 2 AktG.[556] Eine solche Satzungsbestimmung ist vielmehr eine Abweichung vom Aktiengesetz im Sinne des § 23 Abs. 5 S. 1 AktG, die durch § 121 Abs. 5 AktG ausdrücklich zugelassen wird.[557] Das OLG Hamburg hat daher für seine Argumentation bereits die falsche normative Grundlage gewählt.

---

553 OLG Hamburg AG 1993, 384.

554 OLG Hamburg AG 1993, 384.

555 Hüffer/*Koch* § 23 Rn. 37; MünchKommAktG/*Pentz* § 23 Rn. 157.

556 *v. Bar/Grothe* IPRax 1994, 269, 270.

557 GroßkommAktG/*Röhricht* § 23 Rn. 180; KK-AktG/*Arnold* § 23 Rn. 143; a.A. *v. Bar/Grothe* IPRax 1994, 269, 270, die eine Satzungsbestimmung zum Ort der Hauptver-

bb) Würdigung der Argumentation des OLG Hamburg

Doch selbst wenn man mit dem OLG Hamburg davon ausgeht, eine Satzungsbestimmung zum Ort der Hauptversammlung unterfiele § 23 Abs. 5 S. 2 AktG, kann die Argumentation des Gerichts nicht überzeugen.

§ 121 Abs. 5 AktG lässt ausdrücklich eine abweichende Satzungsbestimmung zu, ohne an diese wiederum inhaltliche Anforderungen zu stellen. Insbesondere lässt sich dem Wortlaut der Vorschrift keine Begrenzung auf inländische Versammlungsorte entnehmen.[558]

Das auf das Beurkundungserfordernis des § 130 Abs. 1 AktG gestützte Argument verfängt ebenfalls nicht. Zum einen wurde mit § 130 Abs. 1 S. 3 AktG die Möglichkeit einer privatschriftlichen Protokollierung geschaffen[559] und zum anderen ist eine Beurkundung der im Ausland gefassten Hauptversammlungsbeschlüsse durch eine ausländische Urkundsperson möglich.[560]

Die Einfügung einer gesetzlichen Bestimmung zum Ort der Hauptversammlung im Jahr 1937[561] erfolgte mit dem Ziel einer Beschränkung des Auswahlermessens des Einberufungsorgans, was vor allem dem Schutz der Minderheitsaktionäre dienen sollte.[562] Der Ort der nächsten Hauptversammlung sollte für die Aktionäre voraussehbar sein.[563] Dies erfordert aber nicht, dass die Hauptversammlung stets im Inland stattfinden muss. Aus dem vom OLG Hamburg angeführten Gesetzeszweck des § 121 Abs. 5 AktG lässt sich somit ebenfalls keine abschließende Regelung deduzieren. Wortlaut und Gesetzeszweck der Vorschrift sprechen vielmehr dafür, dass § 121 Abs. 5 AktG keine abschließende Regelung ist, sondern dem Satzungsgeber einen Gestaltungsspielraum eröffnet.[564] Durch die satzungsmäßige Bestimmung eines ausländischen Hauptversammlungsorts wird dieser Gestaltungsspielraum genutzt.[565]

---

sammlung somit weder unter § 23 Abs. 5 S. 1 AktG noch unter § 23 Abs. 5 S. 2 AktG subsumieren.

558 BGHZ 203, 68, 72 Rn. 15.

559 Es ist jedoch zuzugeben, dass die Möglichkeit einer privatschriftlichen Protokollierung erst nach der Entscheidung des OLG Hamburg geschaffen wurde.

560 Zur Auslandsbeurkundung vgl. S. 75 ff.

561 Vgl. § 105 Abs. 3 des Aktiengesetzes von 1937, RGBl. 1937 I S. 107.

562 BGH NJW 1994, 320, 322; BGHZ 203, 68, 72 Rn. 15; *v. Bar/Grothe* IPRax 1994, 269, 270.

563 *Bungert* AG 1995, 26, 28.

564 *Bungert* AG 1995, 25, 28.

565 *v. Bar/Grothe* IPRax 1994, 269, 270.

d) *Ergebnis*

Die von der Mindermeinung zur Unzulässigkeit von Hauptversammlungen im Ausland vorgebrachten Argumente können nicht überzeugen. Weder ist eine unzumutbare Erschwerung der Teilnahme an der Hauptversammlung festzustellen noch ist eine Beurkundung der im Ausland gefassten Beschlüsse durch eine ausländische Urkundsperson unmöglich. Entgegen der Ansicht des OLG Hamburg lässt sich dem Aktiengesetz auch keine abschließende Regelung entnehmen, aus der sich die Unzulässigkeit einer Hauptversammlung im Ausland oder einer entsprechenden Satzungsbestimmung ergeben könnte. Vielmehr steht es dem Satzungsgeber wegen der durch § 121 Abs. 5 AktG eröffneten Gestaltungsfreiheit offen, dem Einberufungsorgan in der Satzung auch die Wahl eines ausländischen Hauptversammlungsorts zu ermöglichen. Dies gilt sowohl für die Aktiengesellschaft als auch die SE, da die SE-VO bezüglich der Beurkundung der Hauptversammlung wie dargestellt auf das deutsche Recht verweist.

II. Vollversammlungen im Ausland, § 121 Abs. 6 AktG

1. *Allgemeines*

Gemäß § 121 Abs. 6 AktG kann die Hauptversammlung Beschlüsse ohne Einhaltung der Bestimmungen der §§ 121–128 AktG fassen, soweit alle Aktionäre erschienen oder vertreten sind und kein Aktionär der Beschlussfassung widerspricht. Diese Art der Versammlung wird als Voll- oder Universalversammlung bezeichnet.[566] Eine Vollversammlung stellt eine vollwertige Hauptversammlung der Gesellschaft dar.[567] § 121 Abs. 6 AktG wurde wie § 130 Abs. 1 S. 3 AktG durch das Gesetz[568] für kleine Aktiengesellschaften und zur Deregulierung des Aktienrechts vom 02.08.1994 in das Aktiengesetz eingefügt. Regelungszweck der Vorschrift ist eine Erleichterung des Verfahrens zur Einberufung und Durchführung einer Hauptversammlung insbesondere für Gesellschaften mit geschlossenem Aktionärskreis.[569] Aufgrund der in Art. 53 SE-VO enthaltenen Verweisung gilt § 121 Abs. 6 AktG auch für die Europäische Aktiengesellschaft.[570]

566 KK-AktG/*Noack/Zetzsche* § 121 Rn. 196; MünchKommAktG/*Kubis* § 121 Rn. 94.
567 Hüffer/*Koch* § 121 Rn. 19.
568 BGBl. 1994 I S. 1961.
569 Hüffer/*Koch* § 121 Rn. 19; K. Schmidt/Lutter/*Ziemons* § 121 Rn. 100.
570 MünchKommAktG/*Kubis* Art. 52 Rn. 3.

2. Voraussetzungen einer Vollversammlung

a) Teilnahme aller teilnahmeberechtigter Aktionäre

Erste Voraussetzung einer Vollversammlung ist, dass alle Aktionäre der Gesellschaft zur Hauptversammlung erschienen oder vertreten sind. Erforderlich ist die Teilnahme des gesamten teilnahmeberechtigten Grundkapitals an der Hauptversammlung.[571] Da es auf das Teilnahmerecht und nicht das Stimmrecht ankommt, ist es notwendig, dass neben den Stammaktionären der Gesellschaft auch die Vorzugsaktionäre erschienen oder vertreten sind.[572] Auf die Teilnahme der nicht teilnahmeberechtigten Aktionäre kann dagegen verzichtet werden, ohne dass die Hauptversammlung ihren Charakter als Vollversammlung verliert.[573] Für die Vertretung der teilnahmeberechtigten Aktionäre sind eine offene oder verdeckte Stellvertretung sowie die Anwesenheit eines Legitimationsaktionärs ausreichend.[574]

Da Online-Aktionäre im Sinne des § 118 Abs. 1 S. 2 AktG an der Hauptversammlung teilnehmen, ist, sofern alle Aktionäre von dieser Teilnahmemöglichkeit Gebrauch machen, eine Vollversammlung ohne physische Präsenz der Aktionäre am Versammlungsort möglich.[575]

Wenn alle Aktionäre die satzungsmäßig zugelassene Form der Briefwahl gemäß § 118 Abs. 2 AktG nutzen, konstituiert dies dagegen keine Vollversammlung, weil Briefwähler nach dem eindeutigen Wortlaut dieser Vorschrift nicht zu den Teilnehmern einer Hauptversammlung zählen.[576] Eine Beschlussfassung im Umlaufverfahren profitiert ebenfalls nicht von der Privilegierung des § 121 Abs. 6 AktG, da bei diesem Verfahren keine Hauptversammlung durchgeführt wird, an der die Aktionäre teilnehmen könnten.[577]

Die erschienen oder vertretenen Aktionäre müssen an der Hauptversammlung der Gesellschaft teilnehmen. Eine bloß zufällige oder aus anderen Gründen erfolgte Zusammenkunft aller Aktionäre ist nicht als Hauptversammlung zu werten und kann somit auch keine Vollversammlung sein.[578] Fraglich ist, ob

571 KK-AktG/*Noack/Zetzsche* § 121 Rn. 197.

572 KK-AktG/*Noack/Zetzsche* § 121 Rn. 197; MünchKommAktG/*Kubis* § 121 Rn. 96.

573 BGH AG 2009, 534, 535; KK-AktG/*Noack/Zetzsche* § 121 Rn. 197; a.A. K. Schmidt/Lutter/*Ziemons* § 121 Rn. 101.

574 Hölters/*Drinhausen* § 121 Rn. 46; Spindler/Stilz/*Rieckers* § 121 Rn. 86.

575 MünchKommAktG/*Kubis* § 121 Rn. 96; K. Schmidt/Lutter/*Ziemons* § 121 Rn. 100.

576 KK-AktG/*Noack/Zetzsche* § 121 Rn. 204 mit Kritik an dieser gesetzgeberischen Entscheidung; K. Schmidt/Lutter/*Ziemons* § 121 Rn. 100.

577 KK-AktG/*Noack/Zetzsche* § 121 Rn. 203; Spindler/Stilz/*Rieckers* § 121 Rn. 85.

578 KK-AktG/*Noack/Zetzsche* § 121 Rn. 202; MünchKommAktG/*Kubis* § 121 Rn. 95.

sich die zusammengetroffenen Aktionäre ausdrücklich als Hauptversammlung bezeichnen müssen.[579] Vorteil einer solchen Pflicht zur ausdrücklichen Bezeichnung des Zusammentreffens ist, dass eine eindeutige Abgrenzung zu sonstigen Aktionärszusammenkünften als sogenannten Scheinversammlungen möglich ist.[580] Entscheidend ist jedoch nicht die äußere Bezeichnung, sondern der tatsächliche und identische Wille aller Aktionäre. Intention der erschienen oder durch Bevollmächtigte vertretenen Aktionäre muss somit sein, eine Hauptversammlung durchzuführen. Das setzt voraus, dass Ziel der Zusammenkunft die Entscheidung von Fragen ist, die in die Zuständigkeit einer Hauptversammlung fallen.[581]

b) *Kein Aktionärswiderspruch gegen die Beschlussfassung*

Weitere Voraussetzung einer Vollversammlung ist, dass kein Aktionär der Beschlussfassung widerspricht. Hintergrund dieses Ausschlusskriteriums ist der Schutz des zwar zur Hauptversammlung erschienenen oder vertretenen Aktionärs, der sich aber mangels Ankündigung einer Tagesordnung nicht vorbereiten konnte.[582] Für den Widerspruch ist keine besondere Form vorgeschrieben; eine bloße Enthaltung oder Abstimmung gegen den Beschluss ist jedoch nicht ausreichend.[583] Für einen objektiven Dritten muss sich aus dem Verhalten des Aktionärs ergeben, dass er der Beschlussfassung widerspricht und es sich nicht lediglich um einen Widerspruch nach § 245 Nr. 1 AktG handelt.[584] Diese Differenzierung ergibt sich aus den unterschiedlichen Wortlauten des § 121 Abs. 6 AktG („der Beschlußfassung widerspricht") und des § 245 Nr. 1 AktG („gegen den Beschluß Widerspruch"). Die Auslegung kann jedoch ergeben, dass sich ein einzelner Widerspruch sowohl gegen den Beschluss als auch gegen die Beschlussfassung richtet.[585] Der Widerspruch muss vor Bekanntgabe des Beschlussergebnisses durch den Versammlungsleiter erfolgen[586] und sich gegen die Beschlussfassung zu einem

579 Dafür MünchKommAktG/*Kubis* § 121 Rn. 95; KK-AktG/*Noack/Zetzsche* § 121 Rn. 202.

580 Dazu MünchKommAktG/*Kubis* § 118 Rn. 1.

581 KK-AktG/*Noack/Zetzsche* § 121 Rn. 202.

582 Begr. FraktionsE zu § 121 Abs. 6 AktG, BT-Drucks. 12/6721, S. 9.

583 Hüffer/*Koch* § 121 Rn. 21.

584 KK-AktG/*Noack/Zetzsche* § 121 Rn. 210, 213; K. Schmidt/Lutter/*Ziemons* § 121 Rn. 103.

585 KK-AktG/*Noack/Zetzsche* § 121 Rn. 213.

586 OLG Stuttgart AG 2013, 845 f.; Hüffer/Koch § 121 Rn. 21; K. Schmidt/Lutter/*Ziemons* § 121 Rn. 103.

konkreten Beschluss richten.[587] Ein gegen die Beschlussfassung eines späteren Punkts der Tagesordnung erhobener Widerspruch hat daher keine Wirkung auf die bereits gefassten Beschlüsse.[588]

3. *Rechtsfolge*

Rechtsfolge einer Vollversammlung ist, dass die Hauptversammlung Beschlüsse ohne Einhaltung der §§ 121–128 AktG fassen kann. Eine Anfechtungsklage respektive Nichtigkeitsklage kann daher nicht auf eine Verletzung dieser Normen gestützt werden. Eine Vollversammlung befreit allerdings nicht von außerhalb dieses Unterabschnitts liegenden Vorschriften. Insbesondere die in den §§ 129, 130 AktG postulierten Pflichten sind auch bei der Durchführung einer Vollversammlung einzuhalten.[589] Daher ist auch über die Vollversammlung eine notarielle bzw. bei Anwendung der durch § 130 Abs. 1 S. 3 AktG geschaffenen Privilegierung eine privatschriftliche Niederschrift zu erstellen. Außerdem bleiben auf einer Vollversammlung gefasste Beschlüsse anfechtbar, die einen inhaltlichen Mangel beinhalten.[590] Für die vorliegende Bearbeitung ist in diesem Zusammenhang von besonderer Relevanz, dass Satzungsänderungen, die die Teilnahme an zukünftigen Hauptversammlungen in unzumutbarer Weise erschweren und somit in mitgliedschaftliche Rechte der Aktionäre eingreifen, fehlerhaft und nicht eintragungsfähig sind, auch wenn sie auf einer Vollversammlung gefasst wurden.[591]

4. *Konsequenz des § 121 Abs. 6 AktG für die Zulässigkeit einer Auslandsversammlung*

Bei einer Vollversammlung ist gemäß § 121 Abs. 6 AktG unter anderem die Vorschrift § 121 Abs. 5 AktG nicht notwendigerweise einzuhalten. Es ist somit möglich, die Vollversammlung auch an einem Ort durchzuführen, der nicht in der Satzung der Gesellschaft als Versammlungsort vorgesehen ist[592] oder bei Fehlen einer satzungsmäßigen Bestimmung nicht den Vorgaben des § 121 Abs. 5 AktG entspricht. Aus dieser Möglichkeit zum Verzicht auf die gesetzlichen Vorgaben wird selbst von Vertretern, die die Zulässigkeit einer Hauptversammlung im

---

587 Hüffer/*Koch* § 121 Rn. 21; KK-AktG/*Noack/Zetzsche* § 121 Rn. 211.

588 KK-AktG/*Noack/Zetzsche* § 121 Rn. 211.

589 Hölters/*Drinhausen* § 121 Rn. 48; MünchKommAktG/*Kubis* § 121 Rn. 94.

590 Hölters/*Drinhausen* § 121 Rn. 48.

591 MünchKommAktG/*Kubis* § 121 Rn. 94 „Installierung eines satzungsmäßigen Hauptversammlungsortes in der Südsee".

592 Semler/Volhard/Reichert/*Schlitt/Becker* § 4 Rn. 333.

Ausland ablehnen, der Schluss gezogen, dass eine Vollversammlung im Ausland durchgeführt werden könne.[593] Auch das OLG Hamburg sieht eine Auslandsversammlung im Falle einer Vollversammlung als „möglicherweise" zulässig an.[594] Für diejenigen, die eine Hauptversammlung im Ausland generell als zulässig ansehen, hat die Rechtsfolge des § 121 Abs. 6 AktG nur zur Konsequenz, dass auch ohne satzungsmäßige Bestimmung ein ausländischer Ort als Versammlungsort für die Vollversammlung gewählt werden kann.[595]

Es scheint somit allgemeine Meinung zu sein, dass eine Vollversammlung auch im Ausland abgehalten werden kann. Dies verwundert vor dem Hintergrund, dass auch bei einer Vollversammlung eine Niederschrift gemäß § 130 Abs. 1 AktG zu fertigen ist. Somit ergibt sich bei Grundlagenbeschlüssen oder börsennotierten Gesellschaften wiederum das Problem der Auslandsbeurkundung. *Werner*, der die Zulässigkeit einer Hauptversammlung im Ausland generell ablehnt,[596] müsste wegen der nach seiner Ansicht nicht bestehenden Möglichkeit einer Auslandsbeurkundung auch bei der Vollversammlung allerdings zu dem Ergebnis kommen, dass diese nicht im Ausland durchgeführt werden könnte.

Werner versucht dieses widersprüchliche Ergebnis einer generellen Ablehnung der Hauptversammlung im Ausland bei gleichzeitiger Ausnahme für Vollversammlungen trotz bestehenden Beurkundungserfordernisses dadurch aufzulösen, dass er für die Vollversammlung die Beurkundung durch einen ausländischen Notar genügen lässt, wenn dieser die einem deutschen Notar vergleichbare berufliche Qualifikation besitzt.[597] Bezüglich dieses Aspekts vertritt *Werner* somit ebenfalls die Ansicht, dass die Wahrung der Geschäftsform durch eine ausländische Urkundsperson möglich ist, wenn die Kriterien der Gleichwertigkeit erfüllt sind. Dies zeigt sich auch daran, dass die BGH-Rechtsprechung[598] zur Gleichwertigkeit der Auslandsbeurkundung zitiert[599] und Art. 11 Abs. 1 EGBGB genannt wird.[600] Es wird jedoch nicht erklärt, warum eine gleichwertige Auslandsbeurkundung bei einer Vollversammlung möglich ist und bei anderen Hauptversammlungen nicht. Da § 121 Abs. 6 AktG nicht vom Beurkundungserfordernis des § 130 AktG

593 GroßkommAktG/*Werner* § 121 Rn. 49; Heidel/*Müller* § 121 Rn. 44.
594 OLG Hamburg AG 1993, 384.
595 Hüffer/*Koch* § 121 Rn. 15.
596 GroßkommAktG/*Werner* § 121 Rn. 48 f.
597 GroßkommAktG/*Werner* § 121 Rn. 49.
598 BGHZ 80, 76 ff.
599 Vgl. GroßkommAktG/*Werner* § 121 Rn. 49 Fn. 39.
600 GroßkommAktG/*Werner* § 121 Rn. 49.

befreit, kann diese Differenzierung zwischen Vollversammlung und sonstiger Hauptversammlung keinesfalls aus der Besonderheit der Vollversammlung abgeleitet werden. Es bleibt somit dabei, dass sich in der Argumentation *Werners* ein unüberbrückbarer Widerspruch zeigt.

Die Argumentation *Müllers* ist dagegen frei von Widersprüchen, da er die Unzulässigkeit einer Auslandsversammlung (bei Publikumsgesellschaften) nicht auf die fehlende Möglichkeit einer Auslandsbeurkundung, sondern den Aktionärsschutz stützt.[601] Dass auch dieser Einwand nicht überzeugen kann, wurde bereits erläutert.[602]

Festzuhalten bleibt, dass eine Hauptversammlung auch in der Form einer Vollversammlung zulässigerweise im Ausland stattfinden darf. Dies folgt jedoch nicht aus der Besonderheiten der Vollversammlung, sondern bereits aus der generellen Zulässigkeit von Hauptversammlungen im Ausland. Allerdings ist bei Vollversammlungen der Kreis der potentiellen Versammlungsorte weiter zu ziehen als bei sonstigen Hauptversammlungen, da eine unzumutbare Erschwerung der Teilnahme an der Versammlung auch bei größter Distanz zum satzungsmäßigen respektive gesetzlichen Versammlungsort ausscheidet.[603]

III. Abwehrhauptversammlungen im Ausland, § 16 Abs. 4 S. 4 WpÜG

Das Wertpapiererwerbs- und Übernahmegesetz[604] (WpÜG) vom 20.12.2001 ermöglicht einem Bieter einen öffentlichen Erwerb von Wertpapieren, die von der Zielgesellschaft ausgegeben wurden und zum Handel an einem organisierten Markt zugelassen sind.

Das WpÜG sieht verschiedene Verfahrensschritte vor, die vom Bieter zum Erwerb der Wertpapiere zu beachten sind. Zunächst hat er gemäß § 10 Abs. 1 S. 1 WpÜG seine Entscheidung zur Abgabe eines Angebots zu publizieren und anschließend gemäß § 14 Abs. 2 S. 1 WpÜG die Angebotsunterlage zu veröffentlichen. Der Vorstand der Zielgesellschaft kann auf das Angebot reagieren, indem er eine Hauptversammlung als sogenannte Abwehrhauptversammlung einberuft, auf der die Aktionäre konkrete Maßnahmen zur Verteidigung gegen das Angebot beschließen können.[605] § 16 Abs. 4 WpÜG sieht für die Einberufung dieser Abwehrhauptversammlung verschiedene

---

601 Heidel/*Müller* § 121 Rn. 45.

602 Vgl. S. 71 ff.

603 Vgl. S. 162 f.

604 BGBl. 2001 I S. 3822.

605 Fleischer/*Fuchs* § 22 Rn. 140 ff.; Heidel/*Sohbi* § 16 WpÜG Rn. 5.

Erleichterungen vor. Insbesondere müssen gemäß § 16 Abs. 4 S. 4 WpÜG die Vorgaben des § 121 Abs. 5 AktG und etwaige Bestimmungen der Satzung zur Wahl des Versammlungsorts nicht beachtet werden. § 16 Abs. 4 WpÜG gilt entsprechend für die Abhaltung einer Hauptversammlung nach § 33b Abs. 2 S. 1 Nr. 3, Abs. 4 WpÜG und für die Abhaltung einer Hauptversammlung zur Rekapitalisierung eines Unternehmens des Finanzsektors nach § 7 Abs. 1 S. 1 des Finanzmarktstabilisierungsbeschleunigungsgesetzes[606] (FMStBG) vom 17.10.2008.

Hintergrund der von § 16 Abs. 4 S. 4 WpÜG vorgesehenen Erleichterung ist die Auffassung des Gesetzgebers, dass angesichts der für die Planung der Hauptversammlung kurz bemessenen Zeit das Auffinden eines geeigneten Versammlungsorts erhebliche praktische Schwierigkeiten bereiten könne.[607] Das freie Auswahlermessen des Einberufungsorgans bezieht sich auf die Wahl sowohl des Versammlungsorts als auch des Versammlungslokals.[608]

Nach Vorstellung des Gesetzgebers soll die Abwehrhauptversammlung in der Regel in Deutschland, mithin ausnahmsweise im Ausland stattfinden.[609] Bezüglich eines ausländischen Versammlungsorts betont der Gesetzgeber jedoch zugleich, dass ein ausländischer Versammlungsort „für die Mehrzahl der Aktionäre zumutbar und die Fragen der notariellen Beurkundung gelöst" sein müssen.[610]

Es wurde bereits dargestellt, dass die letztere Voraussetzung nach hier vertretener Ansicht erfüllt werden kann. Die Beschlüsse können entweder nach der Ortsform oder bei bestehender Gleichwertigkeit nach der Geschäftsform wirksam beurkundet werden.

Wegen der ersten Voraussetzung, der ausländische Versammlungsort müsse für die Mehrzahl der Aktionäre zumutbar sein, wird jedoch vertreten, dass eine Abwehrhauptversammlung dennoch nur in Ausnahmefällen im Ausland stattfinden könne.[611] Als Beispiele werden ein größtenteils ausländischer Aktionärskreis oder die Wahl eines verkehrstechnisch besser erreichbaren Orts im angrenzenden Ausland genannt, wenn die Zielgesellschaft ihren Gesellschaftssitz in Grenznähe hat.[612] Ob diese Einschätzung der Wahl eines ausländischen Versammlungsorts

606 BGBl. 2008 I S. 1982.
607 Begr. RegE zu § 16 WpÜG, BT-Drucks. 14/7034, S. 47.
608 Hüffer/*Koch* § 121 Rn. 16a.
609 Begr. RegE zu § 16 WpÜG, BT-Drucks. 14/7034, S. 47.
610 Begr. RegE zu § 16 WpÜG, BT-Drucks. 14/7034, S. 47.
611 Hüffer/*Koch* § 121 Rn. 16a; KK-WpÜG/*Hasselbach* § 16 Rn. 78.
612 KK-WpÜG/*Hasselbach* § 16 Rn. 78.

als nur ausnahmsweise zulässig zu teilen ist, wird an späterer Stelle behandelt.[613] Festzuhalten ist an dieser Stelle, dass auch eine Abwehrhauptversammlung grundsätzlich im Ausland durchgeführt werden darf.

C. Die Zulässigkeit einer Gesellschafterversammlung im Ausland

I. Einleitung

Das Gesetz betreffend die Gesellschaften mit beschränkter Haftung sieht für die Organisationsverfassung eine Aufgabenteilung für die zwei zwingenden Organe der GmbH vor: die Gesellschafterversammlung ist das (einzige) Willensbildungsorgan der Gesellschaft, wohingegen die Geschäftsführer mit der Leitung und der Vertretung der Gesellschaft betraut sind.[614] Die Gesellschafterversammlung ist hierarchisch gesehen dennoch als das oberste Organ der GmbH einzuordnen.[615] Dies zeigt sich bereits an der in § 45 Abs. 1 GmbHG festgelegten Kompetenz-Kompetenz[616] der Gesellschafterversammlung und ihrer uneingeschränkten Weisungsbefugnis gegenüber den Geschäftsführern gemäß § 37 Abs. 1 GmbHG.[617]

Anders als das Aktiengesetz kennt das Gesetz betreffend die Gesellschaften mit beschränkter Haftung keinerlei Bestimmungen zum Ort der Gesellschafterversammlung. Gemäß § 49 Abs. 1 GmbHG wird die Gesellschafterversammlung grundsätzlich durch die Geschäftsführer einberufen. Ausnahmsweise ist gemäß § 50 Abs. 3 GmbHG auch eine Gesellschafterminderheit zur Einberufung der Versammlung befugt.

Trifft die Satzung einer GmbH eine Aussage zum Ort der Gesellschafterversammlung, ist diese Vorgabe für den Einberufenden bindend.[618] Bei der Bestimmung eines Versammlungsorts durch die Satzung ist darauf zu achten, dass durch diese Bestimmung die Teilnahme der Gesellschafter an der Versammlung nicht in unzumutbarer Weise erschwert wird.[619] Es ist jedoch anzunehmen, dass insoweit

---

613 Vgl. S. 157 ff.

614 MünchKommGmbHG/*Liebscher* § 45 Rn. 37; Scholz/*Schmidt* § 45 Rn. 6.

615 MünchKommGmbHG/*Liebscher* § 45 Rn. 37; Scholz/*Schmidt* § 45 Rn. 6.

616 Ulmer/*Hüffer/Schürnbrand* § 45 Rn. 5; MünchKommGmbHG/*Liebscher* § 45 Rn. 37 „Omnipotenz".

617 Scholz/*Schmidt* § 45 Rn. 6.

618 Scholz/*Seibt* § 48 Rn. 6; Ulmer/*Hüffer/Schürnbrand* § 48 Rn. 4.

619 Scholz/*Seibt* § 48 Rn. 6; Ulmer/*Hüffer/Schürnbrand* § 48 Rn. 4.

jeder inländische Ort, der mit gewöhnlichen Verkehrsmitteln in zumutbarer Zeit erreicht werden kann, diesem Kriterium gerecht wird.[620]

Enthält die Gesellschaftssatzung keine Bestimmung zum Ort der Gesellschafterversammlung, gilt nach herrschender Meinung § 121 Abs. 5 S. 1 AktG analog für die GmbH.[621] Die Gesellschafterversammlung findet somit grundsätzlich am statutarisch bestimmten Sitz der Gesellschaft statt. Da § 121 Abs. 5 S. 1 AktG jedoch eine Soll-Vorschrift ist, kann die Gesellschafterversammlung auch ohne statutarische Bestimmung an einem anderen Ort stattfinden, wenn dies aus sachlich zwingenden Gründen erforderlich ist.[622] Beispiele für solche zwingenden Gründe sind das Fehlen eines angemessenen Versammlungslokals am Sitz der Gesellschaft oder eine gestörte Verkehrsverbindung dorthin.[623] Ein Abweichen vom nach § 121 Abs. 5 S. 1 AktG analog vorgesehenen Versammlungsort ist bei Gesellschaften mit einem überschaubaren Mitgliederkreis auch zulässig, wenn von Anfang an unzweifelhaft feststeht, dass ein anderer Ort für alle Gesellschafter leichter zu erreichen ist.[624]

Sofern alle Gesellschafter zustimmen, kann die Gesellschafterversammlung auch an einem Ort durchgeführt werden, der weder in der Satzung vorgesehen ist noch der Sitz der Gesellschaft ist.[625]

Wie bei der Aktiengesellschaft ist auch bei der GmbH umstritten, ob die Durchführung einer Gesellschafterversammlung im Ausland zulässig ist. Folgend werden die Entwicklung in der Rechtsprechung und der aktuelle Meinungsstand im Schrifttum zu dieser Frage erläutert. Eine vertiefte Diskussion der verschiedenen Argumente erfolgt allerdings nicht, da wegen der größtenteils bestehenden Identität der vorgetragenen Argumente insoweit auf die Diskussion um die Zulässigkeit der Durchführung von Hauptversammlungen im Ausland verwiesen werden kann.[626]

---

620 Scholz/*Seibt* § 48 Rn. 6; Ulmer/*Hüffer/Schürnbrand* § 48 Rn. 4.

621 BGH AG 1985, 188, 189; OLG Celle NJW-RR 1998, 970; OLG Düsseldorf NZG 2003, 975, 976; Baumbach/Hueck/*Zöllner/Noack* § 51 Rn. 15; Michalski/Heidinger/Leible/Schmidt/*Römermann* § 48 Rn. 18; MünchKommGmbHG/*Liebscher* § 48 Rn. 64; Ulmer/*Hüffer/Schürnbrand* § 48 Rn. 4; a.A. Roth/Altmeppen/*Roth* § 48 Rn. 3.

622 Vgl. S. 36 f. zur Hauptversammlung.

623 BGH AG 1985, 188, 189.

624 BGH AG 1985, 188, 189; Ulmer/*Hüffer/Schürnbrand* § 48 Rn. 4.

625 Baumbach/Hueck/*Zöllner/Noack* § 51 Rn. 15.

626 Vgl. S. 71 ff.

II. Die Entwicklung der Rechtsprechung zu Gesellschafterversammlungen im Ausland

1. Der Beschluss des OLG Hamm vom 01.02.1974

Soweit ersichtlich musste sich im Jahr 1974 erstmals das OLG Hamm[627] mit der Frage der Zulässigkeit einer Gesellschafterversammlung im Ausland auseinandersetzen. Die Gesellschafterversammlung der Beschwerdeführerin wurde in Zürich einberufen. Die einzige Gesellschafterin wurde in der Gesellschafterversammlung vom 18.04.1973 ordnungsgemäß vertreten. Es wurde eine Änderung der Satzung beschlossen, welche durch einen Notar-Stellvertreter des Notariats Zürich (Altstadt) beurkundet wurde. Das Registergericht lehnte die Eintragung der angemeldeten Satzungsänderung ab, wogegen sich die Beschwerde und weitere Beschwerde der Gesellschaft richteten.

Das OLG Hamm entschied, die gefassten Beschlüsse über die Satzungsänderung seien nicht wirksam beurkundet. Die Beschlüsse seien somit nichtig und die angemeldete Eintragung könne nicht eingetragen werden.

Zunächst führte das OLG Hamm aus, die mit der Bestimmung eines Versammlungsorts außerhalb Deutschlands verbundene Erschwerung der Teilnahme an der Versammlung begründe nicht die Unzulässigkeit einer Gesellschafterversammlung im Ausland. Vielmehr sei für diese Frage das Internationale Privat- und Beurkundungsrecht entscheidend. Das auf die Gesellschaft anzuwendende Recht bestimme sich allein nach dem Gesellschaftsstatut.[628] Die Ortsform könne dagegen für einen Gesellschafterbeschluss über eine Änderung der Satzung keine Geltung beanspruchen. Folglich sei für eine Gesellschaft, deren Verwaltungssitz in Deutschland liegt, allein das deutsche Recht maßgeblich. Die in § 53 Abs. 2 GmbHG vorgeschriebene notarielle Beurkundung des Satzungsänderungsbeschlusses könne jedoch auch durch die Beurkundung einer ausländischen Urkundsperson erfüllt werden, wenn die Auslandsbeurkundung einer Inlandsbeurkundung gleichwertig ist. Die persönliche Gleichwertigkeit sah das OLG Hamm als gegeben an. Aber mangels Kenntnissen im deutschen Recht könne eine ausländische Urkundsperson die bei dem Beurkundungsvorgang anfallenden Aufgaben, insbesondere die Beratung und Belehrung der Beteiligten gemäß § 17 BeurkG, nicht erfüllen. Hinsichtlich des Beurkundungsvorgangs sei demnach die Beurkundung durch eine ausländische Urkunds-

627 OLGZ 74, 149 = NJW 1974, 1057.

628 Das OLG Hamm verwendet den Begriff des Personalstatuts anstelle des Begriffs des Gesellschaftsstatuts, womit jedoch kein inhaltlicher Unterschied verbunden ist.

person einer Beurkundung durch einen deutschen Notar nicht gleichwertig. Nur ein deutscher Notar könne das Beurkundungserfordernis des § 53 Abs. 2 GmbHG erfüllen. Gesellschafterversammlungen einer im deutschen Handelsregister eingetragenen GmbH, die ihren Sitz in Deutschland hat, dürften daher nicht im Ausland stattfinden.

2. *Der Beschluss des OLG Karlsruhe vom 10.04.1979*

Das OLG Karlsruhe schloss sich der vom OLG Hamm vertretenen Auffassung an.[629] Die notarielle Beurkundung des Gesellschafterbeschlusses gehöre zum Inhalt des Rechtsgeschäfts und unterliege somit allein dem Gesellschaftsstatut, was eine Geltung des deutschen Rechts bedeute. Zudem sei auf gesellschaftsrechtliche Vorgänge die Ausnahmeregelung des Art. 11 Abs. 4 EGBGB[630] anzuwenden. Zumindest bei eintragungspflichtigen Vorgängen wie Satzungsänderungen scheide folglich die Anwendung der gemäß § 11 Abs. 1 EGBGB alternativ vorgesehenen Ortsform aus. Die somit maßgebliche Geschäftsform könne jedoch durch eine ausländische Urkundsperson nicht gewahrt werden. Mangels Kenntnissen im deutschen Recht sei die Beurkundung durch eine ausländische Urkundsperson einer inländischen Beurkundung nicht gleichwertig.

3. *Der Beschluss des BGH vom 16.02.1981*

Auf Vorlage des OLG Stuttgart[631] musste sich der BGH[632] mit der Frage befassen, ob eine Änderung der Satzung einer GmbH im Ausland wirksam beurkundet werden kann. Die einzige Gesellschafterin der GmbH beschloss in Zürich eine Änderung der Satzung und ein öffentlicher Urkundsbeamter des Notariats Zürich beurkundete den Beschluss.

Das OLG Stuttgart war anders als das OLG Hamm und das OLG Karlsruhe der Ansicht, Art. 11 Abs. 1, 2. Var. EGBGB fände generell auch auf gesellschaftsrechtliche Vorgänge Anwendung, sodass der Gesellschafterbeschluss nach dem Rechts des Versammlungsorts beurkundet werden könne. Der BGH bekundete Sympathie für diese Auffassung, ließ diese streitige Frage aber ausdrücklich offen. Denn der Satzungsänderungsbeschluss sei bereits in der Geschäftsform, mithin in der Form des § 53 Abs. 2 GmbHG wirksam beurkundet worden. Das in § 53

629 OLG Karlsruhe RIW 1979, 567.

630 Zum Zeitpunkt des Beschlusses des OLG Karlsruhe war diese Ausnahmeregelung noch in Art. 11 Abs. 2 EGBGB enthalten.

631 OLG Stuttgart NJW 1981, 1176.

632 BGHZ 80, 76.

Abs. 2 GmbHG vorgeschriebene Beurkundungserfordernis könne durch eine ausländische Urkundsperson erfüllt werden, wenn die ausländische Beurkundung einer deutschen gleichwertig sei. Voraussetzung dafür sei, dass „die ausländische Urkundsperson nach Vorbildung und Stellung im Rechtsleben eine der Tätigkeit des deutschen Notars entsprechende Funktion ausübt und für die Errichtung der Urkunde ein Verfahrensrecht zu beachten hat, das den tragenden Grundsätzen des deutschen Beurkundungsrechts entspricht."[633] Diese Voraussetzungen seien bei einer Beurkundung durch eine Urkundsperson des Notariats Zürich gegeben. Die Gleichwertigkeit erfordere nach Ansicht des BGH in Abweichung zur Auffassung des OLG Hamm und OLG Karlsruhe keine Kenntnisse im deutschen Recht. § 17 BeurkG setze diese Kenntnisse zwar voraus. Allerdings handele es sich bei dieser Norm um eine Soll-Vorschrift, auf deren Einhaltung verzichtet werden könne. Das Aufsuchen eines ausländischen Notars komme einem solchen Verzicht gleich.

Aus der Entscheidung des BGH lässt sich somit schlussfolgern, dass Gesellschafterbeschlüsse im Ausland grundsätzlich wirksam beurkundet werden können. Die Möglichkeit der Durchführung einer Gesellschafterversammlung im Ausland scheitert somit nicht am Beurkundungserfordernis für Gesellschafterbeschlüsse.

4. Der weitere Verlauf der Rechtsprechung

In verschiedenen Entscheidungen[634] konnte der BGH seine Rechtsprechung bestätigen und viele Instanzgerichte[635] sind der Auffassung des BGH, eine ausländische Beurkundung eines GmbH-Gesellschafterbeschlusses könne trotz mangelnder Kenntnisse im deutschen Recht einer deutschen Beurkundung gleichwertig sein, gefolgt. Einige Instanzgerichte lehnten dagegen die Gleichwertigkeit der Auslandsbeurkundung insbesondere bei Beurkundungen durch Urkundspersonen des Notariats Zürich ab.[636]

Das OLG Düsseldorf ließ in einem Beschluss vom 25.01.1989 dagegen offen, ob eine Beurkundung durch einen niederländischen Notar einer Beurkundung

633 BGHZ 80, 76, 78.

634 BGH NJW-RR 1989, 1259, 1261 (Schweiz); BGH DStR 2014, 379, 383 (Basel).

635 OLG München GmbHR 1998, 46 (Basel); LG Köln GmbHR 1990, 171 (Zürich); LG Nürnberg-Fürth WM 1992, 950 (Basel); LG Kiel BB 1998, 120 (Österreich).

636 LG Augsburg DB 1996, 1666 (Zürich); AmtsG Köln GmbHR 1990, 171 (Zürich), aufgehoben durch LG Köln GmbHR 1990, 171; AmtsG Köln GmbHR 1990, 172 (Zürich); AmtsG Fürth DB 1991, 32 (Basel), aufgehoben durch LG Nürnberg-Fürth WM 1992, 950.

durch einen deutschen Notar gleichwertig sein könne. Die Gleichwertigkeit sei nicht entscheidungsrelevant, da die streitgegenständliche Beurkundung jedenfalls den Anforderungen des niederländischen Rechts genüge. Dies sei ausreichend, da die Ortsform nach Art. 11 Abs. 1, 2. Var. EGBGB auch für gesellschaftsrechtliche Rechtsgeschäfte gelte – selbst wenn sich diese gesellschaftsrechtlichen Vorgänge unmittelbar auf die Verfassung der Gesellschaft bezögen.[637] Das OLG Düsseldorf ist somit der Auffassung zuzuordnen, die Art. 11 Abs. 1 EGBGB generell auf gesellschaftsrechtliche Vorgänge anwenden will.[638] Zudem stellte das Gericht ausdrücklich fest, mit Einverständnis aller Gesellschafter könne ein Versammlungsort im Ausland gewählt werden, selbst wenn die Satzung den Sitz der Gesellschaft als Versammlungsort bestimme.[639]

III. Das aktuelle Meinungsbild im Schrifttum

1. Die Argumente der herrschenden Meinung

Wenngleich früher (wohl) überwiegend die Auffassung[640] vertreten wurde, eine Gesellschafterversammlung könne generell nicht im Ausland stattfinden, so besteht im neueren Schrifttum[641] Einigkeit darüber, dass die Gesellschafterversammlung grundsätzlich auch an einem Ort im Ausland einberufen werden könne.

Die Vertreter dieser Ansicht stützen ihre Auffassung zunächst auf die Tatsache, dass das Gesetz betreffend die Gesellschaften mit beschränkter Haftung keine Norm enthalte, die die Durchführung einer Gesellschafterversammlung im Ausland untersage.[642] Vielmehr sei es seit der Neufassung des § 4a GmbHG möglich, dass sich der Verwaltungssitz der GmbH im Ausland befinde, solange sich der Satzungssitz im Inland befinde und eine inländische Geschäftsanschrift auf-

---

637 OLG Düsseldorf NJW 1989, 2200.

638 Vgl. zu dieser Auffassung S. 82 f.

639 OLG Düsseldorf NJW 1989, 2200, 2201.

640 *Kunze* DB 1975, 193, 194; *Winkler* NJW 1972, 981, 982; *ders.* NJW 1973, 222, 223; ähnlich *Schmidt* DB 1974, 1216, der eine Gesellschafterversammlung im Ausland als unzulässig ansieht, wenn auf ihr ein beurkundungspflichtiger Beschluss gefasst werden soll; a.A. *Stauch* S. 32 f. und *Kleinmann* NJW 1972, 373, die von der generellen Zulässigkeit von Gesellschafterversammlungen im Ausland ausgehen.

641 Baumbach/Hueck/*Zöllner/Noack* § 51 Rn. 15; Michalski/Heidinger/Leible/Schmidt/*Römermann* § 48 Rn. 26; MünchKommGmbHG/*Liebscher* § 48 Rn. 82; Roth/Altmeppen/*Roth* § 51 Rn. 8; Scholz/*Seibt* § 48 Rn. 9; Ulmer/*Hüffer/Schürnbrand* § 48 Rn. 7 ff.; *Wicke* § 51 Rn. 3.

642 MünchKommGmbHG/*Liebscher* § 48 Rn. 82; Ulmer/*Hüffer/Schürnbrand* § 48 Rn. 7.

rechterhalten werde.[643] Wenn sich der Verwaltungssitz der Gesellschaft somit im Ausland befinden dürfe, müsse auch die Abhaltung einer Gesellschafterversammlung im Ausland zulässig sein.[644] Denn die Wahl eines ausländischen Versammlungsorts könne wegen dieser gesetzlich vorgegebenen Gestaltungsmöglichkeit keinesfalls gegen tragende Prinzipien des Rechts der GmbH verstoßen.[645] Zudem kann wie dargestellt der Zulässigkeit von Gesellschafterversammlungen im Ausland nicht das Beurkundungserfordernis entgegengehalten werden, da nicht jeder Beschluss beurkundungspflichtig ist und es außerdem grundsätzlich möglich ist, Beschlüsse im Ausland durch eine ausländische Urkundsperson beurkunden zu lassen. Es kann daher für das Recht der GmbH festgehalten werden, dass die Gesellschafterversammlung grundsätzlich im Ausland durchgeführt werden darf.

2. *Die Notwendigkeit einer Satzungsbestimmung zu Auslandsversammlungen*

Fraglich ist, ob die Möglichkeit der Wahl eines ausländischen Versammlungsorts in der Satzung der Gesellschaft festgehalten sein muss. Zur Beantwortung dieser Frage ist zunächst von der Prämisse auszugehen, dass bei Fehlen einer Satzungsbestimmung zum Versammlungsort § 121 Abs. 5 S. 1 AktG analog gilt. Gemäß dieser Vorschrift soll die Hauptversammlung am Sitz der Gesellschaft stattfinden, wenn die Satzung nichts anderes bestimmt. Im Sinne des Aktiengesetzes ist gemäß § 5 AktG Sitz der Gesellschaft der Ort im Inland, den die Satzung bestimmt. § 4a GmbHG trifft die gleiche Aussage für das Recht der GmbH. Bei der analogen Anwendung des § 121 Abs. 5 S. 1 AktG zur Bestimmung des Orts der Gesellschafterversammlung ist demnach der stets im Inland liegende Satzungssitz und nicht der – eventuell im Ausland liegende – Verwaltungssitz maßgeblich. Folglich kommt die Wahl eines ausländischen Versammlungsorts ohne statutarische Ermächtigung grundsätzlich nicht in Betracht.[646] Eine Ausnahme zu diesem Grundsatz ist wegen des Charakters des § 121 Abs. 5 S. 1 AktG als Soll-Vorschrift möglich, jedoch auf sachlich zwingende Gründe beschränkt. Die Wahl eines ausländischen Versammlungsorts ist ohne Bestimmung in der Satzung außerdem zulässig, wenn die Gesellschafterversammlung die Kriterien einer

643 Vgl. dazu MünchKommGmbHG/*Mayer* § 4a Rn. 9.

644 Michalski/Heidinger/Leible/Schmidt/*Römermann* § 48 Rn. 26; MünchKommGmbHG/*Liebscher* § 48 Rn. 82; Scholz/*Seibt* § 48 Rn. 9; Ulmer/*Hüffer/Schürnbrand* § 48 Rn. 7.

645 Ulmer/*Hüffer/Schürnbrand* § 48 Rn. 7.

646 Ulmer/*Hüffer/Schürnbrand* § 48 Rn. 9.

Vollversammlung nach § 51 Abs. 3 GmbHG erfüllt, da in diesem Fall die Gesellschafterversammlung an jedem beliebigen Ort durchgeführt werden kann.[647]

3. *Die Anforderungen an eine Satzungsbestimmung*

a) Formelle Anforderungen an eine Satzungsbestimmung

Die Bestimmung eines ausländischen Versammlungsorts kann bereits zum Zeitpunkt der Gründung in der Satzung der Gesellschaft enthalten sein oder nachträglich durch Satzungsänderung eingefügt werden. Nach verbreiteter Ansicht erfordert die nachträgliche Änderung die Zustimmung aller Gesellschafter, da sie die Ausübung des unentziehbaren Teilnahmerechts der Gesellschafter erschwere.[648]

Diese Schlussfolgerung überzeugt nicht. Es ist den Vertretern dieser Ansicht zwar darin zuzustimmen, dass die Verlegung des statutarisch bestimmten Versammlungsorts ins Ausland mit einer Erschwerung der Teilnahme an der Gesellschafterversammlung verbunden sein kann. Eine solche Erschwerung bedeutet es jedoch auch, wenn aufgrund einer Satzungsänderung der Versammlungsort zwar in Deutschland verbleibt, er aber in einen weiter entfernten Teil Deutschlands verlegt wird. Für eine inländische Verlegung des Versammlungsorts fordert aber soweit ersichtlich keiner die Zustimmung sämtlicher Gesellschafter zur Satzungsänderung.[649] Ähnlich wie bei der Diskussion um die Zulässigkeit eines ausländischen Hauptversammlungsorts bei der Aktiengesellschaft ist festzuhalten, dass nicht jeder ausländische Versammlungsort stets nachteiliger für die Gesellschafter ist als ein inländischer Versammlungsort. So kann eine Satzungsänderung, in der erstmals der Versammlungsort explizit bestimmt und München als Versammlungsort festgelegt wird, für die Gesellschafter einer GmbH mit Satzungssitz in Düsseldorf nachteiliger sein als eine Satzungsänderung, die zukünftig Maastricht als Versammlungsort vorsieht.

Es ist vielmehr bei der Fassung der Satzungsbestimmung zum (ausländischen) Versammlungsort darauf zu achten, dass kein Ort bestimmt wird oder durch die Geschäftsführer innerhalb der von der Satzungsklausel gesetzten Grenzen gewählt werden kann, der das Teilnahmerecht der Gesellschafter in unzumutbarer Weise erschwert.

---

647 Baumbach/Hueck/*Zöllner/Noack* § 51 Rn. 15.

648 Michalski/Heidinger/Leible/Schmidt/*Römermann* § 48 Rn. 26; MünchKommGmbHG/*Liebscher* § 48 Rn. 94; Scholz/*Seibt* § 48 Rn. 10; Ulmer/*Hüffer/Schürnbrand* § 48 Rn. 8.

649 Vgl. MünchKommGmbHG/*Liebscher* § 48 Rn. 77.

b) Das Teilnahmerecht der Gesellschafter als Grenze der Satzungsfreiheit

Es ist somit festzuhalten, dass bei der Gestaltung der Satzungsklausel zum Versammlungsort keine grenzenlose Gestaltungsfreiheit besteht. Stets zu beachten ist, dass durch die Satzungsbestimmung die Ausübung des Teilnahmerechts der Gesellschafter als unentziehbares Mitgliedschaftsrecht nicht unzumutbar erschwert wird.

Dazu ist zunächst erforderlich, dass in der Satzung ein oder mehrere konkrete Versammlungsorte bestimmt werden oder die Satzung abstrakte Vorgaben zur Wahl des Versammlungsorts enthält, sodass der Versammlungsort bestimmbar ist. Fraglich ist, ob eine Satzungsbestimmung ausreicht, die neben inländischen Versammlungsorten generell nur die Möglichkeit von Gesellschafterversammlungen im Ausland vorsieht. Nach einer Ansicht ist bei einer solchen Satzungsregelung eine Verletzung des Teilnahmerechts nur gegeben, wenn die Teilnahme gegenüber einem inländischen Ort ernsthaft erschwert ist.[650] Nach einer älteren Ansicht[651] ist eine solche Satzungsbestimmung generell unwirksam, während nach einer dritten Ansicht[652] die Gesellschafterversammlung bei einer so allgemein gehaltenen Satzungsbestimmung am tatsächlichen Verwaltungssitz im Ausland stattfinden darf.

Bei einer Aktiengesellschaft wäre eine solche Satzungsbestimmung, die die Durchführung der Hauptversammlung im Ausland ermöglicht, ohne Kriterien zur Bestimmbarkeit des konkreten Orts zu nennen, unzulässig, da Zweck des § 121 Abs. 5 AktG die Voraussehbarkeit des nächsten Versammlungsorts für die Aktionäre ist.[653] Es ist nicht ersichtlich, warum bei der GmbH etwas anderes gelten sollte. Zwar enthält das GmbHG anders als das Aktiengesetz keine ausdrückliche Bestimmung zum Versammlungsort, die zugunsten der Aktionäre Voraussehbarkeit bezüglich des nächsten Versammlungsorts schaffen soll. Jedoch ist die analoge Anwendung des § 121 Abs. 5 S. 1 AktG im Recht der GmbH ganz herrschende Meinung. Dies gebietet es, dem Gesetzeszweck des § 121 Abs. 5 AktG folgend auch bei der GmbH sicherzustellen, dass die Gesellschafter den Ort der nächsten Gesellschafterversammlung zumindest ungefähr absehen können. Dieser Vorgabe wird am besten eine Satzungsregelung gerecht, durch die der Versammlungsort

---

650 Ulmer/*Hüffer/Schürnbrand* § 48 Rn. 8; ähnlich MünchKommGmbHG/*Liebscher* § 48 Rn. 96.

651 *Bokelmann* NJW 1972, 1729, 1730.

652 Scholz/*Seibt* § 48 Rn. 10.

653 Vgl. S. 111 und S. 132.

bestimmt oder zumindest bestimmbar wird. Daher ist der Ansicht *Bokelmanns*[654] zu folgen.

Sofern die Satzungsregelung dieser Vorgabe entspricht, ist darauf zu achten, dass durch den konkret gewählten Versammlungsort oder durch die in der Satzung festgelegten Kriterien das Teilnahmerecht der Gesellschafter nicht unzumutbar erschwert wird. Zudem ist bei der Gestaltung der Satzungsbestimmung darauf zu achten, dass am potentiellen ausländischen Versammlungsort beurkundungspflichtige Beschlüsse beurkundet werden können.

654 *Bokelmann* NJW 1972, 1729, 1730.

Teil 4: Die Bestimmung des ausländischen Versammlungsorts

Die gesetzlich bestimmten Hauptversammlungsorte sind gemäß § 121 Abs. 5 AktG der Gesellschaftssitz und der Börsensitz bei Zulassung der Aktien zum Handel im regulierten Markt. Da der Sitz einer Gesellschaft gemäß § 5 AktG zwingend ein Ort im Inland ist und § 121 Abs. 5 S. 2 AktG ausdrücklich nur von deutschen Börsen spricht, liegen diese beiden Orten stets im Inland.

Generelle Voraussetzung für die Wahl eines ausländischen Versammlungsorts ist daher eine Satzungsbestimmung, die einen im Ausland gelegenen Ort als Versammlungsort bestimmt oder die Wahl eines ausländischen Versammlungsorts aufgrund abstrakter Vorgaben in der Satzung zulässt. Diese Satzungsbestimmung kann entweder bereits in der Gründungssatzung enthalten sein oder nachträglich durch eine Satzungsänderung eingefügt werden.

Maßgebliche Hürde für die Zulässigkeit der Wahl eines ausländischen Hauptversammlungsorts ist jedoch nicht die bloße Schaffung einer Satzungsbestimmung, die die Wahl eines ausländischen Versammlungsorts ermöglicht. Vielmehr ist entscheidend, dass die Satzungsbestimmung eine sachgerechte, am Teilnahmeinteresse der Aktionäre ausgerichtete Vorgabe enthält, die das Ermessen des zur Einberufung berechtigten Organs ausreichend bindet.[655]

Der BGH hat in seiner Entscheidung vom 21.10.2014 zwar die Zulässigkeit einer Satzungsbestimmung, die die Wahl eines ausländischen Versammlungsorts ermöglicht, anerkannt. Jedoch war seiner Ansicht nach eine ausreichende Bindung des Ermessens des Einberufungsermächtigten durch die Satzungsklausel nicht gegeben.

Es ist daher zu untersuchen, welche Anforderungen § 121 Abs. 5 AktG an die Wahl eines ausländischen Versammlungsorts stellt und welche Grenzen der Gesellschaft bei der Gestaltung einer Satzungsbestimmung zum Hauptversammlungsort gesetzt sind.

A. Das Teilnahmerecht der Aktionäre als Gestaltungsgrenze

Das Aktiengesetz enthält keine ausdrückliche Bestimmung, die das Recht der Aktionäre auf Teilnahme an der Hauptversammlung statuiert.[656] Aus § 118 Abs. 3

655 BGHZ 203, 68, 75 Rn. 20; Hüffer/*Koch* § 121 Rn. 13.

656 Spindler/Stilz/*Hoffmann* § 118 Rn. 11.

AktG lässt sich lediglich ein Teilnahmerecht der Vorstands- und Aufsichtsratsmitglieder als Gegenstück zu ihrer Verpflichtung, an der Hauptversammlung teilzunehmen, ableiten. Wie § 118 Abs. 1 AktG aber zeigt, ist der Aktionär zur Wahrnehmung seiner versammlungsgebundenen Rechte darauf angewiesen, an der Hauptversammlung teilzunehmen – sei es durch Anwesenheit am Versammlungsort oder im Wege der elektronischen Kommunikation. Die versammlungsgebundenen Rechte setzen daher ein Recht des Aktionärs auf Teilnahme an der Hauptversammlung zwingend voraus.[657] Dieses Recht folgt somit unmittelbar aus der Mitgliedschaft und ist unabhängig vom Bestehen des Stimmrechts des Aktionärs.[658] Ein Aktionär kann sein Recht auf Teilnahme nur in einigen wenigen gesetzlich vorgesehenen Fällen verlieren (§§ 20 Abs. 7 S. 1 AktG, 28 Abs. 1 S. 1 WpHG, 59 S. 1 WpÜG).

Durch die in der Satzungsbestimmung festgelegten Vorgaben ist das Teilnahmerecht der Aktionäre zu wahren. Dies gilt unabhängig davon, ob die Satzung konkret einen oder mehrere Orte als Versammlungsort benennt, oder die statutarischen Vorgaben abstrakt formuliert sind. Die Wahl eines Versammlungsorts, der nicht zugleich Sitz der Gesellschaft ist, kann den Aktionären die Anreise zur Hauptversammlung erschweren und somit deren Teilnahmerecht faktisch beeinträchtigen. In einem ersten Schritt sind daher die mit der Wahl eines (ausländischen) Versammlungsorts möglicherweise verbundenen Erschwernisse für die Anreise zur Hauptversammlung zu ermitteln, aus denen sich die für die Gestaltung der Satzungsbestimmung zum Hauptversammlungsort relevanten Kriterien ergeben. Anschließend sind diese Kriterien näher zu untersuchen und in ihrer Bedeutung zu gewichten.

I. Die für die Gestaltungsfreiheit maßgeblichen Kriterien

In der Entscheidung des BGH vom 21.10.2014 werden zugleich zwei wesentliche Kriterien genannt, die bei der Gestaltung der Satzung zu berücksichtigen sind: die Anzahl der potentiellen Hauptversammlungsorte und die geografische Lage des Versammlungsorts.

Je größer die Anzahl potentieller Hauptversammlungsorte ist, desto weniger voraussehbar ist der konkrete Ort der nächsten Hauptversammlung für die Aktionäre. Diesen fällt daher bei einer großen Anzahl möglicher Versammlungsorte die Vorbereitung ihrer Anreise schwerer, was auch mit erhöhten Reisekosten verbunden sein kann. Um das Teilnahmeinteresse der Aktionäre zu wahren, ist

657 *Siepelt* AG 1995, 254.

658 Spindler/Stilz/*Hoffmann* § 118 Rn. 11.

deswegen die Anzahl potentieller Versammlungsorte durch geeignete Vorgaben in der Satzung zu begrenzen.

Das Teilnahmerecht der Aktionäre wird auch durch den finanziellen und zeitlichen Aufwand der Anreise zur Hauptversammlung beeinträchtigt. Insbesondere die Wahl eines geografisch weit entfernt liegenden Versammlungsorts kann diesen Aufwand in einem Maße steigern, dass den Aktionären die Teilnahme an der Hauptversammlung unzumutbar erschwert wird. Es ist daher bereits auf der statutarischen Ebene zu verhindern, dass das Einberufungsorgan einen Versammlungsort wählen kann, der nur mit einem unverhältnismäßigen Aufwand zu erreichen ist.

In seiner Entscheidung vom 21.10.2014 beanstandet der Gerichtshof weiterhin, dass die streitgegenständliche Satzungsänderung auch die Wahl von Versammlungsorten ermöglicht hätte, an denen kein Bezug zur geschäftlichen Tätigkeit der Gesellschaft besteht.[659] Bei inländischen Hauptversammlungsorten ist ein Bezug zur Geschäftstätigkeit der Gesellschaft nicht erforderlich.[660] Es ist daher zu untersuchen, ob eine Geschäftstätigkeit am Hauptversammlungsort für Auslandsversammlungen ein besonderes Zulässigkeitskriterium darstellt.

Jenseits dieser vom BGH in seiner Entscheidung vom 21.10.2014 erwähnten Kriterien kann den Aktionären die Teilnahme an der Hauptversammlung auch noch durch weitere Umstände erschwert werden, wenn ein Hauptversammlungsort im Ausland gewählt wird. So ist es für die Aktionäre mit Kosten verbunden, wenn am Ort der Hauptversammlung kein Euro akzeptiert wird und sie daher zur Begleichung der während ihres Aufenthalts anfallenden Aufwendungen gezwungen sind, Geld zu wechseln. Eine vergleichbare Beeinträchtigung des Teilnahmerechts stellt es dar, wenn der Aktionär am Ort der Hauptversammlung eine für ihn fremde Sprache sprechen muss. Zudem ist darauf zu achten, dass die Satzungsbestimmung nur die Wahl solcher Hauptversammlungsorte zulässt, die über eine angemessene Infrastruktur verfügen. Diesbezüglich ist nicht nur die örtliche Verkehrsinfrastruktur relevant, die den Aktionären die Anreise zur Hauptversammlung in einer zumutbaren Weise ermöglichen muss. Es müssen auch genügend Unterkünfte in Form von Hotels, Gaststätten und ähnlichem verfügbar sein, um den Aktionären das Übernachten am Ort der Hauptversammlung zu ermöglichen.

Weiterhin ist bei der Gestaltung der Satzungsbestimmung auch darauf zu achten, dass die auf der Hauptversammlung gefassten Beschlüsse durch die aus-

---

659 BGHZ 203, 68, 76 Rn. 21.

660 Vgl. S. 37.

ländische Urkundsperson beurkundet werden können. Nach hier vertretener Ansicht[661] ist dafür jedoch die Beachtung der Ortsform ausreichend, wenn diese zumindest für verfassungsrelevante Beschlüsse eine öffentliche Beurkundung fordert. Diese Vorgabe wirkt sich daher nicht gravierend auf die Gestaltungsfreiheit des Satzungsgebers aus.

II. Die Anzahl potentieller Hauptversammlungsorte

§ 121 Abs. 5 AktG wurde als § 105 Abs. 3 in das Aktiengesetz[662] vom 30.01.1937 aufgenommen, um den Streit darüber zu beenden, ob jeder beliebige Ort Deutschlands als Hauptversammlungsort bestimmt werden dürfe.[663] Mit dieser Entstehungsgeschichte der Vorschrift geht der Regelungszweck des § 121 Abs. 5 AktG einher, für die Aktionäre eher voraussehbar zu machen, an welchem Ort die nächste Hauptversammlung stattfinden wird.[664]

Es wurde bereits aufgezeigt, dass zur Erreichung dieses Gesetzeszwecks die Satzungsbestimmung konkrete Vorgaben zum Versammlungsort enthalten muss, sodass die Ortswahl nicht dem freien Ermessen des Einberufungsorgans überlassen ist. Deswegen sind auch zu großzügige Vorgaben, die das Ermessen nur scheinbar begrenzen, nicht zulässig.[665]

So formuliert der BGH in seiner Entscheidung vom 21.10.2014, dass dem Einberufungsberechtigten nicht die „Auswahl unter einer großen Zahl geografisch weit auseinanderliegender Orte" überlassen werden darf.[666] Die angefochtene Satzungsänderung sah vor, dass die Hauptversammlung zukünftig entweder am Gesellschaftssitz, dem Sitz einer Wertpapierbörse in der Europäischen Union oder in einer Großstadt in der Europäischen Union mit mehr als 500.000 Einwohnern stattfindet. Nach Ansicht des Gerichtshofs wird durch eine solche Satzungsbestimmung das Ermessen des Einberufungsorgans nicht ausreichend gebunden. Es würden allein rund 60 Städte in der Europäischen Union mit mehr als 500.000 Einwohnern existieren, zu denen noch eine angeblich unbekannte Anzahl kleinerer Städte, die Sitz einer Wertpapierbörse sind, hinzukämen. Dies führe zu einer hohen Zahl an potentiellen Hauptversammlungsorten.[667]

---

661 Vgl. S. 112.

662 RGBl. 1937 I S. 107.

663 BGH NJW 1994, 320, 322; BGHZ 203, 68, 72 Rn. 15.

664 *Bungert* AG 1995, 26, 28.

665 Vgl. S. 37.

666 BGHZ 203, 68, 75 Rn. 20.

667 BGHZ 203, 68, 76 Rn. 21.

Diese Einschätzung des BGH überrascht auf den ersten Blick. Denn in deutschen DAX-Gesellschaften sind Klauseln, die auf eine vergleichbare Anzahl an Städten als potentielle Hauptversammlungsorte hinauslaufen, gängige Praxis. So sehen viele Klauseln vor, dass die Hauptversammlung am Sitz der Gesellschaft oder in einer anderen deutschen Stadt mit mehr als 100.000 Einwohnern stattfindet.[668] Die Anzahl deutscher Städte mit mehr als 100.000 Einwohnern beträgt laut Zensus 2011 jedoch 76[669] und übersteigt daher die Anzahl an Städten in der Europäischen Union mit mehr als 500.000 Einwohnern, was die Zulässigkeit dieser Art von Satzungsbestimmungen fraglich erscheinen lässt.[670]

Weiterhin ist die Aussage des BGH nicht überzeugend, die Anzahl an Städten sei unbekannt, die Sitz einer Wertpapierbörse in der Europäischen Union sind und weniger als 500.000 Einwohner haben. Die Europäische Wertpapier- und Marktaufsichtsbehörde führt ein aktuelles Verzeichnis, in dem alle organisierten Märkte und somit auch alle Wertpapierbörsen innerhalb der Europäischen Union aufgeführt sind.[671] Anhand dieses Verzeichnisses und aktuellen Einwohnerstatistiken lässt sich mit einem gewissen Aufwand feststellen, welche der dort aufgeführten Orte weniger als 500.000 Einwohner haben.[672]

Wenn man sich aber die vorangehende Aussage des BGH – „große[n] Zahl geografisch weit auseinanderliegender Orte“[673] – in Erinnerung ruft und auch die weiteren Ausführungen des Gerichtshofs – „eine weite Anreise bis an die Ränder der Europäischen Union“[674] – beachtet, wird deutlich, dass wohl auch nach Ansicht des BGH nicht allein die große Anzahl potentieller Versammlungsorte das Teilnahmerecht in unzumutbarer Weise beeinträchtigt. Denn schon bei wenigen, aber weit auseinander liegenden potentiellen Versammlungsorten ist

---

668 Vgl. § 12.2 der Satzung der Allianz SE (Fassung Juni 2015); § 16.3 der Satzung der BASF SE (Fassung Mai 2014); § 13 der Satzung der Bayer AG (Fassung 05.06.2015); § 19 Abs. 1 der Satzung der Henkel AG & Co. KGaA (Fassung 13.04.2015).

669 https://www.destatis.de/DE/ZahlenFakten/LaenderRegionen/Regionales/Gemeindeverzeichnis/Administrativ/Grosstaedte.pdf, zuletzt abgerufen am 11.04.2018.

670 Kritisch gegenüber Satzungsregelungen mit so niedrigen Mindesteinwohnerzahlen *von Eiff* GWR 2015, 29; *Kiem/Reutershahn* EWiR 2015, 3, 4; *Schmidt-Bendun* jurisPR-IWR 1/2015 Anm. 6.

671 http://registers.esma.europa.eu/publication/searchRegister?core=esma_registers_mifid_rma, zuletzt abgerufen am 11.04.2018.

672 Ähnlich *Bungert/Leyendecker-Langner* BB 2015, 268, 269, die auf eine von der Federation of European Securities Exchanges geführte Liste verweisen.

673 BGHZ 203, 68, 75 Rn. 20.

674 BGHZ 203, 68, 76 Rn. 21.

der Aktionär daran gehindert, seine Anreise zur Hauptversammlung vor deren Einberufung zu planen, was den Aktionär von einer Teilnahme abhalten kann; bei einer Vielzahl von möglichen Versammlungsorten, zwischen denen aber keine großen Distanzen liegen, besteht dieses Problem dagegen nicht.[675]

Anhand eines konkreten Beispiels ausgedrückt ist die Anreise zur Hauptversammlung für einen Aktionär einer Düsseldorfer Aktiengesellschaft schwieriger zu planen und damit eher unzumutbar, wenn er sich aufgrund konkreter statutarischer Vorgaben auf eine Hauptversammlung entweder in Madrid oder Budapest vorbereiten muss, als wenn die Satzung abstrakt eine Hauptversammlung in einer beliebigen niederländischen Stadt mit mehr als 100.000 Einwohnern erlaubt. Im letzteren Fall ist die Anzahl potentieller Hauptversammlungsorte zwar größer, dennoch ist die Planung für eine Reise entweder nach Budapest oder nach Madrid offensichtlich mit größeren Komplikationen verbunden als eine Reise in die Niederlande. Denn bei einer Hauptversammlung beispielsweise in einer beliebigen niederländischen Stadt steht für den Aktionär von Anfang an fest, welche Sprache gesprochen und welche Währung in dem betreffenden Staat verwendet wird. Außerdem wird es einem Aktionär bei einer Vielzahl von möglichen Versammlungsorten, zwischen denen aber keine großen Distanzen liegen, eher möglich sein, zu bestimmen, welches Verkehrsmittel er für seine Anreise zur Hauptversammlung am besten nutzen wird. So lässt sich eine Reise in die Niederlande auch ohne Benennung eines konkreten Versammlungsorts noch in der Zeit zwischen Einberufung und dem Tag der Hauptversammlung vorbereiten. Dieses einfache Beispiel verdeutlicht, dass die Anzahl potentieller Hauptversammlungsorte allein nicht entscheidend sein kann.[676] Vielmehr bildet der mit der Anreise zur Hauptversammlung verbundene zeitliche und finanzielle Aufwand die sich aus dem Teilnahmerecht der Aktionäre ergebende maßgebliche Grenze der statutarischen Gestaltungsfreiheit. Das Kriterium der Anzahl der durch eine Satzungsregelung bestimmten oder zugelassenen Versammlungsorte sollte dagegen ganz aufgegeben werden, da es aus Sicht des zu schützenden Aktionärs keinerlei Vorteile bringt. So ist einem Aktionär eher geholfen, wenn die Satzung als Versammlungsort eine Stadt in Nordrhein-Westfalen mit mehr als 100.000 Einwohnern bestimmt, als wenn das Einberufungsorgan die Wahl zwischen München und Hamburg als Ort für die nächste Hauptversammlung hat.

---

675 *Herrler* ZGR 2015, 918, 923.

676 Ebenso *Herrler* ZGR 2015, 918, 923; *Wettich* AG 2015, 681, 685; ähnlich *Bungert/Leyendecker-Langner* BB 2015, 268, 269 f., die aber den finanziellen Reiseaufwand als nicht entscheidend für die Zumutbarkeit ansehen.

Da somit zu der bloßen Anzahl der möglichen Hauptversammlungsorte noch eine gewisse entfernte geografische Lage der potentiellen Hauptversammlungsorte hinzukommen muss, damit eine unzumutbare Erschwerung der Teilnahme der Aktionäre angenommen werden kann, sollten auch gängige Vorgaben in aktuellen Satzungen, die als Ort der Hauptversammlung Städte innerhalb Deutschlands mit einer Mindesteinwohnerzahl von 100.000 festlegen, unbedenklich sein.[677] Denn auch wenn zwischen verschiedenen potentiellen Hauptversammlungsorten innerhalb Deutschlands beträchtliche Entfernungen liegen können, sind diese Distanzen doch wesentlich kürzer als die Entfernungen zwischen einzelnen möglichen Versammlungsorten, deren Wahl durch die vom BGH zu überprüfende Satzungsgestaltung ermöglicht worden wäre. Das Verbot des BGH, „dem Einberufungsberechtigten die Auswahl unter einer großen Zahl geografisch weit auseinanderliegender Orte"[678] zu überlassen, führt daher nicht zur Unzulässigkeit von Satzungsbestimmungen, die lediglich eine Hauptversammlung im Inland ermöglichen.[679]

III. Der finanzielle und zeitliche Aufwand der Anreise

Es besteht Einigkeit darüber, dass die Teilnahme der Aktionäre an der Hauptversammlung nicht dadurch unzumutbar erschwert werden darf, dass ein besonders weit entfernt liegender oder schwer erreichbarer Versammlungsort gewählt wird. Denn die Aktionäre müssen den Versammlungsort mit einem zumutbaren zeitlichen und finanziellen Aufwand erreichen können.[680]

Umstritten ist jedoch, wie diese Vorgabe einzuhalten ist. Das Schrifttum lässt sich dabei grob in zwei Lager teilen, ohne dass innerhalb dieser Lager vollständige Einigkeit bezüglich der materiellen Vorgaben für einen Hauptversammlungsort herrscht. Nach einer Auffassung[681] ist eine kilometermäßige Obergrenze zu beachten, die das Auswahlermessen des Einberufungsorgans beschränkt. Wird diese maximale Distanz überschritten, läge nach dieser Ansicht eine Verletzung

677 *Wettich* AG 2015, 681, 685; *Rieckers* DB 2015, 2131, 2137; a.A. *Kiem/Reutershahn* EWiR 2015, 3, 4.

678 BGHZ 203, 68, 75 Rn. 20.

679 *Wettich* AG 2015, 681, 685; *Rieckers* DB 2015, 2131, 2137; a.A. *Schmidt-Bendun* jurisPR-IWR 1/2015 Anm. 6.

680 Teilweise abweichend *Bungert/Leyendecker-Langner* BB 2015, 268, 270, die den finanziellen Aufwand als nicht entscheidend für die Zumutbarkeit ansehen.

681 *Herrler* ZGR 2015, 918, 926; MünchKommAktG/*Kubis* § 121 Rn. 91; ähnlich *Schiessl* DB 1992, 823.

des Teilnahmerechts der Aktionäre vor. Nach gegenteiliger Auffassung[682] ist dagegen für die Beurteilung der Zumutbarkeit des Versammlungsorts allein auf dessen tatsächliche Erreichbarkeit aufgrund der lokalen verkehrstechnischen Begebenheiten abzustellen. Diese zweite Auffassung lässt sich wiederum in verschiedene Ansichten untergliedern, die den Gestaltungsspielraum des Satzungsgebers bei der statutarischen Bestimmung der ausländischen Versammlungsorte unterschiedlich weit fassen.

1. *Maßgeblichkeit des Gesellschaftssitzes für die Ermittlung der zulässigen Hauptversammlungsorte*

Vor Beantwortung der Streitfrage, ob eine kilometermäßige Begrenzung notwendig oder allein die tatsächliche Erreichbarkeit des Versammlungsorts entscheidend ist, muss jedoch zunächst geklärt werden, welcher der für die Berechnung der Anreisedistanz und somit für die Beurteilung der Zumutbarkeit maßgebliche Ausgangspunkt ist. Diesbezüglich kommen grundsätzlich der Wohnsitz des Aktionärs[683] und der Sitz der Gesellschaft in Betracht.

Für die Maßgeblichkeit des Wohnsitzes der Aktionäre lässt sich anführen, dass so die für den Aktionär tatsächlich anfallende Anreisedistanz zum Hauptversammlungsort beachtet wird, sodass sich auch der finanzielle und zeitliche Aufwand der Anreise genauer bestimmen lässt. Allerdings wird die Gesellschaft häufig keine entsprechenden Informationen über ihre Aktionäre haben.[684] Nur bei Namensaktien besteht gemäß § 67 Abs. 1 S. 2 AktG eine Pflicht des Aktionärs, der Gesellschaft seine Adresse mitzuteilen. Eine vergleichbare Pflicht besteht bei Inhaberaktien dagegen nicht. Aufgrund dieses Informationsdefizits wird es der Gesellschaft oftmals überhaupt nicht möglich sein, die (noch) zulässigen Hauptversammlungsorte zu ermitteln, wenn Grundlage der Berechnung die verschiedenen Wohnorte der Aktionäre sein sollen.

Entscheidend für den Sitz der Gesellschaft als maßgeblichen Ort der Berechnung der Anreisedistanz spricht, dass die Gesellschaftsaktionäre im gesamten Bundesgebiet oder weltweit verstreut leben können. Daher ist der Wohnort der

---

682 *Bungert* AG 1995, 26, 29; *Bungert/Leyendecker-Langner* BB 2015, 268, 270; *Goslar* DB 2015, 178, 179; Hüffer/*Koch* § 121 Rn. 15; KK-AktG/*Noack/Zetzsche* § 121 Rn. 182, 188; Münch. Hdb. AG/*Bungert* § 36 Rn. 51; K. Schmidt/Lutter/*Ziemons* § 121 Rn. 98; Spindler/Stilz/*Rieckers* § 121 Rn. 74; ähnlich *Linnerz* NZG 2006, 208, 209.

683 Sofern der Aktionär keine natürliche Person ist, kann man an den Gesellschaftssitz anknüpfen.

684 Vgl. S. 32 f.

Aktionäre ein untaugliches Kriterium. Denn die Anreisedistanz wird von Aktionär zu Aktionär variieren, sodass die Gesellschaft niemals dem Teilnahmeinteresse der einzelnen Aktionäre in gleichem Maße gerecht werden kann. Der für alle Aktionäre gleich verbindliche Ort ist der Sitz der Gesellschaft.

Deshalb ist der Gesellschaftssitz für die Ermittlung der maximalen Anreisedistanz zur Hauptversammlung maßgeblich. Dafür spricht auch, dass dies der gesetzlich vorgesehene Ort der Hauptversammlung ist.[685]

Gegen diese Anknüpfung an den Gesellschaftssitz wird jedoch angeführt, dass sich ein Großteil der Marktkapitalisierung deutscher Aktiengesellschaften im Besitz ausländischer Investoren befände.[686] Sähe man trotzdem den deutschen Gesellschaftssitz als maßgebliche Grundlage der Berechnung an, führte dies stets zu einer faktischen Bevorzugung der Kleinaktionäre mit Wohnsitz in Deutschland gegenüber den anderen Aktionären.[687] Diese Argumentation überzeugt nicht. Die Gestaltung der Satzungsbestimmung zum Hauptversammlungsort hat sich am Teilnahmerecht der Aktionäre und nicht an der Verteilung des Grundkapitals zu orientieren. Daher ist nicht die Marktkapitalisierung, sondern die Anzahl der Aktionäre entscheidend.[688] Die Anzahl deutscher Minderheitsaktionäre einer Aktiengesellschaft mit Sitz in Deutschland wird aber regelmäßig die Anzahl der ausländischen Großaktionäre überschreiten,[689] sodass den Interessen der zahlenmäßig überlegenen deutschen Minderheitsaktionäre der Vorrang zu gewähren ist. Bereits dies spricht für die für die Anknüpfung an den Gesellschaftssitz. Weiterhin ist der mit der Anreise verbundene Aufwand eher geeignet, Kleinaktionäre von einer Teilnahme an der Hauptversammlung abzuhalten als dies bei Großaktionären der Fall ist.[690] Zudem entspricht die Anknüpfung an den Gesellschaftssitz auch den Erwartungen des Aktionariats. Wer Aktien einer Gesellschaft mit Satzungssitz in Deutschland erwirbt, muss sich darauf einstellen, dass dieser Sitz für verschiedene gesellschaftsrechtliche Konstellationen wie der Wahl des Orts der Hauptversammlung Relevanz erlangt.

Daher ist an dem zuvor gefundenen Ergebnis festzuhalten. Für die Ermittlung der mit dem Teilnahmerecht der Aktionäre zu vereinbarenden Hauptversammlungsorte ist der Gesellschaftssitz als Anknüpfungspunkt entscheidend.

---

685 MünchKommAktG/*Kubis* § 121 Rn. 91; K. Schmidt/Lutter/*Ziemons* § 121 Rn. 98.

686 *Bungert/Leyendecker-Langner* BB 2015, 268, 269.

687 *Bungert/Leyendecker-Langner* BB 2015, 268, 269 f.

688 *Herrler* ZGR 2015, 918, 924.

689 *Herrler* ZGR 2015, 918, 924.

690 *Herrler* ZGR 2015, 918, 924.

2. *Die Begrenzung des Aufwands der Anreise zur Hauptversammlung*

Nachdem nun der Gesellschaftssitz als maßgeblicher Anknüpfungspunkt festgelegt wurde, ist zu ermitteln, welche ausländischen Orte aufgrund ihrer geografischen Lage als zulässige Hauptversammlungsorte in der Satzung bestimmt werden können. Das Schrifttum lässt sich dabei wie bereits erwähnt in eine Meinung[691], die eine starre kilometermäßige Obergrenze befürwortet, und eine Meinung[692], die zur Beschränkung des Auswahlermessens allein auf die Zweckmäßigkeit und tatsächliche Erreichbarkeit der potentiellen Hauptversammlungsorte abstellen will, unterteilen.

a) Erste Meinung: Notwendigkeit einer kilometermäßigen Obergrenze

Nach der Auffassung *Kubis* hat man sich bei der Wahl des ausländischen Versammlungsorts an den Begebenheiten für inländische Hauptversammlungen zu orientieren.[693] Bei inländischen Hauptversammlungen sei eine Anreisedistanz von maximal 1.000 km möglich.[694] Diese Distanz sei für die statutarische Bestimmung eines ausländischen Versammlungsorts gerechnet vom Satzungssitz ebenfalls maßgeblich.[695]

Herrler sieht solch große Distanzen dagegen als problematisch an, da sie mit finanziellen Belastungen für Minderheitsaktionäre verbunden sein können, die diese von der Teilnahme an der Hauptversammlung abhalten könnten.[696] Vielmehr gebiete es die Einführung der Möglichkeit einer Online-Teilnahme nach § 118 Abs. 1 S. 2 AktG, die Kriterien für einen zulässigen Versammlungsort restriktiver zu fassen, sodass bereits Distanzen von 500 km als problematisch anzusehen seien.[697]

---

691 *Herrler* ZGR 2015, 918, 926; MünchKommAktG/*Kubis* § 121 Rn. 91; ähnlich *Schiessl* DB 1992, 823.

692 *Bungert* AG 1995, 26, 29; *Bungert/Leyendecker-Langner* BB 2015, 268, 270; *Goslar* DB 2015, 178, 179; Hüffer/*Koch* § 121 Rn. 15; KK-AktG/*Noack/Zetzsche* § 121 Rn. 182, 188; Münch. Hdb. AG/*Bungert* § 36 Rn. 51; K. Schmidt/Lutter/*Ziemons* § 121 Rn. 98; Spindler/Stilz/*Rieckers* § 121 Rn. 74; ähnlich *Linnerz* NZG 2006, 208, 209.

693 MünchKommAktG/*Kubis* § 121 Rn. 91; in MünchKommAktG/*Kubis* 3. Auflage § 121 Rn. 92 wird dieser Gedanke noch deutlicher formuliert.

694 MünchKommAktG/*Kubis* 3. Auflage § 121 Rn. 92.

695 MünchKommAktG/*Kubis* 3. Auflage § 121 Rn. 92; ähnlich *Schiessl* DB 1992, 823.

696 *Herrler* ZGR 2015, 918, 926.

697 *Herrler* ZGR 2015, 918, 926.

b) *Zweite Meinung: tatsächliche Erreichbarkeit des Versammlungsorts entscheidend*

Die überwiegende Auffassung in der Literatur geht jedoch dahin, keine feste kilometermäßige Obergrenze für die Zumutbarkeit der ausländischen Versammlungsorte festzulegen, sondern die tatsächliche Erreichbarkeit des Versammlungsorts in den Mittelpunkt der Beurteilung der Zumutbarkeit zu stellen.

Differenzierungen innerhalb dieser überwiegenden Meinung bestehen bezüglich des Umfangs der Gestaltungsfreiheit des Satzungsgebers bei der Fassung der Satzungsbestimmung zum Versammlungsort.

aa) Zulässigkeit von Hauptversammlungen innerhalb der gesamten Europäischen Union

So wird formuliert, die Anreise dürfe keinen unverhältnismäßigen Aufwand erfordern, eine Obergrenze von 1.000 km als zwischen zwei in Deutschland gelegenen Orten maximal mögliche Reiseentfernung sei aber zu eng.[698] Eine noch weitergehende Ansicht will dagegen unter Verzicht auf jegliche Anlehnung an eine kilometermäßige Obergrenze nur die Wahl solcher Orte als unzulässig einstufen, die bewusst schwer erreichbar sind und deswegen gegen das Missbrauchsverbot verstießen.[699] Die Satzung dürfe konkret bestimmte europäische Großstädte als Ort der Hauptversammlung vorsehen, weil diese verkehrstechnisch generell gut und oftmals besser erreichbar seien als kleinere Gemeinden in entlegenen Ecken Deutschlands.[700] Daher werden beispielsweise neben den Hauptstädten von an Deutschland angrenzenden Staaten auch Städte, die als Drehkreuz für den Flugverkehr gelten, als taugliche Orte für eine Hauptversammlung angesehen.[701]

bb) Restriktivere Auslegung des statutarischen Gestaltungsspielraums

Andere Autoren formulieren dagegen, die Satzung dürfe nur Hauptversammlungsorte vorsehen, welche ohne wesentliche Erschwernisse erreichbar sind[702] oder die mit einem vergleichbaren Aufwand erreichbar sind wie ein beliebiger Versammlungsort innerhalb Deutschlands[703]. Diese Aussagen deuten verglichen

---

698 Spindler/Stilz/*Rieckers* § 121 Rn. 74.

699 KK-AktG/*Noack/Zetzsche* § 121 Rn. 182, 188; *Bungert* AG 1995, 26, 29.

700 *Bungert/Leyendecker-Langner* BB 2015, 268, 270; Münch. Hdb. AG/*Bungert* § 36 Rn. 51; ähnlich *Linnerz* NZG 2006, 208, 209.

701 *Goslar* DB 2015, 178, 179.

702 Hüffer/*Koch* § 121 Rn. 15.

703 K. Schmidt/Lutter/*Ziemons* § 121 Rn. 98.

mit der zuvor genannten Auffassung auf eine restriktivere Auslegung der statutarischen Gestaltungsfreiheit. Während nach zuvor genannter Ansicht die meisten europäischen Großstädte als zumutbar gewertet werden, dürfte dies nach dieser Ansicht aufgrund der Vorgabe eines vergleichbaren Aufwands für die Anreise zur Hauptversammlung nicht der Fall sein. Denn trotz der guten verkehrstechnischen Erreichbarkeit mancher europäischer Hauptstädte wie beispielsweise Lissabon ist die Anreise wegen der größeren geografischen Distanz mit höheren Kosten verbunden, als wenn die Hauptversammlung im Inland stattfände.

c) Stellungnahme

Die erste Variante der zweiten Auffassung, nach der ohne Einschränkung die verkehrstechnische Erreichbarkeit des Versammlungsorts entscheidend ist, sodass Hauptversammlungen in ganz Europa möglich sind, ist abzulehnen. Sie ignoriert die mit der Anreise zur Hauptversammlung einhergehende finanzielle Belastung, die insbesondere Kleinaktionäre von der Teilnahme an der Hauptversammlung abhalten kann.[704] Es ist zwar zuzugeben, dass eine gute verkehrstechnische Erreichbarkeit des Versammlungsorts aufgrund der höheren Anzahl an Reisemöglichkeiten – insbesondere Flugverbindungen sind hier zu nennen – den zeitlichen Aufwand der Anreise mindert.[705] Grundsätzlich lässt sich allerdings annehmen, dass trotz guter Erreichbarkeit mit zunehmender Distanz die finanzielle Belastung der teilnehmenden Aktionäre in Form höherer Reisekosten steigen wird. Dies gilt insbesondere, wenn der Aktionär aufgrund einer Flugunverträglichkeit nicht mit dem Flugzeug anreisen möchte, sondern ein Auto nutzen will.[706] Dann sind die Treibstoffkosten der wesentliche Kostenfaktor, welche allein durch die Distanz zum Versammlungsort beeinflusst werden. Es ist daher durch statutarische Vorgaben sicherzustellen, dass das Einberufungsorgan keine Versammlungsorte wählen kann, welche eine zu große Distanz zum Gesellschaftssitz aufweisen, sodass der finanzielle Aufwand der Anreise nicht die Grenzen des Zumutbaren überschreitet.

Soweit vereinzelt vorgetragen wird, der finanzielle Aufwand der Anreise solle für die Zumutbarkeit nicht entscheidend sein,[707] wird für diese Ansicht keine Begründung geliefert. Dieser Ansicht kann daher bereits aus diesem Grund nicht ge-

---

704 *Herrler* ZGR 2015, 918, 925.

705 *Herrler* ZGR 2015, 918, 925.

706 Die Notwendigkeit einer Flugreise darf einem Aktionär nicht zugemutet werden, vgl. S. 148.

707 *Bungert/Leyendecker-Langner* BB 2015, 268, 270.

folgt werden. Der finanzielle Aufwand ist neben dem zeitlichen Aufwand vielmehr ein gleichwertiges Kriterium. Ein Aktionär wird bei seiner Planung der Anreise zur Hauptversammlung überlegen, was er für die Anreise zeitlich und finanziell investieren muss und dies mit seinem Interesse an der Teilnahme abwägen. Sofern die Reisekosten außer Verhältnis zur finanziellen Beteiligung des Aktionärs an der Gesellschaft stehen, wird dieser zu dem Abwägungsergebnis kommen, dass sich eine Teilnahme an der Hauptversammlung für ihn nicht lohnt. Er wird daher von der Anreise Abstand nehmen. Ließe man den finanziellen Aufwand bei der Ermittlung der zumutbaren Hauptversammlungsorte außer Betracht, könnte die Gesellschaft durch die Wahl eines geografisch weit vom Gesellschaftssitz entfernt liegenden Versammlungsorts verhindern, dass Kleinaktionäre an der Hauptversammlung teilnehmen.

Die erste Ansicht und die Variante der zweiten Ansicht, nach der nur solche ausländischen Hauptversammlungsorte in der Satzung bestimmt werden dürfen, die einen vergleichbaren Anreiseaufwand erfordern wie ein beliebiger inländischer Versammlungsort, unterscheiden sich hinsichtlich der zulässigen ausländischen Versammlungsorte nicht wesentlich. Denn beide Ansichten orientieren sich an den für inländische Hauptversammlungen geltenden Begebenheiten und kommen deswegen zu vergleichbaren Ergebnissen. So sind nach beiden Ansichten Hauptversammlungen an den Rändern der Europäischen Union unzulässig, da entsprechende Versammlungsorte einen zu großen Aufwand für die Anreise erfordern bzw. die kilometermäßige Obergrenze gerechnet vom Gesellschaftssitz überschritten wird.

Die erste Ansicht ist aus praktischen Erwägungen dennoch vorzugswürdig. Eine kilometermäßige Obergrenze ist eher geeignet, für den Satzungsgeber erkenntlich zu machen, welche Städte er konkret oder mittels abstrakter Vorgaben in der Satzung als Ort der Hauptversammlung festlegen darf. Das Kriterium der verkehrstechnischen Erreichbarkeit ist verglichen mit einer kilometermäßigen Obergrenze dagegen recht unbestimmt, sodass bei der Gestaltung der Satzungsbestimmung Unsicherheiten entstehen können, welche Versammlungsorte verkehrstechnisch gut zu erreichen sind und daher das Teilnahmerecht der Aktionäre wahren. Die Orientierung an einer kilometermäßigen Obergrenze erzeugt somit insgesamt mehr Rechtssicherheit und wird dem von § 121 Abs. 5 AktG intendierten abstrakten Schutz der Aktionäre eher gerecht. Die verkehrstechnische Erreichbarkeit ist dagegen nur ein weiteres Kriterium, das zur Unzulässigkeit eines sonst zulässigen Orts führen kann.[708]

---

708 Zur verkehrstechnischen Erreichbarkeit des Versammlungsorts vgl. S. 147.

Fraglich ist, ob in Anlehnung an die innerhalb Deutschlands maximal mögliche Reisedistanz von ungefähr 1.000 km eine entsprechende kilometermäßige Obergrenze einzuhalten ist[709] oder insoweit der abweichenden Auffassung *Herrlers*[710] zu folgen ist, der bei Hauptversammlungen im Ausland bereits Anreisedistanzen von 500 km als problematisch ansieht. *Herrler* begründet seine abweichende Auffassung mit der durch das ARUG eingeführten Möglichkeit der Online-Teilnahme gemäß § 118 Abs. 1 S. 2 AktG, aufgrund derer es angezeigt sei, die Anforderungen an einen zulässigen Versammlungsort im Interesse der Teilnahmemöglichkeit der Aktionäre restriktiver als bisher üblich zu fassen. Diese Argumentation überzeugt nicht. Wie der Wortlaut des § 118 Abs. 1 S. 2 AktG und die Gesetzesbegründung[711] zeigen, ist die Möglichkeit der Online-Teilnahme neben der Präsenzteilnahme nur als zusätzliche Form der Teilnahme an der Hauptversammlung ausgestaltet, welche weiterhin physisch an einem bestimmten Ort stattfindet. Die Zulassung der Online-Teilnahme durch das ARUG sollte folglich keine Auswirkungen auf die Präsenzteilnahme haben. Zweck der Einfügung des § 118 Abs. 1 S. 2 AktG war es vielmehr, die Quote der an der Hauptversammlung – elektronisch oder physisch – teilnehmenden Aktionäre zu erhöhen.[712] Die Einfügung des § 118 Abs. 1 S. 2 AktG betrifft folglich lediglich die Modalitäten der Teilnahme. Eine Modifikation der Anforderungen an einen zulässigen Versammlungsort lässt sich aber weder der Gesetzesbegründung noch dem Wortlaut der Norm entnehmen. Deshalb kann die bislang akzeptierte maximale Anreisedistanz von 1.000 km auch weiterhin als Maßstab für die Zulässigkeit von ausländischen Versammlungsorten genutzt werden.

d) Irrelevanz des Aufwands der Anreise bei Online-Teilnahme gemäß § 118 Abs. 1 S. 2 AktG

Unabhängig von der Frage, ob das Teilnahmerecht der Aktionäre durch eine feste kilometermäßige Obergrenze zu sichern ist oder allein die Erreichbarkeit des Versammlungsorts entscheidet, wird die Auffassung vertreten, die Distanz zwischen dem Gesellschaftssitz und dem Versammlungsort sei unerheblich für die Zumutbarkeit des Versammlungsorts, wenn dem Aktionariat die Ausübung sämtlicher Aktionärsrechte im Wege der Online-Teilnahme gemäß § 118 Abs. 1 S. 2 AktG

709 So MünchKommAktG/*Kubis* § 121 Rn. 91.

710 *Herrler* ZGR 2015, 918, 926.

711 Begr. RegE zu § 118 AktG, BT-Drucks. 16/11642, S. 26.

712 Begr. RegE zu § 118 AktG, BT-Drucks. 16/11642, S. 26.

gestattet werde.[713] Dazu sei gegebenenfalls erforderlich, dass die Gesellschaft den Aktionären die Rechtsausübung an inländischen Orten – wie dem Gesellschaftssitz – durch die entsprechenden technischen Einrichtungen ermögliche.[714]

Gegen diese Auffassung lässt sich allerdings einwenden, dass auch bei bestehender Möglichkeit der Online-Teilnahme grundsätzlich ein Interesse der Aktionäre anzuerkennen ist, durch physische Präsenz vor Ort an der Hauptversammlung teilzunehmen.[715] Zwar ist die Distanz zwischen Gesellschaftssitz und Versammlungsort für den Aufwand der Anreise des Aktionärs zur Hauptversammlung tatsächlich unerheblich, wenn dieser alle seine versammlungsgebundenen Rechte im Wege der elektronischen Kommunikation ausüben kann. Dennoch verbleibt das Risiko technischer Störungen bei der Durchführung der Hauptversammlung, die eine effektive Ausübung der Aktionärsrechte verhindern können. Bei solchen technischen Störungen kann eine Anfechtungsklage gemäß § 243 Abs. 3 Nr. 1, 1. Hs. AktG nur dann auf eine Verletzung des Teilnahmerechts gestützt werden, wenn der Gesellschaft grobe Fahrlässigkeit oder Vorsatz vorzuwerfen ist. Beruht die technische Störung auf einem Fall der einfachen Fahrlässigkeit und ist ein Hauptversammlungsort gewählt worden, der ohne die Zulassung der Online-Teilnahme den Aktionären unzumutbar wäre, ist der Aktionär an einer effektiven Ausübung seiner versammlungsgebundenen Rechte gehindert, ohne dass ihm eine Möglichkeit des Rechtsschutzes zusteht. Zwar ist der weitest gehende Ausschluss der Anfechtbarkeit wegen technischer Störungen vom Gesetzgeber gewollt, um eine Erweiterung des Anfechtungsrisikos zu verhindern.[716] Durch die Kombination von Online-Teilnahme und Wahl eines geografisch weit entfernt liegenden ausländischen Versammlungsorts kann es aber zu der Situation kommen, dass ein Aktionär wegen des unzumutbar großen finanziellen und zeitlichen Aufwands nicht zur Hauptversammlung anreisen kann, er sich aber wegen des Risikos technischer Störungen auch nicht auf die Online-Teilnahme verlassen möchte. Diese für den Aktionär missliche Situation ist nicht mit dem Teilnahmerecht der Aktionäre vereinbar. Es ist daher ein Bedürfnis der Aktionäre anzuerkennen, zur Hauptversammlung persönlich anzureisen. Um das Teilnahmerecht der physisch an der Hauptversammlung teilnehmenden Aktionäre zu wahren, ist – selbst wenn die Möglichkeit einer Online-Teilnahme besteht – ein Versammlungsort zu wählen, der mit einem zumutbaren finanziellen und zeitlichen Aufwand zu erreichen ist.

---

713 *Herrler* ZGR 2015, 918, 926; offen *Noack* WuB 2015, 106, 108.

714 *Herrler* ZGR 2015, 918, 926.

715 Vgl. bereits S. 71.

716 Begr. RegE zu § 243 AktG, BT-Drucks. 16/11642, S. 40.

Dieses Bedürfnis des Aktionariats auf physische Teilnahme lässt sich nur dadurch ausschließen, dass in der Satzung ein strengerer Verschuldensmaßstab festgelegt wird, was § 243 Abs. 3 Nr. 1, 2. Hs. AktG ausdrücklich als Gestaltungsmöglichkeit vorsieht. Zudem ist erforderlich, dass von dem durch § 118 Abs. 1 S. 2 AktG eröffneten Gestaltungsspielraum, einzelne versammlungsgebundene Rechte auszuschließen oder in ihrem Inhalt zu beschränken, kein Gebrauch gemacht wird. Denn sonst wäre der online teilnehmende Aktionär gegenüber dem vor Ort teilnehmenden Aktionär benachteiligt und wäre zur vollständigen Wahrnehmung aller seiner versammlungsgebundenen Rechte doch auf eine Präsenzteilnahme angewiesen. Sofern diese Voraussetzungen erfüllt sind, ist es zulässig, einen Versammlungsort zu wählen, der eine Anreise erfordert, die die sonst geltende kilometermäßige Obergrenze überschreitet.

3. *Irrelevanz der Distanz zwischen einzelnen potentiellen Hauptversammlungsorten*

Bislang lag der Fokus der Ausführungen in diesem Abschnitt auf der Distanz zwischen dem Gesellschaftssitz und den in der Satzung bestimmten oder durch Satzungsvorgaben bestimmbaren ausländischen Versammlungsorten. Sofern die Satzung dem Einberufungsorgan die Auswahl zwischen mehreren potentiellen Hauptversammlungsorten ermöglicht, könnte aber für die Anreisevorbereitungen des Aktionärs die Entfernungen zwischen den einzelnen potentiellen Versammlungsorten ebenfalls Relevanz erlangen.

Es ist daher zu untersuchen, ob eine zu große Distanz zwischen den einzelnen möglichen ausländischen Versammlungsorten eine faktische Beeinträchtigung des Teilnahmerechts der Aktionäre darstellen kann.

a) Die Ausführungen des BGH

Die Entscheidung des BGH vom 21.10.2014 greift diesen Aspekt nur an einer Stelle auf. So führt der BGH aus, es stelle keine ausreichende Bindung des Auswahlermessens des Einberufungsorgans dar, wenn dieses zwischen „einer großen Zahl geografisch weit auseinanderliegender Orte“ wählen dürfe.[717] Auch wenn der Gerichtshof durch diese Aussage sowohl die Anzahl der möglichen Versammlungsorte als auch deren geografische Lage und somit zwei verschiedene Kriterien anspricht, wird deutlich, dass nach seiner Auffassung die Distanz zwischen einzelnen potentiellen Versammlungsorten – eventuell zusammen mit einer großen Anzahl an Versammlungsorten – das Teilnahmeinteresse der Aktionäre faktisch

717 BGHZ 203, 68, 75 Rn. 20.

beeinträchtigen kann. Denn diese könnten sich nicht vorab auf die möglichen Versammlungsorte einstellen.[718]

b) Stellungnahme

Es ist dem BGH darin zuzustimmen, dass es einem Aktionär bei geografisch weit auseinanderliegenden Orten schwerer fallen wird, seine Anreise bereits vor der Einberufung der Hauptversammlung zu planen, als wenn die möglichen Versammlungsorte in unmittelbarer Nähe zueinander liegen.

So wird ein Aktionär bei geografisch weit auseinanderliegenden Orten erst dann mit der Anreisevorbereitung wie der Auswahl der Verkehrsmittel und – bei längeren Aufenthalten – der Buchung einer Übernachtungsmöglichkeit am ausländischen Versammlungsort beginnen können, wenn ihm der konkrete Ort der Hauptversammlung mitgeteilt wurde. Diese Information erhält der Aktionär durch die Bekanntmachung der Einberufung der Hauptversammlung in den Gesellschaftsblättern gemäß § 124 Abs. 4 AktG bzw. bei börsennotierten Gesellschaften zusätzlich durch die Veröffentlichung auf der unternehmenseigenen Internetseite gemäß § 124a S. 1 Nr. 1 AktG. Ab diesem Zeitpunkt sind aber die Entfernungen zwischen den möglichen Versammlungsorten für die Planungen des Aktionärs irrelevant, weil der konkrete Ort der Hauptversammlung bereits feststeht, sodass der Aktionär mit der Planung der Anreise zum gewählten Versammlungsort beginnen kann.

Eine Vorbereitung der Anreise zu einem früheren Zeitpunkt als der Bekanntmachung der Einberufung ist dagegen nur praktikabel, wenn alle in der Satzung fixierten oder zugelassenen Versammlungsorte in unmittelbarer Nähe zueinander liegen. Dann ist der Aktionär beispielsweise in der Lage, bereits einen Flug zum nächstgelegenen Flughafen oder – bei einer längeren Anreise – eine von allen möglichen Versammlungsorten nicht weit entfernt liegende Übernachtungsmöglichkeit zu buchen, was wegen des frühen Buchungstermins häufig mit einer Kostenersparnis einhergehen wird. Auch wenn es daher mit Vorteilen für den Aktionär verbunden ist, wenn die in der Satzung vorgesehenen Versammlungsorte in unmittelbarer Nähe zueinander liegen, hat das Aktionariat keinen Anspruch auf eine dahingehende Satzungsbestimmung. Zweck der Regelung des § 121 Abs. 5 AktG ist es, zum Schutz der Beteiligten, insbesondere der Minderheitsaktionäre, eine willkürliche Auswahl des Versammlungsorts zu unterbinden.[719] Der nächste Ort der Hauptversammlung soll für die Aktionäre möglichst voraussehbar

---

718 BGHZ 203, 68, 75 Rn. 20.

719 BGH NJW 1994, 320, 322; BGHZ 203, 68, 72 Rn. 15.

und mit einem zumutbaren Aufwand zu erreichen sein.[720] Eine für den Aktionär möglichst kostengünstige Teilnahme ist dagegen nicht Regelungszweck. Bezüglich der durch die Anreise zur Hauptversammlung verursachten Kosten ergibt sich aus dem Teilnahmerecht der Aktionäre lediglich eine zu beachtende Obergrenze, aber keine Handlungsmaxime für den Satzungsgeber, den Aktionären eine möglichst kostengünstige Teilnahme an der Hauptversammlung zu ermöglichen. Sähe man es als Zulässigkeitserfordernis an, dass die statutarisch bestimmten oder aufgrund von Satzungsvorgaben bestimmbaren Versammlungsorte geografisch nah zueinander lägen, wäre auch die von § 121 Abs. 5 AktG eröffnete Gestaltungsfreiheit des Satzungsgebers wesentlich entwertet.

Es lässt sich daher festhalten, dass die Distanz zwischen den möglichen Versammlungsorten nicht zu einer faktischen Beeinträchtigung des Teilnahmerechts führen kann. Allein entscheidend ist der mit der Anreise verbundene zeitliche und finanzielle Aufwand der Anreise zur Hauptversammlung, welcher maßgeblich von der Entfernung des Hauptversammlungsorts zum Gesellschaftssitz abhängt.

IV. Geschäftstätigkeit der Gesellschaft am Ort der Hauptversammlung

In seiner Entscheidung vom 21.10.2014 kritisierte der BGH an der streitgegenständlichen Satzungsbestimmung nicht nur, dass diese dem Einberufungsorgan eine Auswahl zwischen einer großen Anzahl geografisch weit auseinanderliegender Versammlungsorte überlasse, sondern auch, dass ein Versammlungsort ohne Bezug zur geschäftlichen Tätigkeit der Gesellschaft gewählt werden könne.

Diese Ausführungen überraschen, da es für die Zulässigkeit eines inländischen Versammlungsorts nach mittlerweile allgemeiner Meinung unerheblich ist, ob die Gesellschaft dort tätig ist oder nicht.[721] Warum dies bei der Bestimmung eines ausländischen Versammlungsorts anders sein soll, erläutert der BGH nicht. Da der BGH die geschäftliche Tätigkeit im Zusammenhang mit der Zumutbarkeit und Vorhersehbarkeit des Versammlungsorts anspricht, sind die gerichtlichen Ausführungen wohl so zu verstehen, dass eine geschäftliche Tätigkeit am Versammlungsort kein unbedingtes Zulässigkeitskriterium ist, sondern eine feh-

---

720 KK-AktG/*Noack/Zetzsche* § 121 Rn. 176.

721 *Bungert/Leyendecker-Langner* BB 2015, 268, 270; Hüffer/*Koch* § 121 Rn. 13; KK-AktG/*Noack/Zetzsche* § 121 Rn. 180; MünchKommAktG/*Kubis* § 121 Rn. 90; *Noack* WuB 2015, 106, 107; Spindler/Stilz/*Rieckers* § 121 Rn. 73; a.A. noch *Bungert* AG 1985, 26, 29, der Versammlungsorte als unzulässig ansah, die keine Beziehung zum Geschäftsgegenstand, zu Aktionären oder Gesellschaftszielen aufweisen.

lende geschäftliche Tätigkeit am Versammlungsort in Verbindung mit weiteren Umständen zu dessen Unzulässigkeit führen kann.[722] Ansonsten hinge die Zulässigkeit einer Auslandsversammlung stark vom Unternehmensgegenstand der Gesellschaft ab. Insbesondere exportierende Gesellschaften könnten eine Hauptversammlung im Ausland durchführen, während Gesellschaften, die auf den heimischen Markt ausgerichtet sind, diese Gestaltungsmöglichkeit verwehrt bliebe.[723]

V. Weitere relevante Umstände

1. Fremdsprache und fremde Währung am Versammlungsort

Die Wahl eines ausländischen Versammlungsorts wird neben einer eventuell größeren Anreisedistanz in vielen Fällen auch zu der Konsequenz führen, dass die Aktionäre am Versammlungsort mit einer fremden Sprache konfrontiert werden. Zudem wird in Ländern, deren Währung nicht der Euro ist, die Notwendigkeit bestehen, Geld zu tauschen und eine fremde Währung zu verwenden. Allerdings bedeutet die Nutzung sowohl einer fremden Währung als auch einer fremden Sprache für einen Aktionär nur einen marginal erhöhten Vorbereitungsaufwand. Die meisten Urlaubsreisen ins Ausland sind mit denselben Notwendigkeiten verbunden, ohne dass sie Urlauber von ihrer Reise abhielten. Die durch die Verwendung einer Fremdsprache und einer fremden Währung bedingte Beeinträchtigung des Teilnahmerechts ist daher vernachlässigbar.

2. Verkehrstechnische Erreichbarkeit des Versammlungsorts

Bei der Bestimmung eines Versammlungsorts ist darauf zu achten, dass dieser verkehrstechnisch gut zu erreichen ist. Zwar ist die verkehrstechnische Erreichbarkeit nach hier vertretener Ansicht nicht das allein maßgebliche Kriterium, sondern zur Wahrung der Zumutbarkeit der Anreise ist darauf zu achten, dass der Versammlungsort nicht mehr als 1.000 km vom Gesellschaftssitz entfernt liegt.[724] Dennoch ist die statutarische Bestimmung solcher Versammlungsorte unzulässig, die innerhalb dieses Radius liegen, aber nicht über eine ausreichende verkehrstechnische Infrastruktur verfügen. Dabei gilt, je mehr Aktionäre zur Hauptversammlung zu erwarten sind, desto besser muss die verkehrstechnische Infrastruktur des Versammlungsorts ausgestaltet sein. Neben der Erreichbarkeit per Auto ist insbesondere darauf zu achten, dass der Versammlungsort an den

722 *Noack* WuB 2015, 106, 107.
723 *Noack* WuB 2015, 106, 107.
724 Vgl. S. 140 ff.

öffentlichen Nah- und Fernverkehr angeschlossen ist. So hat jeder Aktionär – auch diejenigen, die über kein eigenes Fahrzeug verfügen – die Möglichkeit, an der Hauptversammlung teilzunehmen.

Ein Sonderproblem ist insoweit, ob den Aktionären die Notwendigkeit einer See- oder Flugreise zugemutet werden darf. Ließe man dies zu, wären alle Aktionäre an der Teilnahme gehindert, die aufgrund persönlicher Unverträglichkeiten nicht mit dem Flugzeug oder Schiff anreisen können.[725] Es ist jedoch kein Grund dafür ersichtlich, die Hauptversammlung an einen Ort zu verlegen, der nur mit diesen beiden Verkehrsmitteln zu erreichen ist. Innerhalb Europas bestehen ausreichend Alternativen, die leichter zu erreichen sind.[726] Die Bestimmung eines Versammlungsorts, der nur per Schiff oder Flugzeug erreicht werden kann, ist daher als eine Verletzung des Teilnahmerechts zu werten.[727]

3. *Infrastruktur am Versammlungsort*

Neben der für die Anreise zur Hauptversammlung wichtigen verkehrstechnischen Infrastruktur ist auch die Infrastruktur am Versammlungsort selbst von Bedeutung. Es dürfen nur solche Versammlungsorte bestimmt oder aufgrund von abstrakten Satzungsvorgaben zugelassen werden, die über eine für die Durchführung der Hauptversammlung ausreichende Infrastruktur verfügen. Dies umfasst u. a. auch, dass am Versammlungsort ein passendes Versammlungslokal zur Verfügung steht. Das Gebäude, in dem die Hauptversammlung durchgeführt werden soll, muss ausreichend groß sein, um die erwartete Anzahl an Aktionären – gegebenenfalls in mehreren Räumen mit Übertragung der Veranstaltung –[728] unterzubringen. Weiterhin muss das Versammlungslokal hinsichtlich Akustik, Heizung, Belüftung, Beleuchtung, Bestuhlung und sanitären Einrichtungen angemessen ausgestattet sein.[729] Sofern ein solches Gebäude nicht vorhanden ist, scheidet dieser Ort als Versammlungsort aus.

Fraglich ist, ob die Satzungsbestimmung auch daran zu messen ist, ob am Versammlungsort genügend Übernachtungsmöglichkeiten in Form von Hotels und ähnlichem zur Verfügung stehen. Die Verlegung der Hauptversammlung insbesondere ins grenznahe Ausland führt für die Aktionäre nicht zwangsläufig zu einer Verlängerung der Anreise und rechtfertigt folglich für sich genommen

725 MünchKommAktG/*Kubis* § 121 Rn. 91.
726 MünchKommAktG/*Kubis* § 121 Rn. 91.
727 MünchKommAktG/*Kubis* § 121 Rn. 91; Spindler/Stilz/*Rieckers* § 121 Rn. 73.
728 KK-AktG/*Noack/Zetzsche* § 121 Rn. 191.
729 MünchKommAktG/*Kubis* § 121 Rn. 40; KK-AktG/*Noack/Zetzsche* § 121 Rn. 191.

noch nicht die Unzulässigkeit von Versammlungsorten, an denen nicht genügend Übernachtungsmöglichkeiten existieren. Da aber die meisten Hauptversammlungen morgens oder vormittags beginnen, müssen einige Aktionäre entweder in der Nacht von ihrem Wohnsitz losfahren oder bereits am Vortag anreisen, was eine Überachtung am Versammlungsort erforderlich macht. Zudem ist die Dauer der Hauptversammlung nicht sicher voraussehbar, weswegen manche Aktionäre auch darauf angewiesen sind, für den Tag der Hauptversammlung ein Hotelzimmer zu buchen. Es ist daher für einen Teil der Aktionäre das Bedürfnis anzuerkennen, dass sie am Hauptversammlungsort übernachten können. Um diesem Bedürfnis gerecht zu werden, dürfen nur solche Orte als Versammlungsort bestimmt oder zugelassen werden, die grundsätzlich über ausreichend Kapazitäten in Form von Hotels und ähnlichem verfügen, um diesen Teil der Aktionäre aufzunehmen.

Wenn bei grundsätzlich ausreichender Kapazität die Hotels am Versammlungsort ausnahmsweise ausgebucht sind, ändert dies nichts an der Zulässigkeit des Versammlungsorts. Denn bei der Satzungsbestimmung zum Versammlungsort handelt es sich um eine auf Dauer angelegte, abstrakt geltende Regelung. Ansonsten würde dies auch die Anforderungen an den Satzungsgeber überstrapazieren. Es ist daher ausreichend, wenn als Versammlungsort eine Gemeinde bestimmt wird, bei der man aufgrund ihrer Einwohnerzahl generell davon ausgehen kann, dass genügend Übernachtungsmöglichkeiten für die teilnehmenden Aktionäre zur Verfügung stehen.

4. Einreisebedingungen

Ein weiteres Erfordernis für die Zulässigkeit eines Hauptversammlungsorts ist die problemlose Einreise in das entsprechende Land. Nicht mit dem Teilnahmerecht der Aktionäre vereinbar ist daher die Bestimmung oder Zulassung von Versammlungsorten in ausländischen Staaten, für die Einreisehindernisse in Form von Visa-Pflichten oder ähnlichem bestehen.[730] Angesichts des fast vollständigen und permanenten Abbaus von Grenzkontrollen und der weitreichenden Reisefreiheit innerhalb Europas ist die Erfüllung dieser Vorgabe jedoch keine besondere Schwierigkeit.

---

730 OLG Hamburg AG 1993, 384; *v. Bar/Grothe* IPRax 1994, 269, 270; MünchKommAktG/*Kubis* § 121 Rn. 91; KK-AktG/*Noack/Zetzsche* § 121 Rn. 188.

VI. Zusammenfassung

Wesentliches Kriterium für die Zulässigkeit eines in der Satzung bestimmten oder aufgrund von abstrakten Satzungsvorgaben wählbaren Versammlungsorts ist der mit der Anreise zur Hauptversammlung verbundene zeitliche und finanzielle Aufwand. Zum Schutz des Teilnahmerechts der Aktionäre ist erforderlich, dass die möglichen Versammlungsorte geografisch nicht zu weit vom Sitz der Gesellschaft entfernt liegen. So ist gewährleistet, dass insbesondere der finanzielle Aufwand der Anreise nicht den Rahmen des Zumutbaren überschreitet. Hierzu bietet sich eine Orientierung an den für inländische Versammlungen geltenden Maßstab von 1.000 km als Obergrenze an.

Außerdem ist erforderlich, dass die möglichen Versammlungsorte verkehrstechnisch gut zu erreichen sind und ein angemessenes Versammlungslokal sowie ausreichend Übernachtungsmöglichkeiten vorhanden sind.

Die Anzahl der durch die Satzungsbestimmung zugelassenen oder festgelegten Versammlungsorte ist dagegen von untergeordneter Bedeutung, da bereits bei einer geringen Anzahl ein Aktionär seine Anreise zur Hauptversammlung nicht vor der Einberufung wird planen können.

B. Für die Reichweite der Satzungsfreiheit relevante Charakteristika der Gesellschaft

Die bislang getroffenen Aussagen zur Reichweite der von § 121 Abs. 5 AktG eröffneten statutarischen Gestaltungsfreiheit erfolgten allgemein, d. h. ohne die Eigenschaften einer konkreten Gesellschaft ins Blickfeld zu nehmen. Doch kann unter der Rechtsform „Aktiengesellschaft" eine Vielzahl verschiedener Unternehmen firmieren, die sich beispielsweise in der Anzahl ihrer Aktionäre erheblich unterscheiden. Der dem Aktiengesetz zugrunde gelegte Idealtypus ist zwar die Publikumsaktiengesellschaft mit ihrer Vielzahl an Aktionären, doch gibt es in Deutschland auch personalistisch strukturierte Aktiengesellschaften mit einem geschlossenen Aktionärskreis von nur wenigen Aktionären.[731] Es ist zu untersuchen, ob sich dieser Unterschied in der Aktionärsstruktur auf die Satzungsfreiheit auswirkt, sodass weiter entfernt liegende Orte als Hauptversammlungsort bestimmt werden können.

Da sich diese Arbeit nicht nur mit der Aktiengesellschaft beschäftigt, sondern auch die Zulässigkeit einer Auslandsversammlung bei einer Europäischen Aktiengesellschaft untersucht wurde, ist ebenfalls zu ermitteln, ob sich bezüglich der

731 *Friedewald* S. 8; *K. Schmidt* Gesellschaftsrecht S. 771 f.

Reichweite der Satzungsfreiheit Unterschiede zwischen Aktiengesellschaft und SE ergeben.

I. Publikumsgesellschaft oder personalistisch strukturierte Gesellschaft

1. Eigenschaften einer personalistisch strukturierten Gesellschaft

Es existiert keine gesetzliche Definition für den Begriff der personalistisch strukturierten Gesellschaft. Lediglich die zweite Verordnung zur Dividendenabgabeverordnung[732] von 1942 enthielt in § 5 Abs. 4 eine Definition der personenbezogenen Kapitalgesellschaft. Diese Definition sah vor, dass die Anteilseigner entweder familiär verbunden sind (§ 5 Abs. 4 Nr. 1) oder die Kapitalgesellschaft nicht mehr als fünf Anteilseigner hat, die natürliche Personen sein müssen (§ 5 Abs. 4 Nr. 2). Zudem ist für beide Alternativen erforderlich, dass zumindest einer der Anteilseigner hauptberuflich als gesetzlicher Vertreter der Kapitalgesellschaft tätig ist.

Da die meisten der personalistisch strukturierten Gesellschaften als Familiengesellschaft zu qualifizieren sind,[733] ist in diesem Zusammenhang auch auf § 1 Abs. 1 Nr. 1 S. 2 DrittelbG hinzuweisen, der den Begriff der Familiengesellschaft für Aktiengesellschaften definiert.

In der Literatur wurden drei Wesensmerkmale ermittelt, welche eine personalistisch geprägte Aktiengesellschaft auszeichnen.[734] Erstens ist in einer personalistisch strukturierten Gesellschaft der Kreis der Aktionäre begrenzt.[735] Zudem sind die einzelnen Aktionäre zumeist aus beruflichen oder familiären Gründen miteinander verbunden.[736] Zur Erhaltung dieser internen Verbundenheit wird durch schuldrechtliche oder gesellschaftsrechtliche Maßnahmen wie beispielsweise die Vinkulierung der Aktien verhindert, dass Fremde in die Gesellschaft eintreten.[737] Zweitens sind die Aktionäre der Gesellschaft häufig Mitglieder der Verwaltung oder in einer sonstigen Position im Unternehmen beschäftigt.[738] Dies führt dazu, dass die Trennung von Anteilseigentum und

---

732 RGBl. 1942 I S. 261.

733 *Friedewald* S. 11.

734 Zum Ganzen *Friedewald* S. 15 ff.

735 *Friedewald* S. 15.

736 *Fleischer* NZG 2014, 1081, 1082 zur personalistischen GmbH; *Friedewald* S. 15; *Grunewald* § 10 Rn. 3.

737 *Friedewald* S. 15.

738 *Friedewald* S. 17.

Verwaltung der Gesellschaft aufgehoben wird.[739] Dies hat in Verbindung mit ihrem aus der Größe ihrer Beteiligung fließenden faktischen Einfluss zur Konsequenz, dass Aktionäre einer personalistisch strukturieren Aktiengesellschaft eine qualitativ andere Stellung in der Gesellschaft haben als ein Kleinstaktionär in einer Publikumsgesellschaft.[740] Drittens darf kein öffentlicher Markt für den Handel der Aktien existieren, da sonst die Identität der Aktionäre entgegen dem zuerst genannten Wesensmerkmal einer personalistisch strukturierten Gesellschaft unerheblich und die interne Verbundenheit der Aktionäre nicht gewährleistet wäre.[741]

2. *Meinungsbild*

Der BGH äußert sich in seinem Urteil vom 21.10.2014 nicht eindeutig zu der Frage, ob die Größe des Aktionariats Auswirkungen auf die von ihm formulierten Anforderungen an eine Satzungsbestimmung zum Versammlungsort hat. Er drückt lediglich aus, dass die streitgegenständliche, zu weit gefasste Regelung „jedenfalls bei einer Aktiengesellschaft mit einem größeren Aktionärskreis nicht dem Teilnahmeinteresse aller Aktionäre“[742] diene. Dies lässt offen, aber legt es zumindest nahe, dass für eine personalistisch strukturierte kleine Aktiengesellschaft andere, weniger strenge Maßstäbe gelten sollen.

Ähnlich wird in der Literatur die Auffassung vertreten, dass bei Gesellschaften mit einem geschlossenen Aktionärskreis hinsichtlich der Satzungsfreiheit größere Flexibilität bestehe.[743] Grundsätzlich könne ein ausländischer Versammlungsort in der Satzung bestimmt werden, der ausgehend vom Sitz der Gesellschaft mit vergleichbarem Aufwand zu erreichen ist wie ein Versammlungsort im Inland.[744] Bei Gesellschaften mit geschlossenem, insbesondere ausländischem Aktionärskreis soll dagegen ein anderer Maßstab gelten. Denn für diese Art von Gesellschaft könne die Satzung einen ausländischen Versammlungsort bestimmen, der für sämtliche Aktionäre leichter oder zumindest gleichgut zu erreichen ist wie ein beliebiger Versammlungsort im Inland.[745] Maßgeblich ist nach dieser Ansicht bei personalistisch strukturierten Aktiengesellschaften also nicht der Gesellschafts-

---

739 *Fleischer* NZG 2014, 1081, 1082 zur personalistischen GmbH.

740 *Friedewald* S. 17.

741 *Friedewald* S. 17.

742 BGHZ 203, 68, 75 Rn. 20.

743 K. Schmidt/Lutter/*Ziemons* § 121 Rn. 98; zustimmend Spindler/Stilz/*Rieckers* § 121 Rn. 74.

744 K. Schmidt/Lutter/*Ziemons* § 121 Rn. 98.

745 K. Schmidt/Lutter/*Ziemons* § 121 Rn. 98.

sitz als Ausgangspunkt für die Ermittlung der Zulässigkeit eines Versammlungsorts, sondern der Wohnsitz der Aktionäre, was der Gesellschaft eine flexiblere Gestaltung der Satzungsregelung erlaubt.

Diese Unterscheidung zwischen personalistischer Gesellschaft und Publikumsgesellschaft ist jedoch nicht unbestritten. Nach der Gegenauffassung sind bezüglich der Reichweite der Satzungsfreiheit zur Bestimmung des Versammlungsorts beide Arten von Gesellschaften gleich zu behandeln.[746] Die Satzungsbestimmung zum Versammlungsort sei eine abstrakte Regelung und der Aktionärskreis könne sich verändern.[747] Daher stünde ein Abstellen auf den konkreten Aktionärskreis im Zeitpunkt der Einführung der Satzungsbestimmung in Widerspruch zur abstrakten Wirksamkeitsprüfung von Satzungsbestimmungen.[748]

3. *Stellungnahme*

Es ist offensichtlich, dass eine Verletzung des Teilnahmerechts ausscheidet, wenn ein Versammlungsort gewählt wird, der für alle Aktionäre leichter zu erreichen ist. Vielmehr wird durch die Bestimmung eines solchen Versammlungsorts dem Teilnahmerecht der Aktionäre gerade Rechnung getragen. Es kann daher ein Ort gewählt werden, der gemessen vom Gesellschaftssitz mehr als 1.000 km entfernt liegt, wenn dieser Ort für sämtliche Aktionäre leichter, also mit einem geringeren zeitlichen und finanziellen Aufwand zu erreichen ist als ein Ort, der innerhalb der kilometermäßigen Obergrenze liegt. Hielte man auch für diesen Fall starr an der Einhaltung der Obergrenze fest, würde der Zweck dieser Obergrenze, einen zu großen finanziellen Aufwand der Anreise zur Hauptversammlung zu verhindern und so das Teilnahmerecht der Aktionäre zu gewährleisten, in sein Gegenteil verkehrt.

Diese Ausnahme von der grundsätzlich geltenden Obergrenze erfordert, dass der Gesellschaft sämtliche Aktionäre und deren Wohnorte bekannt sind und kommt folglich nur bei personalistisch strukturierten Gesellschaften in Betracht. Zwar ist einer Publikumsgesellschaft, die nur Namensaktien ausgegeben hat, wegen der Informationen im Aktienregister nach § 67 AktG ebenfalls der Wohnort ihrer Aktionäre bekannt.[749] Allerdings wird sich bei Publikumsgesell-

---

746 *Herrler* ZGR 2015, 918, 927.

747 *Herrler* ZGR 2015, 918, 927.

748 *Herrler* ZGR 2015, 918, 927.

749 Auch einer Namensaktien ausgebenden Gesellschaft ist der Wohnort ihrer Aktionäre jedoch unbekannt, wenn anstelle der postalischen Adresse bloß eine E-Mail-Adresse im Aktienregister angegeben wird, was zulässig ist; vgl. S. 33 f.

schaften aufgrund der Vielzahl an Aktionären schlicht kein Ort finden lassen, der für alle Mitglieder leichter zu erreichen ist. Es verbleibt somit dabei, dass die Ausnahme von der Obergrenze nur für personalistisch strukturierte Gesellschaften Anwendung finden kann.

Es ist jedoch fraglich, ob der Versammlungsort, der die Obergrenze überschreitet, für alle Aktionäre leichter erreichbar sein muss. Eventuell ist es ausreichend, wenn er für die weit überwiegende Mehrheit oder gar nur die einfache Mehrheit der Aktionäre besser zu erreichen ist. Dagegen spricht jedoch ein Vergleich mit der Rechtssituation bei einer Vollversammlung. Die Hauptversammlung kann als Vollversammlung Beschlüsse ohne Einhaltung der Bestimmungen der §§ 121–128 AktG nur fassen, wenn sämtliche Aktionäre teilnehmen oder vertreten sind und der Beschlussfassung nicht widersprochen wird. Die Unterscheidung zwischen personalistischer Aktiengesellschaft und Publikums-AG kommt in ihrer Rechtsfolge hinsichtlich der Auswahl zulässiger Versammlungsorte einer Vollversammlung sehr nah. Unterschied ist lediglich, dass bei einer Vollversammlung § 121 Abs. 6 AktG eine Abweichung von den gesetzlich oder statutarisch bestimmen Versammlungsorten erlaubt, während bei einer personalistisch strukturierten Aktiengesellschaft der Versammlungsort bereits in der Satzung bestimmt oder zugelassen werden muss. Bei beiden Alternativen kann jedoch ein Ort gewählt werden, der sonst unzulässig wäre. Diese Parallelität auf der Rechtsfolgenseite gebietet es, dass bezüglich der Wahl des Versammlungsorts bei der personalistisch strukturierten Gesellschaft ähnliche tatbestandliche Voraussetzungen gelten wie bei einer Vollversammlung. Folglich muss ein Ort, der gemessen vom Gesellschaftssitz weiter entfernt liegt als 1.000 km und dennoch in der Satzung als Versammlungsort bestimmt oder zugelassen werden soll, für sämtliche Aktionäre leichter zu erreichen sein. Es ist nicht ausreichend, wenn dieser Ort bloß von einer Mehrheit der Aktionäre mit einem geringeren Aufwand erreicht werden kann.

Diese Unterscheidung zwischen Publikumsgesellschaft und personalistisch strukturierter Gesellschaft hinsichtlich der Reichweite der von § 121 Abs. 5 AktG eröffneten Gestaltungsfreiheit wird noch durch weitere Charakteristika der personalistisch strukturierten Gesellschaft gerechtfertigt. Bei personalistisch strukturierten Gesellschaften haben die einzelnen Gesellschafter aufgrund der Größe ihrer Beteiligung häufig trotz der Weisungsfreiheit des Vorstands (§ 76 Abs. 1 AktG) einen größeren faktischen Einfluss auf die Geschäftsführung und/oder sie sind selbst Mitglieder des Vorstands. Die Aktionäre können daher die Wahl eines Versammlungsorts, der zwar in der Satzung als eine von mehreren Alternativen bestimmt oder aufgrund von abstrakten Satzungsvorgaben zugelassen ist, aber ihren Interessen im konkreten Einzelfall widerspricht, durch den Vorstand als regelmäßiges Einberufungsorgan verhindern. Da somit die Aktionäre in einer personalistisch geprägten Gesellschaft bei der Einberufung zur Hauptversammlung noch korrigierend tätig werden können, sind sie auf der Ebene der Satzungsgestaltung weniger schutzbedürftig. Wegen dieser fehlenden Schutzbedürftigkeit kann dem Satzungsgeber bei der Gestaltung der Satzungsregelung zum Versammlungsort eine größere Flexibilität zugebilligt werden.

Insofern dieser Unterscheidung zwischen personalistisch geprägter Aktiengesellschaft und Publikumsgesellschaft entgegengehalten wird, ein Abstellen auf den konkreten Aktionärskreis im Zeitpunkt der Einführung einer entsprechenden Satzungsregelung stünde in Widerspruch zur abstrakten Auslegung und Wirksamkeitsprüfung von Satzungsbestimmungen,[750] überzeugt dies nicht. Eines der wesentlichen Merkmale einer personalistisch strukturierten Gesellschaft ist wie dargestellt die interne Verbundenheit der Aktionäre, mit der schuldrechtliche und gesellschaftsrechtliche Maßnahmen verbunden sind, die ein Eindringen fremder Personen in den Aktionärskreis verhindern sollen. Es wird daher gar nicht zu der Situation kommen, dass fremde Personen Mitglied der Gesellschaft werden und dann durch die Satzungsbestimmung zum Versammlungsort, welche die Durchführung einer Hauptversammlung an einem Ort jenseits der für Publikumsgesellschaften geltenden Obergrenze zulässt, in ihrem Teilnahmerecht bedroht sind. Es besteht daher kein Grund, um bei personalistisch strukturierten Gesellschaften die gleichen restriktiven Anforderungen an die Satzungsbestimmung zu stellen wie bei Publikumsgesellschaften.

II. Aktiengesellschaft oder SE

Wie bereits dargestellt zählt die SE zu den supranationalen, europäischen Rechtsformen.[751] Einer der Gründe für die Schaffung der SE als supranationale Rechtsform war es, Unternehmen eine Rechtsform anbieten zu können, die bereits von ihrer rechtlichen Konzeption her auf eine Tätigkeit im gesamten europäischen Binnenraum ausgerichtet ist. Dies wird bereits im ersten Erwägungsgrund zur SE-VO ausgedrückt, nach dem es unerlässlich ist, „dass die Unternehmen, deren Tätigkeit sich nicht auf die Befriedigung rein örtlicher Bedürfnisse beschränkt, die Neuordnung ihrer Tätigkeiten auf Gemeinschaftsebene planen und betreiben können“. Ähnlich formuliert der sechste Erwägungsgrund, dass die juristische

---

750 *Herrler* ZGR 2015, 918, 927.

751 Vgl. S. 22 ff.

Einheitlichkeit der europäischen Unternehmen ihrer wirtschaftlichen Einheitlichkeit weitestgehend entsprechen müsse, was die Schaffung von Gesellschaften erfordere, deren Struktur und Funktionsweise durch eine in allen Mitgliedstaaten unmittelbar geltende gemeinschaftsrechtliche Verordnung geregelt werden.

Korrespondierend mit dieser Orientierung der geschäftlichen Tätigkeit auf den europäischen Binnenmarkt ist die Europäische Aktiengesellschaft auch hinsichtlich ihrer Mitglieder auf einen europaweit ansässigen Aktionärskreis ausgerichtet. Dies zeigt sich bereits daran, dass zur Gründung der SE stets ein grenzüberschreitender Bezug notwendig ist.[752]

Wegen der Ausrichtung der SE auf einen europaweit ansässigen Aktionärskreis und um den zuvor dargestellten Erwägungen zur SE-VO gerecht zu werden, ist dem Satzungsgeber einer SE bei der Fassung der Satzungsbestimmung zum Versammlungsort eine größere Freiheit zuzubilligen als bei der Aktiengesellschaft.[753] Es können daher in der Satzung der SE Versammlungsorte bestimmt oder zugelassen werden, die die Obergrenze von 1.000 km gemessen vom Gesellschaftssitz überschreiten und daher sonst unzulässig wären. Allerdings müssen diese Versammlungsorte in der EU bzw. im EWR, der die EU und zusätzlich Island, Liechtenstein sowie Norwegen umfasst,[754] liegen, wenn die Obergrenze von 1.000 km überschritten werden soll. Die Abhaltung einer Hauptversammlung im europäischen Ausland verletzt nicht das Teilnahmerecht der Aktionäre der SE – selbst wenn sie ihre Mitgliedschaft bereits vor der Einführung einer Satzungsregelung zu europaweit zulässigen Hauptversammlungen erworben haben. Aktionären, die sich im Rahmen einer Gründung, Kapitalerhöhung oder derivativ durch den Erwerb bestehender Aktien an einer SE beteiligen, wissen, dass sie Gesellschafter einer auf den europäischen Binnenmarkt ausgerichteten Gesellschaft werden. Ihnen muss daher auch bewusst sein, dass hinsichtlich des Aktionsradius der Gesellschaft andere Maßstäbe gelten als bei einer Aktiengesellschaft.

---

752 Vgl. S. 23 f.

753 Ebenso MünchKommAktG/*Kubis* Art. 53 SE-VO Rn. 10, allerdings gestützt auf das Argument der grenzüberschreitenden Sitzverlegung als milderes Mittel, was im Rahmen des § 121 Abs. 5 AktG Berücksichtigung finden müsse.

754 Die SE-VO gilt aufgrund des Beschlusses des Gemeinsamen EWR-Ausschusses Nr. 93/2002 vom 25.06.2002 zur Änderung des Anhangs XXII (Gesellschaftsrecht) des EWR-Abkommens im gesamten EWR.

C. Für das Auswahlermessen des Einberufungsorgans relevante Besonderheiten einer einzelnen Hauptversammlung

Die bisherigen Ausführungen erfolgten im Hinblick auf die jährlich stattfindende ordentliche Hauptversammlung, deren Einberufung sich nach den §§ 121–128 AktG richtet und die somit als „Normalfall" einer Hauptversammlung bezeichnet werden kann. Jedoch sieht das Gesetz Situationen vor, in denen die Hauptversammlung nicht gemäß den §§ 121–128 AktG einberufen wird oder diese Vorschriften zumindest teilweise nicht gelten. Dies kann nicht auf der Ebene der gemäß § 121 Abs. 5 AktG zulässigen Satzungsgestaltung berücksichtigt werden, da die Satzung abstrakt, d. h. ohne Rücksicht auf die Umstände einer bestimmten Hauptversammlung gilt. Jedoch können die Umstände einer einzelnen Hauptversammlung bei der Wahl des Versammlungsorts durch das Einberufungsorgan berücksichtigt werden.

I. Die Abwehrhauptversammlung gemäß § 16 Abs. 4 WpÜG

Eine Gesellschaft, die Ziel einer Übernahme ist, kann gemäß § 16 Abs. 3 WpÜG nach der Veröffentlichung der Angebotsunterlage eine Hauptversammlung einberufen. Für die Einberufung einer solchen Abwehrhauptversammlung sieht § 16 Abs. 4 WpÜG gewisse Erleichterungen vor. So ist insbesondere die Zielgesellschaft abweichend von § 121 Abs. 5 AktG und etwaigen Bestimmungen der Satzung bei der Wahl des Versammlungsorts frei. Dies ermöglicht es, die Abwehrhauptversammlung auch ohne entsprechende Bestimmung in der Satzung an einem im Ausland gelegenen Ort einzuberufen. Allerdings ist auch bei der Wahl eines Orts für eine Abwehrhauptversammlung darauf zu achten, dass der gewählte Ort verkehrstechnisch gut zu erreichen ist und über eine passende Infrastruktur verfügt.[755] Außerdem können auch bei einer Abwehrhauptversammlung nur Versammlungsorte in Staaten gewählt werden, in die ein Großteil der Aktionäre ohne Hindernisse einreisen kann.[756]

755 KK-WpÜG/*Hasselbach* § 16 Rn. 77; Schwark/Zimmer/*Noack/Zetzsche* § 16 WpÜG Rn. 33.

756 Schwark/Zimmer/*Noack/Zetzsche* § 16 WpÜG Rn. 33.

1. *Die Relevanz der geografischen Lage des Versammlungsorts für dessen Zulässigkeit*

Fraglich ist, ob die Zulässigkeit des vom Einberufungsorgan gewählten ausländischen Orts der Abwehrhauptversammlung wie bei dem „Normalfall" einer ordentlichen Hauptversammlung neben anderen Kriterien an dessen geografischer Lage zu bemessen ist.

Der Wortlaut des § 16 Abs. 4 S. 4 WpÜG enthält keinerlei Einschränkungen bezüglich der geografischen Lage des Versammlungsorts, sondern stellt dessen Wahl unter Befreiung von den Vorgaben des § 121 Abs. 5 AktG und etwaigen statutarischen Bestimmungen in das Ermessen der Zielgesellschaft, was auf ein freies Auswahlermessen des Einberufungsorgans der Zielgesellschaft ohne geografische Beschränkungen hindeutet. Diese Einschätzung wird durch den Regelungszweck des § 16 Abs. 4 S. 4 WpÜG gestützt. In der Kürze der zur Verfügung stehenden Zeit könne das Auffinden eines geeigneten Versammlungsorts erhebliche praktische Schwierigkeiten bereiten, weswegen die Gesellschaft die Wahl des Versammlungsorts flexibel gestalten können müsse.[757] Die Bindung des Einberufungsorgans an geografische Vorgaben wie beispielsweise die Einhaltung einer bestimmten Obergrenze für die Distanz zwischen Versammlungsort und Gesellschaftssitz stünde in Widerspruch zu dieser intendierten Flexibilität.

Nach der Vorstellung des Gesetzgebers soll die Abwehrhauptversammlung aber in der Regel in Deutschland stattfinden.[758] Bezüglich der zulässigen Wahl eines ausländischen Versammlungsorts betont der Gesetzgeber außerdem, dass ein ausländischer Versammlungsort „für die Mehrzahl der Aktionäre zumutbar" sein müsse.[759] Dies erfordert unter anderem, dass die Aktionäre den ausländischen Versammlungsort mit einem zumutbaren zeitlichen wie finanziellen Aufwand erreichen können müssen. Da insbesondere der finanzielle Aufwand der Anreise wesentlich von der Distanz des Versammlungsorts zum Sitz der Zielgesellschaft als maßgeblichen Anknüpfungspunkt abhängt, ist das Recht der Aktionäre auf Teilnahme an einer Abwehrhauptversammlung deswegen dadurch zu schützen, dass das Einberufungsorgan bezüglich der Wahl des Orts der Abwehrhauptversammlung nicht vollkommen frei, sondern an die Einhaltung gewisser geografischer Vorgaben gebunden ist. Der Schutz des Teilnahmerechts der Aktionäre setzt sich insoweit gegenüber dem Interesse der Gesellschaft, die Wahl des Versammlungsorts flexibel zu handhaben, durch.

---

757 Begr. RegE zu § 16 WpÜG, BT-Drucks. 14/7034, S. 47.

758 Begr. RegE zu § 16 WpÜG, BT-Drucks. 14/7034, S. 47.

759 Begr. RegE zu § 16 WpÜG, BT-Drucks. 14/7034, S. 47.

2. *Der Schutz des Teilnahmerechts der Aktionäre*

Nachdem nun festgestellt wurde, dass entgegen des Wortlauts des § 16 Abs. 4 S. 4 WpÜG die geografische Lage des Versammlungsorts für dessen Zulässigkeit relevant ist und das Einberufungsorgan somit bei der Bestimmung des Versammlungsorts nicht vollkommen frei ist, gilt es nun zu untersuchen, welche Vorgaben das Einberufungsorgan konkret bei seiner Wahl zu beachten hat.

Der Wortlaut des § 16 Abs. 4 S. 4 WpÜG und sein Regelungszweck sprechen zunächst wieder dafür, dass dem Einberufungsorgan eine möglichst große Flexibilität zuzubilligen ist. Zudem enthält die Gesetzesbegründung zu § 16 Abs. 4 WpÜG lediglich die Vorgabe, dass die Durchführung einer Abwehrhauptversammlung im Ausland für die Mehrzahl der Aktionäre zumutbar sein müsse.[760] Dieses Kriterium der Zumutbarkeit ergibt sich aber generell aus dem Teilnahmerecht der Aktionäre und ist auch bei der Bestimmung eines ausländischen Orts zu beachten, der nicht als Versammlungsort einer Abwehrhauptversammlung gewählt wurde und für dessen Zulässigkeit somit § 121 Abs. 5 AktG gilt. Daher könnten für den Versammlungsort einer Abwehrhauptversammlung hinsichtlich seiner geografischen Lage die gleichen Maßstäbe heranzuziehen sein wie bei dem „Normalfall" einer Hauptversammlung, die nach den §§ 121–128 AktG einzuberufen ist. Dies hätte zur Folge, dass zur Wahrung der Zumutbarkeit der Anreise der Aktionäre zur Abwehrhauptversammlung kein Versammlungsort gewählt werden dürfe, der weiter als 1.000 km vom Sitz der Zielgesellschaft entfernt liegt.[761]

Es ist aber zu beachten, dass § 16 abs. 4 S. 1 WpÜG eine verkürzte Einberufungsfrist (14 Tage gegenüber 30 bzw. 36 Tage nach § 123 Abs. 1, Abs. 2 S. 5 AktG) vorsieht und somit Aktionäre verglichen mit der Einberufung zur ordentlichen Hauptversammlung weniger Zeit haben, sich auf die im Ausland stattfindende Abwehrhauptversammlung einzustellen. Die Planung einer umfangreichen Reise ist in dieser verkürzten Zeit nicht möglich. Daher ist bei der Wahl eines Versammlungsorts für eine Abwehrhauptversammlung ein strengerer Maßstab anzulegen.

Fraglich ist aber, wie dieser strengere Maßstab auszugestalten ist, um das wegen der verkürzten Einberufungsfrist besonders gefährdete Recht der Aktionäre auf Teilnahme an einer Abwehrhauptversammlung ausreichend zu schützen.

Zunächst bietet es sich an, die Zulässigkeit des Orts einer Abwehrhauptversammlung nicht an der für den „Normalfall" einer Hauptversammlung maßgeblichen Obergrenze von 1.000 km zu bemessen, sondern eine kürzere maximale

---

760 Begr. RegE zu § 16 WpÜG, BT-Drucks. 14/7034, S. 47.

761 Vgl. S. 140 ff.

Distanz zwischen Gesellschaftssitz und Versammlungsort festzulegen. Die Obergrenze von 1.000 km orientiert sich jedoch an den für inländische Hauptversammlungen geltenden Begebenheiten.[762] Eine längere Distanz als ca. 1.000 km ist zwischen einem inländischen Versammlungsort und dem Gesellschaftssitz nicht möglich. Für Abwehrhauptversammlungen existiert keine vergleichbare Referenz, sodass die Festlegung einer bestimmten niedrigeren Obergrenze bei Abwehrhauptversammlungen willkürlich wäre. Es ließe sich nicht begründen, warum diese Obergrenze nicht größer oder kleiner ausfallen sollte als die konkret festgelegte maximale Distanz. Die Festlegung einer niedrigeren Obergrenze scheidet somit als Mittel zur Gewährleistung des Teilnahmerechts aus.

Wie die Gesetzesbegründung zeigt, sieht der Gesetzgeber die Durchführung einer Abwehrhauptversammlung im Ausland als Ausnahmefall und nicht als Regel an.[763] Zudem ist das Teilnahmerecht der Aktionäre wegen der gemäß § 16 Abs. 4 S. 1 WpÜG verkürzten Einberufungsfrist wie dargestellt besonders gefährdet, wenn ein ausländischer Versammlungsort unter Anwendung des § 16 Abs. 4 S. 4 WpÜG gewählt wird. Die Wahl eines ausländischen Versammlungsorts darf dem Aktionariat folglich im Falle einer Abwehrhauptversammlung nur in außergewöhnlichen Situationen zugemutet werden.[764] Die Verlegung der Hauptversammlung ins Ausland benötigt daher bei einer Abwehrhauptversammlung anders als bei dem „Normalfall" einer Hauptversammlung, für die § 121 Abs. 5 AktG gilt, einer besonderen Rechtfertigung.

a) Ausländischer Aktionärskreis

So wird in der Literatur die Wahl eines ausländischen Versammlungsorts für eine Abwehrhauptversammlung als zulässig bewertet, wenn die überwiegende Mehrheit der Aktionäre der Zielgesellschaft im Ausland ansässig ist.[765] Fraglich ist, ob nicht wegen des Teilnahmerechts, welches jedem Aktionär zusteht und nur bei Verstoß gegen bestimmte Pflichten (§ 20 Abs. 7 S. 1 AktG, § 28 Abs. 1 S. 1 WpHG, § 59 S. 1 WpÜG) verloren geht, sämtliche Aktionäre ihren Wohnsitz im Ausland haben müssen.

§ 16 Abs. 4 S. 4 WpÜG soll es dem Vorstand der Zielgesellschaft innerhalb der relativ kurzen Vorbereitungszeit für die Abwehrhauptversammlung ermöglichen,

---

762 Vgl. S. 139.

763 Begr. RegE zu § 16 WpÜG, BT-Drucks. 14/7034, S. 47.

764 Baums/Thoma/Verse/*Merkner/Sustmann* § 16 Rn. 94; Hüffer/*Koch* § 121 Rn. 16a; KK-WpÜG/*Hasselbach* § 16 Rn. 78.

765 Baums/Thoma/Verse/*Merkner/Sustmann* § 16 Rn. 94; KK-WpÜG/*Hasselbach* § 16 Rn. 78.

ausreichend flexibel zu agieren und so ein angemessenes Versammlungslokal an einem den Aktionären zumutbaren Versammlungsort zu finden. Diese intendierte Flexibilität wäre weitgehend entwertet, wenn sämtliche Aktionäre im Ausland leben müssten. Die Verlegung der Abwehrhauptversammlung ins Ausland muss deswegen bereits dann zulässig sein, wenn die Mehrzahl der Aktionäre von einer solchen Verlegung profitiert. Zudem stellt der Gesetzgeber in seiner Gesetzesbegründung zu § 16 WpÜG bezüglich der Wahl eines zumutbaren ausländischen Versammlungsorts ebenfalls auf die Mehrzahl und nicht die Gesamtheit der Aktionäre ab.[766]

Allerdings ist eine qualifizierte Mehrheit an ausländischen Aktionären erforderlich.[767] Zwar enthält die Gesetzesbegründung zu § 16 WpÜG lediglich die Aussage, dass die Wahl eines ausländischen Versammlungsorts „für die Mehrzahl der Aktionäre zumutbar" sein müsse. Dennoch ist es nicht ausreichend, wenn nur die einfache Mehrheit der Aktionäre ihren Wohnsitz im Ausland hat. In Anlehnung an die für eine Satzungsänderung notwendige Mehrheit ist es erforderlich, dass drei Viertel der Aktionäre aus dem Ausland stammen. Denn dieser Mehrheit stünde es offen, durch Satzungsänderung einen ausländischen Versammlungsort, dessen Zulässigkeit sich nach § 121 Abs. 5 AktG richtet, zu bestimmen.

b) Sitz der Zielgesellschaft in Grenznähe

Außerdem wird in der Literatur die Verlegung der Abwehrhauptversammlung ins Ausland als gerechtfertigt angesehen werden, wenn sich der Sitz der Zielgesellschaft im Grenzgebiet befindet und die Abwehrhauptversammlung in einem größeren, verkehrstechnisch besser erreichbaren Ort im angrenzenden Ausland einberufen werden soll.[768]

Fraglich ist, ob die Verlegung der Abwehrhauptversammlung ins Ausland ebenfalls zulässig ist, wenn sich der Gesellschaftssitz der Zielgesellschaft nicht im Grenzgebiet befindet, aber ein Versammlungsort im ausländischen Grenzgebiet gewählt wird.[769]

---

766 Begr. RegE zu § 16 WpÜG, BT-Drucks. 14/7034, S. 47.

767 Ähnlich KK-WpÜG/*Hasselbach* § 16 Rn. 78: „vorwiegend ausländische Aktionäre" und „deutliche Mehrzahl".

768 KK-WpÜG/*Hasselbach* § 16 Rn. 78.

769 So Baums/Thoma/Verse/*Merkner/Sustmann* § 16 Rn. 94, die jedoch KK-WpÜG/*Hasselbach* § 16 Rn. 78 zitieren, obwohl *Hasselbach* nur das Beispiel anspricht, dass sich der Gesellschaftssitz der Zielgesellschaft und nicht der Versammlungsort in Grenznähe befindet.

Dafür ließe sich anführen, dass es unerheblich sei, ob der Gesellschaftssitz oder der Versammlungsort im Grenzgebiet liegen, da in beiden Fällen die Distanz und somit der Aufwand der Anreise zur Hauptversammlung ungefähr identisch ist, solange sich zumindest einer der beiden Anknüpfungspunkte im Grenzgebiet befindet. Es wirkte willkürlich, einer Zielgesellschaft mit Sitz in Frankfurt als zentral in Deutschland gelegene Stadt die Durchführung einer Abwehrhauptversammlung in Maastricht zu untersagen, dies aber einer Aachener Gesellschaft zu gestatten, die ihre Abwehrhauptversammlung in Amsterdam durchführen möchte. Die Distanzen für die Anreise zu den Versammlungsorten wären in beiden Fällen gerechnet vom Sitz der jeweiligen Zielgesellschaft annähernd gleich groß.

Dennoch ist dies abzulehnen. Da die Wahl eines ausländischen Versammlungsorts im Falle einer Abwehrhauptversammlung vom Gesetzgeber als Ausnahmefall angesehen wird, ist für die Einberufung der Abwehrhauptversammlung an einem ausländischen Ort eine besondere Rechtfertigung zu verlangen. Bei einer Zielgesellschaft, deren Sitz sich nicht in Grenznähe befindet, ist jedoch ein Bedürfnis zur Verlegung der Abwehrhauptversammlung ins Ausland nicht ersichtlich, weswegen eine Rechtfertigung ausscheidet. Das Einberufungsorgan hat bei Zielgesellschaften mit zentral in Deutschland gelegenem Sitz genügend potentielle inländische Versammlungsorte als Alternative zur Auswahl, sodass es die Wahl des Versammlungsorts ausreichend flexibel gestalten kann, ohne auf einen ausländischen Versammlungsort zurückgreifen zu müssen.

Die verkürzte Einberufungsfrist erfordert es vielmehr, dass auch bei Zielgesellschaften mit Sitz in Grenznähe nur ausländische Orte gewählt werden, die dem Gesellschaftssitz geografisch möglichst nah sind und verglichen mit inländischen Versammlungsorten über eine bessere Infrastruktur verfügen. Daher hat das Einberufungsorgan bei Abwehrhauptversammlungen hinsichtlich der geografischen Lage der Versammlungsorte gegenüber dem „Normalfall" einer Hauptversammlung, für die § 121 Abs. 5 AktG und somit die Obergrenze von 1.000 km gilt, ein wesentlich eingeschränkteres Auswahlermessen.

II. Vollversammlung gemäß § 121 Abs. 6 AktG

Sofern die Voraussetzungen[770] einer Vollversammlung nach § 121 Abs. 6 AktG erfüllt sind, können Hauptversammlungsbeschlüsse ohne Einhaltung der Bestimmungen der §§ 121–128 AktG gefasst werden. Insbesondere § 121 Abs. 5 AktG ist bei Vorliegen der Voraussetzungen einer Vollversammlung nicht anzuwenden. Für Vollversammlungen gilt somit hinsichtlich der Wahl des Versammlungsorts

---

770 Vgl. S. 113 ff.

keine geografische Beschränkung. Diese können an jedem Ort der Welt durchgeführt werden.[771] Eine Verletzung des Teilnahmerechts scheidet bei einer Vollversammlung zwangsläufig aus, da alle Aktionäre der Gesellschaft entweder zur Hauptversammlung erschienen sind oder sich vertreten lassen.

Allerdings ist, auch wenn die Hauptversammlung als Vollversammlung durchgeführt wird, darauf zu achten, dass am gewählten Versammlungsort die gefassten Beschlüsse wirksam beurkundet werden können, da § 121 Abs. 6 AktG nicht von der Einhaltung des § 130 AktG befreit. Dies erfordert, sofern nicht die Erstellung einer privatschriftlichen Protokollierung durch den Vorsitzenden des Aufsichtsrats gemäß § 130 Abs. 1 S. 3 AktG zulässig ist oder ein deutscher Konsularbeamter die Beurkundung vornehmen kann, dass durch die von der ausländischen Urkundsperson vorgenommene Beurkundung entweder die Ortsform oder die Geschäftsform (Art. 11 Abs. 1 EGBGB) eingehalten werden muss.[772] Die Wahl der Ortsform scheidet jedoch aus, wenn diese entgegen des deutschen ordre public für verfassungsrelevante Beschlüsse eine privatschriftliche Protokollierung[773] genügen lässt oder das Recht des Versammlungsorts keinen vergleichbaren gesellschaftsrechtlichen Vorgang kennt. Es ist dann auf die Geschäftsform zu rekurrieren, was zur Folge hat, dass nur Versammlungsorte gewählt werden können, deren Beurkundungsrecht eine gleichwertige Beurkundung vorsieht. Das Beurkundungserfordernis führt somit zu einer Beschränkung der bei Vollversammlungen bestehenden Freiheit, die Versammlung an einem beliebigen Ort auf der Welt durchzuführen.

III. Zusammenfassung

Vergleicht man die verschiedenen Formen von Hauptversammlungen, ergibt sich eine dreistufige Ordnung gestaffelt nach der geografischen Distanz zwischen Versammlungsort und Gesellschaftssitz:

Eine Abwehrhauptversammlung darf wegen der verkürzten Einberufungsfrist und der Vorstellung des Gesetzgebers, eine Abwehrhauptversammlung werde lediglich in Ausnahmefällen im Ausland abgehalten, nur dann im Ausland stattfinden, wenn dies durch einen besonderen Umstand gerechtfertigt wird. Als Beispiele sind ein größtenteils im Ausland ansässiger Aktionärskreis und eine Zielgesellschaft, deren Sitz sich in Grenznähe befindet und deren Abwehrhaupt-

771 Hüffer/*Koch* § 121 Rn. 23; KK-AktG/*Noack/Zetzsche* § 121 Rn. 215.

772 Vgl. S. 109.

773 Zu den Erfordernissen des deutschen ordre public, der einer Beurkundung in der Ortsform entgegenstehen kann, vgl. S. 94 ff.

versammlung an einem ebenfalls im Grenzgebiet liegenden verkehrstechnisch besser zu erreichenden ausländischen Ort durchgeführt werden soll, zu nennen. Bei einer „normalen“ Hauptversammlung gilt dagegen in geografischer Hinsicht die Obergrenze von 1.000 km zwischen Versammlungsort und Gesellschaftssitz. Sofern diese Obergrenze eingehalten wird, kann ein Versammlungsort gewählt werden, der sich nicht im angrenzenden Ausland befindet. Für eine Vollversammlung bestehen keinerlei geografische Beschränkungen. Diese kann an jedem Ort in der Welt stattfinden, an dem die Beschlüsse der Hauptversammlung wirksam beurkundet werden können.

D. Die Wahl eines ausländischen Versammlungsorts ohne Satzungsbestimmung

Ohne Satzungsbestimmung zum Versammlungsort verbleibt es bei den gesetzlich bestimmten Versammlungsorten. Da diese beiden Orte (Gesellschaftssitz bzw. Börsensitz bei Börsennotierung) notwendig im Inland liegen,[774] wird die Hauptversammlung ebenfalls im Inland stattfinden. Es ist jedoch zu beachten, dass § 121 Abs. 5 AktG zwei Soll-Vorschriften enthält. Sofern ein zwingender Grund vorliegt, der jedoch nur in eng umgrenzten Ausnahmesituationen anzunehmen ist, kann ein anderer Ort als Gesellschaftssitz und Börsensitz für die Durchführung der Hauptversammlung bestimmt werden. Es ist zu untersuchen, ob dieser Ort zwingend im Inland liegen muss oder bei Vorliegen eines zwingenden Grundes auch ein ausländischer Versammlungsort bestimmt werden kann.

In der Literatur wird wohl einhellig die Auffassung vertreten, dass ohne Satzungsbestimmung die Hauptversammlung selbst bei Vorliegen eines sachlich zwingenden Grundes, der Gesellschaftssitz und Börsensitz als Versammlungsort ausschließt, stets im Inland stattzufinden hat.[775]

Diese Auffassung kann zumindest in ihrer Pauschalität nicht überzeugen. Der Wortlaut des § 121 Abs. 5 AktG enthält keine Begrenzung auf das Inland.[776] Diese für eine Satzungsbestimmung zum ausländischen Versammlungsort weithin akzeptierte Aussage trifft auch auf den Fall zu, dass wegen eines sachlich zwingenden Grundes keiner der gesetzlich bestimmten Versammlungsorte gewählt wird. Der Gesetzeszweck des § 121 Abs. 5 AktG, eine willkürliche Auswahl des Versamm-

774 Vgl. S. 129.

775 Hüffer/*Koch* § 121 Rn. 15; MünchKommAktG/*Kubis* § 121 Rn. 88.

776 KK-AktG/*Noack*/*Zetzsche* § 121 Rn. 187 für eine Satzungsbestimmung zum ausländischen Versammlungsort.

lungsorts zu unterbinden[777] und den Ort der Hauptversammlung insbesondere zum Schutz der Minderheitsaktionäre voraussehbar zu machen, sodass diese sich auf die möglichen Versammlungsorte einstellen können,[778] lässt sich ebenfalls nicht für eine Beschränkung der Wahlfreiheit des Einberufungsorgans anführen. Sofern die Hauptversammlung weder am Ort des Gesellschaftssitzes noch am Ort der Börse durchgeführt werden kann und die Satzung keine Regelung zum Versammlungsort enthält, wird es den Aktionären vor Bekanntmachung der Einberufung nicht möglich sein, den Ort für die nächste Hauptversammlung zu bestimmen. Dies gilt unabhängig davon, ob das Einberufungsorgan einen Ort im Inland oder Ausland wählt. Die Voraussehbarkeit des nächsten Versammlungsorts spielt daher bei einer Abweichung von den gesetzlich bestimmten Versammlungsorten keine Rolle. Vielmehr ist eine willkürliche Auswahl des Versammlungsorts dadurch zu unterbinden, dass der Kreis der Ausnahmesituationen, in denen ein sachlich zwingender Grund für eine Abweichung von den gesetzlich festgelegten Versammlungsorten angenommen wird, eng gefasst wird, was aber keine Begrenzung auf das Inland erfordert. Insbesondere kommt bei im Grenzgebiet angesiedelten Gesellschaften die Wahl eines ausländischen Versammlungsorts auch ohne Satzungsbestimmung in Betracht, wenn dieser Ort für sämtliche Aktionäre leichter zu erreichen ist, nah am Sitz der Gesellschaft liegt und ein sachlich zwingender Grund im Sinne des § 121 Abs. 5 AktG vorliegt.

---

777 BGH AG 1989, 188, 189; BGH NJW 1994, 320, 322; BGHZ 203, 68, 75 Rn. 20.
778 BGHZ 203, 68, 75 Rn. 20.

Teil 5: Einzelne Aspekte einer Auslandsversammlung

Die Wahl eines ausländischen Versammlungsorts hat nicht nur zur Folge, dass zur Beurkundung der auf der Hauptversammlung gefassten Beschlüsse grundsätzlich eine Wahl zwischen der Ortsform und der Geschäftsform besteht. Vielmehr wirft die Verlegung der Hauptversammlung ins Ausland weitere Fragen zur Durchführung der Aktionärsversammlung auf. Es ist daher aufzuzeigen, in welchen Aspekten sich eine Auslandsversammlung von einer in Deutschland abgehaltenen Hauptversammlung typischerweise unterscheidet.

A. Die Sprache der Hauptversammlung

Die Frage, in welcher Sprache die Hauptversammlung einer Aktiengesellschaft durchzuführen ist, ist unabhängig vom gewählten Versammlungsort.[779] Sie ist somit nicht nur für die Auslandsversammlung, sondern für jede Hauptversammlung relevant. Da aber eine Hauptversammlung im Ausland besonders dann für eine Gesellschaft attraktiv ist, wenn ein Großteil ihrer Aktionäre aus dem Ausland stammt und diese Aktionäre zumeist der deutschen Sprache nicht mächtig sein werden,[780] ist die Sprachenfrage bei Auslandsversammlungen von gesteigertem Interesse. Zudem ist die Niederschrift zur Hauptversammlung zwingend durch eine ausländische Urkundsperson zu fertigen, sofern keine privatschriftliche Protokollierung gemäß § 130 Abs. 1 S. 3 AktG erfolgt oder ein deutscher Konsularbeamter die Protokollierung der Hauptversammlung übernimmt.[781] Es gilt zu untersuchen, in welcher Sprache eine ausländische Urkundsperson eine Niederschrift, die den Anforderungen des § 130 Abs. 1 S. 1 AktG gerecht werden muss, erstellen darf und muss.

I. Die Verhandlungssprache

Zunächst muss zwischen der Sprache der Hauptversammlung und der Sprache der Niederschrift unterschieden werden. Erstere ist die Sprache, in der die Hauptversammlung geführt wird und welche auch als Verhandlungssprache bezeichnet wird. Sie ist beispielsweise maßgeblich für die Ausführungen des Versammlungs-

---

779 *Krause/Jenderek* NZG 2007, 246; *Mohamed* NZG 2015, 1263, 1267.

780 Vgl. S. 3 f.

781 Vgl. S. 75 f.

leiters, die Rede des Vorstandsvorsitzenden oder die Redebeiträge der Aktionäre. Die davon zu unterscheidende Sprache der Niederschrift ist dagegen die Sprache, in der die Urkundsperson, sei dies ein Notar oder im Falle einer privatschriftlichen Protokollierung nach § 130 Abs. 1 S. 3 AktG der Versammlungsleiter, ihre Urkundstätigkeit wahrnimmt und die Niederschrift zur Hauptversammlung erstellt.

1. Grundsatz

Es besteht weitestgehend Einigkeit darüber, dass die Hauptversammlung einer Aktiengesellschaft mit Sitz in Deutschland unabhängig vom Versammlungsort grundsätzlich in deutscher Sprache durchzuführen ist.[782]

Eine normative Grundlage für diese Ansicht existiert jedoch nicht. Das Gesetz verhält sich schlicht nicht zu der Frage, in welcher Sprache eine Hauptversammlung abzuhalten ist.

Teilweise wird argumentiert, die Beschlüsse der Hauptversammlung seien eingebunden in die deutsche Rechtskultur und damit auch folglich Teil der deutschen Sprachkultur.[783] Zudem gebiete die Nähe zur Rechnungslegung eine Analogie zu § 244 HGB, der vorsieht, dass der Jahresabschluss in deutscher Sprache aufzustellen ist.[784] Dagegen lässt sich jedoch einwenden, dass die Rechnungslegung der Information der Allgemeinheit dient, während eine Hauptversammlung als Versammlung der Aktionäre vorrangig deren Information bezweckt.[785] Die behauptete Nähe zur Rechnungslegung existiert mangels Vergleichbarkeit folglich nicht und kann somit die grundsätzliche Geltung der deutschen Sprache für die Hauptversammlung nicht rechtfertigen.

Überzeugender ist es, mit dem Aktionärsschutz zu argumentieren. Jeder Aktionär darf davon ausgehen, der Hauptversammlung einer deutschen Gesellschaft in deutscher Sprache folgen zu können.[786] Ohne Verständnismöglichkeit fehlt den Aktionären die notwendige Kenntnis, um eine ihren Interessen entsprechende

782 *Butzke* D. Rn. 27; *Drinhausen/Marsch-Barner* AG 2014, 757, 762; *Faßbender* RNotZ 2009, 425, 453; GroßkommAktG/*Mülbert* Vor §§ 118–147 Rn. 178; KK-AktG/*Zöllner* 1. Auflage, § 119 Rn. 74; *Krause/Jenderek* NZG 2007, 246; MünchKommAktG/*Kubis* § 118 Rn. 77; *Rodewald/Ternick* BB 2011, 910, 911; Schaaf/*Herdina* Rn. 1262; K. Schmidt/Lutter/*Spindler* § 118 Rn. 27; Staudinger/*Großfeld* IntGesR Rn. 404; kritisch *Bungert* AG 1995, 26, 34; *Mohamed* NZG 2015, 1263.

783 Staudinger/*Großfeld* IntGesR Rn. 404.

784 Staudinger/*Großfeld* IntGesR Rn. 404.

785 *Bungert* AG 1995, 26, 34 f.

786 *Butzke* D. Rn. 27; *Rodewald/Ternick* BB 2011, 910, 911.

Entscheidung treffen zu können.[787] Zudem kann es zu Informationsasymmetrien kommen, wenn nur ein Teil des Aktionariats die während der Hauptversammlung vermittelten Informationen verstehen kann. Dies widerspräche § 53a AktG, der die Gesellschaft zur Gleichbehandlung der Aktionäre verpflichtet.

Zwar könnte man im Sinne des Aktionärsschutzes ebenfalls argumentieren, die Durchführung der Hauptversammlung in einer anderen Sprache sei angezeigt, wenn die Mehrheit der Aktionäre nicht Deutsch spricht. Allerdings wird die Gesellschaft und somit der Versammlungsleiter zumindest bei Publikumsgesellschaften meist keine Kenntnis davon haben, welche Sprache von den meisten Aktionären gesprochen wird. Der in Deutschland gelegene Gesellschaftssitz ist dagegen der für alle Aktionäre gleich verbindliche Bezugspunkt, der das bereits angesprochene Vertrauen der Aktionäre rechtfertigt, der Hauptversammlung einer deutschen Aktiengesellschaft in deutscher Sprache folgen zu können. Es ist deswegen von dem Grundsatz auszugehen, dass Deutsch die Verhandlungssprache ist.

2. Abweichungsmöglichkeit

Jedoch kann von diesem Grundsatz abgewichen werden.[788] Umstritten ist aber, unter welchen Voraussetzungen eine andere Verhandlungssprache gewählt werden darf.

a) Meinungsstand

Nach einer Ansicht ist die Abhaltung einer Hauptversammlung in einer anderen Sprache nur in den Fällen einer Vollversammlung zulässig.[789] Dies überzeugt nicht. Es ist kein Grund dafür ersichtlich, warum die Wahl einer anderen Verhandlungssprache nur zulässig sein soll, wenn alle Aktionäre erschienen oder vertreten sind. Die Wahl der Verhandlungssprache betrifft nur die an der Hauptversammlung teilnehmenden Aktionäre. Für Aktionäre, die nicht an der Hauptversammlung teilnehmen, ist die gewählte Verhandlungssprache irrelevant. Somit ist es den teilnehmenden Aktionären zuzugestehen, über die Verhandlungssprache

---

787 *Krause/Jenderek* NZG 2007, 246, 247.

788 *Bungert* AG 1995, 26, 34; *Butzke* D. Rn. 27; *Drinhausen/Marsch-Barner* AG 2014, 757, 762; *Faßbender* RNotZ 2009, 425, 453; GroßkommAktG/*Mülbert* Vor §§ 118–147 Rn. 178; MünchKommAktG/*Kubis* § 118 Rn. 77; *Rodewald/Ternick* BB 2011, 910, 911; Schaaf/*Herdina* Rn. 1262; K. Schmidt/Lutter/*Spindler* § 118 Rn. 27.

789 Staudinger/*Großfeld* IntGesR Rn. 404.

zu entscheiden, selbst wenn sie nicht die Gesamtheit der Gesellschaftsaktionäre repräsentieren.

Daher ist nach der weit herrschenden Meinung das Einverständnis aller Beteiligten inklusive des protokollierenden Notars erforderlich, wenn die Hauptversammlung in einer anderen Sprache als Deutsch durchgeführt werden soll.[790] Sofern einer der Anwesenden widerspricht und die Hauptversammlung dennoch nicht in deutscher Sprache abgehalten werden soll, sei durch eine simultane Übersetzung aller fremdsprachigen Beiträge sicherzustellen, dass den widersprechenden Aktionären kein Informationsdefizit entsteht.[791] Die Übersetzung könne in Deutsch oder in jeder Sprache, die sich der Widersprechende wünscht, erfolgen.[792] Zudem müsse es Aktionären ermöglicht werden, sich in Deutsch an der Hauptversammlung zu beteiligen, was die Übersetzung deutschsprachiger Aktionärsausführungen in die Verhandlungssprache erforderlich mache.[793] Zur Sicherstellung einer korrekten Übersetzung sei diese von einem vereidigten Dolmetscher vorzunehmen.[794]

b) Stellungnahme

Obwohl der herrschenden Meinung grundsätzlich zuzustimmen ist, bleibt fraglich, ob für die Wahl einer anderen Verhandlungssprache als der deutschen stets das Einverständnis aller Beteiligten notwendig ist.

Nach teilweise vertretener Ansicht ist ein mit einer qualifizierten Stimmenmehrheit[795] gefasster Hauptversammlungsbeschluss oder eine Regelung in der

---

790 *Butzke* D. Rn. 27; *Drinhausen/Marsch-Barner* AG 2014, 757, 762; *Faßbender* RNotZ 2009, 425, 453; GroßkommAktG/*Mülbert* Vor §§ 118–147 Rn. 178; KK-AktG/*Zöllner* 1. Auflage, § 119 Rn. 74; MünchKommAktG/*Kubis* § 118 Rn. 77; *Rodewald/Ternick* BB 2011, 910, 911; Schaaf/*Herdina* Rn. 1262; K. Schmidt/Lutter/*Spindler* § 118 Rn. 27.

791 *Butzke* D. Rn. 27; GroßkommAktG/*Mülbert* Vor §§ 118–147 Rn. 178; KK-AktG/*Zöllner* 1. Auflage, § 119 Rn. 74; *Rodewald/Ternick* BB 2011, 910, 911; restriktiver MünchKommAktG/*Kubis* § 118 Rn. 77, der bei bestehenden Übersetzungsmöglichkeiten nur fremdsprachige Aktionärsausführungen zulassen will, aber für die Wahl der Verhandlungssprache am Einverständnis aller Beteiligten festhält.

792 *Butzke* D. Rn. 27; GroßkommAktG/*Mülbert* Vor §§ 118–147 Rn. 178; KK-AktG/*Zöllner* 1. Auflage, § 119 Rn. 74; *Rodewald/Ternick* BB 2011, 910, 911.

793 *Drinhausen/Marsch-Barner* AG 2014, 757, 763.

794 *Butzke* D. Rn. 27; *Drinhausen/Marsch-Barner* AG 2014, 757, 762 f.; K-AktG/*Zöllner* 1. Auflage, § 119 Rn. 74.

795 *Krause/Jenderek* NZG 2007, 246, 247; *Bungert* AG 1995, 26, 34 bei entsprechender Satzungsbestimmung.

Satzung[796] ebenfalls ausreichend, soweit durch eine Übersetzung der fremdsprachigen Beiträge ins Deutsche die Information aller Aktionäre gewährleistet ist. Das Aktienrecht gehe in seiner Struktur von einer Aktionärsdemokratie aus, weswegen die herrschende Mehrheit Entscheidungen zulasten der Minderheit treffen könne.[797]

Dem ist zuzustimmen. Wenn schon die Mehrheit der Aktionäre per satzungsänderndem Beschluss die Hauptversammlung ins Ausland verlegen kann, muss ihr ebenfalls die Kompetenz zustehen, die Verhandlungssprache bestimmen zu können. Sowohl die Wahl eines ausländischen Versammlungsorts als auch die Wahl einer fremden Verhandlungssprache können für einen Teil des Aktionariats mit Nachteilen verbunden sein. Doch solange bei beiden Maßnahmen die Grenzen des Zumutbaren gewahrt werden, sei es durch die Begrenzung des statutarischen Gestaltungsspielraums auf Versammlungsorte, die mit einem zumutbaren Aufwand erreicht werden können, sei es durch die Sicherstellung der Unterrichtung aller teilnehmenden Aktionäre mittels simultaner Übersetzung, ist dagegen nichts einzuwenden.

Zudem wirkt es inkonsequent, wenn die herrschende Meinung an dem Erfordernis des Einverständnisses aller Beteiligten festhält, aber gleichzeitig aus dem Widerspruch eines einzelnen Aktionärs nicht die Unzulässigkeit der Abhaltung der Hauptversammlung in einer Fremdsprache folgert, sondern für diesen Fall lediglich eine Übersetzung der gesamten Hauptversammlung verlangt. Ein Einverständnis aller, welches unter Widerspruch erfolgt, ist kein wirkliches Einverständnis aller Beteiligten. Stringenter ist es, der Hauptversammlung die Kompetenz zur Bestimmung der Verhandlungssprache generell zuzusprechen und die Information aller Aktionäre mittels einer Verpflichtung zur Simultanübersetzung zu gewährleisten.[798]

Die Hauptversammlung kann diese Kompetenz zum einen dadurch wahrnehmen, dass sie per Satzungsänderung generell die Verhandlungssprache für zukünftige Aktionärsversammlungen festlegt. Dem steht § 23 Abs. 5 S. 2 AktG nicht entgegen, da die Frage der Verhandlungssprache gesetzlich nicht geregelt ist und es sich daher um eine die Satzung ergänzende Bestimmung handelt.

Zum anderen kann die Hauptversammlung die Änderung der Verhandlungssprache für eine gerade stattfindende Versammlung beantragen. Da es sich hierbei um einen Antrag zum Verfahren der Hauptversammlung handelt, ist eine vorherige Bekanntmachung gemäß § 124 Abs. 4 S. 2, 2. Var. AktG nicht erforderlich.[799] Für die

---

796 *Bungert* AG 1995, 26, 34.

797 *Krause/Jenderek* NZG 2007, 246, 247.

798 Ähnlich K. Schmidt/Lutter/*Spindler* § 118 Rn. 27.

799 Vgl. KK-AktG/*Noack/Zetzsche* § 124 Rn. 110 zu stets bekanntmachungsfreien Verfahrensanträgen.

Wahl der Verhandlungssprache gilt unter analoger Anwendung des § 179 Abs. 2 S. 1 AktG das Erfordernis einer qualifizierten Kapitalmehrheit, da die Verhandlungssprache ein zentrales Element für die Information der Aktionäre als eine der wesentlichen Funktionen der Hauptversammlung ist.[800] Zudem ist das Einverständnis des Notars notwendig, da dieser ohne entsprechende Satzungsregelung keine Veranlassung hatte, sich auf eine fremdsprachige Hauptversammlung einzustellen und der Notar auch in diesem Fall nicht auf die Übersetzungen eines Dolmetschers verwiesen werden darf. Denn der Notar muss die Verhandlungssprache beherrschen, da eine Beurkundung der von ihm wahrgenommenen Tatsachen sonst nicht möglich wäre.[801]

In Einklang mit der herrschenden Meinung ist als materielle Voraussetzung zur Vermeidung von Informationsdefiziten stets eine Simultanübersetzung aller Beiträge in die deutsche Sprache zu verlangen. Zudem muss es deutschsprachigen Aktionären ermöglicht werden, sich in deutscher Sprache an der Hauptversammlung zu beteiligen, indem ihre Ausführungen in die Verhandlungssprache übersetzt werden. Von dieser Voraussetzung kann nur abgesehen werden, wenn alle Beteiligten auf die wechselseitige Übersetzung verzichten.

3. *Die Zulassung fremdsprachiger Redebeiträge und Auskunftsverlangen*

Gemäß § 131 Abs. 1 S. 1 AktG ist jedem Aktionär auf Verlangen in der Hauptversammlung vom Vorstand Auskunft über Angelegenheiten der Gesellschaft zu geben, soweit die Auskunft zur sachgemäßen Beurteilung des Gegenstands der Tagesordnung erforderlich ist. Obwohl nicht wie das Auskunftsrecht explizit gesetzlich geregelt, sondern lediglich in § 131 Abs. 2 S. 2 AktG erwähnt, steht außerdem jedem Aktionär das Rederecht als weiteres versammlungsgebundenes Mitgliedsrecht zu. Das Rederecht erlaubt es jedem Aktionär, sich während der Hauptversammlung zu jedem Gegenstand der Tagesordnung zu äußern.[802]

Sofern die Hauptversammlung in deutscher Sprache abgehalten wird, könnten Aktionäre, die kein oder nicht ausreichend Deutsch sprechen, ein Interesse daran haben, ihr Rede- und Auskunftsrecht in einer Fremdsprache auszuüben. Die Ak-

---

800 A.A. *Mohamed* NZG 2015, 1263, 1266 bezüglich der Zulassung fremdsprachiger Aktionärsbeiträge aufgrund einer Entscheidung der einfachen Kapitalmehrheit; zu der Information, Kommunikation und Entscheidung der Aktionäre als den wesentlichen Funktionen der Hauptversammlung vgl. *Noack* FS von Rosen, S. 273, 285.

801 KK-AktG/*Noack*/*Zetzsche* § 130 Rn. 294; zu den Anforderungen an die Sprachkenntnisse des Notars vgl. S. 184 ff.

802 MünchKommAktG/*Kubis* § 118 Rn. 75.

tionäre haben darauf jedoch keinen Anspruch.[803] Vielmehr hat der Versammlungsleiter zu entscheiden, ob er die Ausübung des Rede- und Auskunftsrechts in einer Fremdsprache zulässt. Er hat bei seiner Entscheidung zu beachten, dass aus der Zulassung fremdsprachiger Aktionärsbeiträge den übrigen Aktionären keine Informationsdefizite entstehen dürfen.[804] Daher ist eine simultane Übersetzung zumindest des wesentlichen Inhalts der nicht in deutscher Sprache erfolgten Aktionärsfragen und Redebeiträge notwendig.[805] Die Übersetzungsmöglichkeit kann durch den Aktionär selbst oder seitens der Gesellschaft bereitgestellt werden. Auch wenn die Bereitstellung von Übersetzungsmöglichkeiten seitens der Gesellschaft sich insbesondere bei Hauptversammlungen mit einem grenzüberschreitenden Bezug, zu der viele ausländische Aktionäre erwartet werden, anbietet,[806] hat ein Aktionär keinen Anspruch auf diese aktionärsfreundliche Dienstleistung.[807] Unkomplizierter ist es freilich, wenn sich ausländische Aktionäre von deutschsprachigen Bevollmächtigten vertreten lassen.[808]

Sofern die Satzung generell oder die Hauptversammlung mit qualifizierter Mehrheit für eine einzelne Versammlung eine andere Verhandlungssprache als die deutsche Sprache wählt, gelten diese Ausführungen zu fremdsprachigen Redebeiträgen und Auskunftsverlangen entsprechend. Der Versammlungsleiter muss also entscheiden, ob er Ausführungen oder Fragen von Aktionären zulässt, die nicht in der Verhandlungssprache formuliert sind.

In Abweichung zu den bisherigen Ausführungen ist der Übersetzungsaufwand für die fremdsprachigen Aktionärsausführungen allerdings größer, wenn Deutsch nicht die Verhandlungssprache ist. Lässt der Versammlungsleiter Fragen und Redebeiträge in einer anderen Sprache als der Verhandlungssprache zu, hat die Übersetzung der fremdsprachigen Beiträge zwingend zum einen in die Verhandlungssprache zu erfolgen, weil dies die von der Aktionärsmehrheit favorisierte Sprache ist. Zum anderen sind Redebeiträge und Auskunftsverlangen, die weder in der Verhandlungssprache noch in Deutsch, sondern in einer dritten Sprache geleistet bzw. gestellt wurden, zwingend in die deutsche Sprache zu übersetzen, da

803 *Butzke* D. Rn. 27; MünchKommAktG/*Kubis* § 118 Rn. 77; *Drinhausen/Marsch-Barner* AG 2014, 757, 764.

804 MünchKommAktG/*Kubis* § 118 Rn. 77.

805 *Butzke* D. Rn. 27; *Drinhausen/Marsch-Barner* AG 2014, 757, 764; MünchKommAktG/*Kubis* § 118 Rn. 77.

806 *Drinhausen/Marsch-Barner* AG 2014, 757, 764.

807 *Drinhausen/Marsch-Barner* AG 2014, 757, 764; MünchKommAktG/*Kubis* § 118 Rn. 77.

808 *Drinhausen/Marsch-Barner* AG 2014, 757, 763.

insoweit das Vertrauen der Aktionäre, der Hauptversammlung einer deutschem Recht unterliegenden Gesellschaft in Deutsch folgen zu können, zu schützen ist. Dieses zwingende Erfordernis einer Übersetzung der fremdsprachigen Beiträge ins Deutsche gilt auch für den Fall, dass die Verhandlungssprache per Satzung bestimmt wird. Dann ist den Aktionären zwar zumindest möglich, in Erfahrung zu bringen, dass sie nicht auf eine in Deutsch abgehaltene Hauptversammlung vertrauen dürfen. Allerdings werden die von einer statutarischen Sprachenregelung besonders betroffenen Kleinaktionäre vor dem Erwerb ihrer Mitgliedschaft in aller Regel weder die Satzung der Gesellschaft durchlesen noch sind sie dazu im Sinne einer Obliegenheit verpflichtet.[809] Die Satzungsbestimmung zur Verhandlungssprache könnte zudem nach dem Erwerb der Mitgliedschaft mittels Satzungsänderung in die Satzung aufgenommen worden sein und würde somit den Aktionären, die nicht über die notwenigen Sprachkenntnisse verfügen, nachträglich das Recht entziehen, sich auf der Hauptversammlung zu informieren und an der Aussprache teilzuhaben.

4. *Die Sprache der Hauptversammlung einer SE*

Die bisher getroffenen Aussagen zur Verhandlungssprache erfolgten in Hinblick auf die Hauptversammlung einer Aktiengesellschaft. Fraglich ist, ob bei der Hauptversammlung einer SE dieselben Maßstäbe gelten.

Die SE-VO enthält keine Bestimmung zur Sprache der Hauptversammlung. Allerdings zeigt der Anhang zu Art. 7 SE-RL in Teil 2 lit. h, dass dem europäischen Richtliniengeber durchaus das Problem bewusst war, dass in einer SE Beteiligte, die unterschiedliche Sprachen sprechen, aufeinandertreffen, was eine Regelung zur Übernahme der Dolmetscherkosten erforderlich macht. So ist in Teil 2 lit. h des Anhangs zu Art. 7 SE-RL bestimmt, dass die Gesellschaft die Ausgaben des Vertretungsorgans der Arbeitnehmer inklusive der Dolmetscherkosten trägt.

Die Wahl der Verhandlungssprache ist dem Ablauf der Hauptversammlung zuzuordnen, sodass über Art. 53 SE-VO die nationalen, aktienrechtlichen Rechtsvorschriften anzuwenden sind. Da aber wie dargestellt das nationale Aktienrecht keine Aussage zur Sprache der Hauptversammlung trifft, geht der unionsrechtliche Verweis diesbezüglich eigentlich ins Leere.[810] Da aber ein unionsrechtlicher Verweis auf das nationale Recht auch das nationale ungeschriebene Recht erfasst[811] und der Grundsatz, dass die Hauptversammlung einer deutschem Recht unterliegenden Gesellschaft in deutscher Sprache abzuhalten ist, Bestandteil

---

809 *Herrler* ZGR 2015, 918, 927 in Bezug auf Satzungsklauseln zum Versammlungsort.

810 *Mohamed* NZG 2015, 1263, 1266.

811 Vgl. S. 13.

dieses nationalen ungeschriebenen Rechts ist, gelten die zur Aktiengesellschaft getätigten Ausführungen zur Verhandlungssprache ebenfalls für die SE. In der Literatur wird dennoch eine weniger strenge Handhabung der Sprachenfrage vorgeschlagen. Die Supernationalität der SE müsse von deren Aktionären im Rahmen der Hauptversammlung akzeptiert werden,[812] weswegen die sprachlichen Grenzen weiter zu fassen seien.[813]

Nach der weitest gehenden Ansicht sind daher während der Hauptversammlung einer SE Redebeiträge von Aktionären in allen Amtssprachen der EU zuzulassen.[814] Die Verwaltung der SE habe zudem eine Übersetzungsmöglichkeit zu organisieren, um eine Information der übrigen Aktionäre sicherzustellen.[815] Dieses Verfahren wird in der restlichen Literatur einhellig zu Recht als zu kostenintensiv abgelehnt.[816] Die Kosten der Simultanübersetzung aller fremdsprachigen Beiträge, welche in jeder Amtssprache der EU erfolgen könnten, stünden außer Verhältnis zum Interesse der Aktionäre, an der Hauptversammlung vollständig nur unter Verwendung ihrer Muttersprache teilnehmen zu können.

Eine andere Ansicht will am Grundsatz der deutschen Verhandlungssprache festhalten, aber zusätzlich Redebeiträge und Auskunftsverlangen in Englisch zulassen.[817] Um ein Informationsdefizit der Aktionäre, die kein oder nicht ausreichend Englisch sprechen, zu vermeiden, seien die englischsprachigen Aktionärsausführungen jedoch ins Deutsche zu übersetzen.[818] Nach einer weiteren Ansicht ist zwischen den verschiedenen Arten von fremdsprachigen Wortbeiträgen zu differenzieren.[819] Redebeiträge von Aktionären in englischer Sprache seien grundsätzlich zuzulassen und auf deren Übersetzung könne verzichtet

---

812 Manz/Mayer/Schröder/*Mayer* Art. 53 Rn. 52.

813 *Knapp* DStR 2012, 2392, 2394 f.; Lutter/Hommelhoff/Teichmann/*Spindler* Art. 53 Rn. 21; MünchKommAktG/*Kubis* Art. 53 SE-VO Rn. 15.

814 MünchKommAktG/*Kubis* Art. 53 SE-VO Rn. 15.

815 MünchKommAktG/*Kubis* Art. 53 SE-VO Rn. 15.

816 *Brandt* S. 178; Habersack/Drinhausen/*Bücker* Art. 53 Rn. 27; KK-AktG/*Kiem* Art. 53 SE-VO Rn. 19; *Knapp* DStR 2012, 2392, 2394 Fn. 25; Lutter/Hommelhoff/Teichmann/*Spindler* Art. 53 Rn. 21; Manz/Mayer/Schröder/*Mayer* Art. 53 Rn. 51.

817 *Knapp* DStR 2012, 2392, 2394 f.; Spindler/Stilz/*Eberspächer* Art. 53 SE-VO Rn. 6; *Mohamed* NZG 2015, 1263, 1266, der aber hinsichtlich der Sprachenfrage eine Unterscheidung zwischen SE und Aktiengesellschaft ablehnt und auch für letztere die Zulässigkeit von Aktionärsausführungen in englischer Sprache fordert.

818 *Knapp* DStR 2012, 2392, 2394 f.; *Mohamed* NZG 2015, 1263, 1266; unklar Spindler/Stilz/*Eberspächer* Art. 53 SE-VO Rn. 6.

819 Habersack/Drinhausen/*Bücker* Art. 53 Rn. 28.

werden, wenn dies die Satzung ausdrücklich zulasse.[820] Für die Versammlungsleitung als solche, die Stellung von Anträgen und die Beschlussfassung sei aber die Beibehaltung der deutschen Sprache verbindlich.[821] Es ist allerdings beiden Ansichten vorzuwerfen, dass sie die Möglichkeit der Festlegung der generellen Verhandlungssprache in der Satzung ausschließen und somit ohne Notwendigkeit gegen den Grundsatz der Aktionärsdemokratie verstoßen.[822]

Überzeugender ist es – wie bei der Aktiengesellschaft – der Hauptversammlung der SE die Entscheidung der Sprachenfrage zu überlassen.[823] Eine unterschiedliche Behandlung von Aktiengesellschaft und SE ist hinsichtlich der Sprachenfrage nicht angezeigt.[824] Die so eröffnete Gestaltungsfreiheit ist ausreichend, um durch die Wahl von beispielsweise Englisch als Verhandlungssprache oder der Zulassung von fremdsprachigen Redebeiträgen dem supranationalen Charakter der SE gerecht werden zu können. Die Aktionärsversammlung kann daher durch Schaffung einer Satzungsbestimmung generell die Verhandlungssprache festlegen oder die Änderung der Verhandlungssprache für eine aktuell stattfindende Versammlung beantragen. Eine Übersetzung der gesamten Hauptversammlung in die deutsche Sprache ist trotz der supranationalen Rechtsform auch bei der SE erforderlich, da wegen des Verweises auf deutsches nationales Recht vom Grundsatz der Abhaltung der Hauptversammlung in deutscher Sprache auszugehen ist.[825]

II. Die Sprache der Niederschrift über die Hauptversammlung

Die Niederschrift über die Hauptversammlung wird grundsätzlich in deutscher Sprache erstellt.[826] Dies ergibt sich für eine notariell aufgenommene Niederschrift aus § 5 Abs. 1 BeurkG, nach dem Urkunden in deutscher Sprache errichtet werden.

---

820 Habersack/Drinhausen/*Bücker* Art. 53 Rn. 28.

821 Habersack/Drinhausen/*Bücker* Art. 53 Rn. 28.

822 Es ist jedoch zuzugestehen, dass *Mohamed* NZG 2015, 1263, 1266 mit dieser Möglichkeit zumindest sympathisiert: „Nicht viel spricht sogar gegen die Anerkennung zur Möglichkeit … die gesamte Hauptversammlung auf ihrer Sprache …".

823 Ähnlich Lutter/Hommelhoff/Teichmann/*Spindler* Art. 53 Rn. 21 und Manz/Mayer/Schröder/*Mayer* Art. 53 Rn. 52, die beide eine Festlegung der Verhandlungssprache durch die Satzung befürworten.

824 Ebenso KK-AktG/*Kiem* Art. 53 SE-VO Rn. 19; *Mohamed* NZG 2015, 1263, 1266.

825 *Mohamed* NZG 2015, 1263, 1266; a.A. Lutter/Hommelhoff/Teichmann/*Spindler* Art. 53 Rn. 21.

826 GroßkommAktG/*Werner* § 130 Rn. 47.

Doch auch ein nach § 130 Abs. 1 S. 3 AktG erstelltes privatschriftliches Hauptversammlungsprotokoll ist grundsätzlich in deutscher Sprache auszufertigen.[827]

1. *Die Sprache einer notariell aufgenommenen Niederschrift*

a) Die Zulässigkeit der Protokollierung in einer Fremdsprache

Umstritten ist, ob eine notariell aufgenommene Niederschrift in Abweichung zu dem Grundsatz, dass Deutsch die Urkundssprache ist, in einer Fremdsprache erstellt werden darf. Gemäß § 5 Abs. 2 S. 1 BeurkG ist die Errichtung notarieller Urkunden in einer Fremdsprache auf Verlangen zulässig. Der Notar soll dem Verlangen allerdings gemäß § 5 Abs. 2 S. 2 BeurkG nur entsprechen, wenn er der fremden Sprache hinreichend kundig ist. Mit dieser Aussage korrespondierend bestimmt § 15 Abs. 1 S. 2 BNotO, dass ein Notar zu einer Beurkundung in einer anderen als der deutschen Sprache nicht verpflichtet ist.

Trotz der gesetzlich fixierten Zulässigkeit der Beurkundung in einer Fremdsprache ist nach einer älteren Literaturansicht die Niederschrift über die Hauptversammlung dennoch stets in deutscher Sprache zu erstellen.[828] § 5 Abs. 2 BeurkG gelte nicht für die Niederschrift zur Hauptversammlung.[829]

Mit der herrschenden Meinung ist jedoch davon auszugehen, dass die Niederschrift zur Hauptversammlung nicht zwangsläufig in deutscher Sprache zu fertigen ist.[830] § 5 Abs. 2 S. 1 BeurkG sieht die Wahl einer anderen Urkundssprache ausdrücklich vor. Warum diese Vorschrift nicht für das Hauptversammlungsprotokoll gelten sollte, ist nicht ersichtlich. Ein Informationsdefizit der Aktionäre, insbesondere der nicht an der Hauptversammlung teilnehmenden Aktionäre, ist durch die Zulassung fremdsprachiger Niederschriften nicht zu befürchten, da mit der öffentlich beglaubigten Abschrift der fremdsprachigen Niederschrift eine Übersetzung einzureichen ist.[831]

§ 5 Abs. 2 S. 1 BeurkG statuiert, dass die Errichtung einer fremdsprachigen Urkunde auf Verlangen erfolgt. Weitere Ausführungen, die das Verlangen näher

---

827 MünchKommAktG/*Kubis* § 130 Rn. 22; Spindler/Stilz/*Wicke* § 130 Rn. 24.

828 KK-AktG/*Zöllner* 1. Aufl. § 119 Rn. 74 und § 130 Rn. 77; Staudinger/*Großfeld* IntGesR Rn. 404; *Wilhelmi* BB 1987, 1331, 1336.

829 KK-AktG/*Zöllner* 1. Aufl. § 119 Rn. 74.

830 Armbrüster/Preuß/Renner/*Preuß* § 37 Rn. 10; GroßkommAktG/*Werner* § 130 Rn. 47; Hüffer/*Koch* § 130 Rn. 11; KK-AktG/*Noack/Zetzsche* § 130 Rn. 298; *Krause/Jenderek* NZG 2007, 246; MünchKommAktG/*Kubis* § 130 Rn. 22; *Faßbender* RNotZ 2009, 425, 454; Spindler/Stilz/*Wicke* § 130 Rn. 24.

831 Zur Notwendigkeit einer Übersetzung vgl. S. 179.

beschreiben, trifft die Vorschrift nicht. Daher ist fraglich, wer das Verlangen zu formulieren hat und welche Voraussetzungen für dieses gelten.

Nach der überwiegenden Ansicht kann eine Fremdsprache als Urkundssprache gewählt werden, wenn dies sämtliche Beteiligte, also die anwesenden Organmitglieder, Aktionäre und deren Vertreter, verlangen.[832] Eine andere Ansicht will dagegen ein Verlangen der Gesellschaft ausreichen lassen, wenn gegen die Errichtung der Niederschrift in einer fremden Sprache kein Widerspruch durch ein anwesendes Vorstands- oder Aufsichtsratsmitglied oder durch einen Aktionär erhoben wird.[833] Diese beiden Ansichten ähneln sich darin, dass die Wahl der Urkundssprache letztlich eine Entscheidung der an der Hauptversammlung beteiligten Personen ist. Nach einer weiteren Ansicht hängt die Urkundssprache dagegen grundsätzlich von der Verhandlungssprache ab.[834] Sind diese beiden Sprachen identisch, müssten die Aktionäre der Urkundssprache weder zustimmen noch könnten sie dieser widersprechen.[835] Soll dagegen die Niederschrift nicht in der Verhandlungssprache erstellt werden, sei die Zustimmung der anwesenden Aktionäre erforderlich.[836]

Richtig dürfte es wohl sein, die Wahl der Urkundssprache wegen des Grundsatzes der Aktionärsdemokratie zunächst der Satzung zu überlassen. Die Satzung kann folglich festlegen, dass die Niederschrift in einer bestimmten Sprache zu erstellen ist. Wegen § 15 Abs. 1 S. 2 BNotO ist der Notar dennoch nicht an diese Satzungsbestimmung gebunden. Daher ist im Vorfeld der Hauptversammlung zwischen Gesellschaft und Notar zu klären, ob Letzterer bereit ist, die Hauptversammlungsniederschrift in der statutarisch festgelegten Sprache zu erstellen. Aktionäre, die die gewählte Urkundssprache nicht sprechen, erfahren durch diese Satzungsfreiheit keinen Nachteil, da zwingend eine Übersetzung der Niederschrift zum Handelsregister einzureichen ist.[837]

Trifft die Satzung keine Aussage zur Urkundssprache, kann die Hauptversammlung die Wahl einer Fremdsprache als Urkundssprache beantragen. Anders als bei der Wahl der Verhandlungssprache könnte man einen mit einfacher

---

832 *Faßbender* RNotZ 2009, 425, 454; Spindler/Stilz/*Wicke* § 130 Rn. 24; ähnlich Hüffer/*Koch* § 130 Rn. 11: Zustimmung aller anwesenden Aktionäre und des Versammlungsleiters; *Krause/Jenderek* NZG 2007, 246: Zustimmung aller Aktionäre.

833 Armbrüster/Preuß/Renner/*Preuß* § 37 Rn. 10; K. Schmidt/Lutter/*Ziemons* § 130 Rn. 67.

834 KK-AktG/*Noack/Zetzsche* § 130 Rn. 298.

835 KK-AktG/*Noack/Zetzsche* § 130 Rn. 298.

836 KK-AktG/*Noack/Zetzsche* § 130 Rn. 298.

837 Zur Notwendigkeit einer Übersetzung vgl. S. 179.

Stimmenmehrheit gefassten Beschluss als ausreichend ansehen, da die Aktionäre, die während der Hauptversammlung in der Regel keine Einsicht in die Niederschrift nehmen werden, von einer Änderung der Urkundssprache weniger stark in ihrem Informationsinteresse betroffen sind als bei einer Änderung der Verhandlungssprache. Die Niederschrift – nicht ihre von der Gesellschaft zum Handelsregister eingereichte Übersetzung in die deutsche Sprache – bildet jedoch häufig die Grundlage für spätere Anfechtungsprozesse.[838] Daher kommt dem genauen Wortlaut der fremdsprachigen Niederschrift eine wichtige Bedeutung für das Anfechtungsrecht der Aktionäre zu. Bei der Übersetzung protokollierungsbedürftiger Vorgänge für eine Aufnahme in eine fremdsprachige Niederschrift (beispielsweise ein verweigertes Auskunftsverlangen eines Aktionärs in deutscher Sprache, welches in einer englischsprachigen Niederschrift protokolliert werden soll) besteht jedoch stets die Gefahr einer (leicht) sinnentstellenden Übersetzung. Insbesondere bei komplizierten juristischen Texten werden Übersetzung und Originalwortlaut gelegentlich zumindest in Bedeutungsnuancen abweichen. Zum Schutz des Anfechtungsrechts ist es daher geboten, dass der Hauptversammlungsbeschluss, durch den eine Fremdsprache als Urkundssprache gewählt wird, mit qualifizierter Kapitalmehrheit analog § 179 Abs. 2 S. 1 AktG gefasst werden muss. Der Notar ist wie bei einer Satzungsbestimmung zur Urkundssprache auch bei einer Änderung der Urkundssprache durch einen Beschluss der Hauptversammlung wegen § 15 Abs. 1 S. 2 BNotO nicht dazu verpflichtet, die Niederschrift in der von der Hauptversammlung bestimmten Sprache zu erstellen. Die Wahl einer anderen Urkundssprache während der Hauptversammlung ist daher nur praktikabel, wenn sich der Notar bereit erklärt, in einer fremden Sprache zu protokollieren, da die gefassten Hauptversammlungsbeschlüsse sonst gemäß § 241 Nr. 2 AktG nichtig sind. Die widersprechende Aktionärsminderheit wird wiederum durch die Notwendigkeit einer zum Handelsregister einzureichenden, deutschsprachigen Übersetzung der Niederschrift vor Informationsdefiziten geschützt.

b) Die Pflicht zur Einreichung einer Übersetzung

Gemäß § 130 Abs. 5 AktG ist unverzüglich nach der Hauptversammlung eine öffentlich beglaubigte bzw. eine vom Vorsitzenden des Aufsichtsrats unterzeichnete Abschrift der Niederschrift und ihrer Anlagen zum Handelsregister einzureichen.

Um die von dieser Vorschrift bezweckte Publizität der auf der Versammlung gefassten Beschlüsse zu erreichen, ist erforderlich, dass mit der Abschrift eine

838 Vgl. S. 97.

Übersetzung in deutscher Sprache zum Handelsregister eingereicht wird, wenn die Niederschrift nicht in deutscher Sprache erstellt wurde.[839]

c) Das Verhältnis von Verhandlungssprache und Urkundssprache

Wenn die Aktionärsmehrheit sowohl über die Verhandlungssprache als auch die Urkundssprache entscheiden kann, ist zu klären, wie sich diese beiden Sprachen zueinander verhalten. Müssen Verhandlungssprache und Urkundssprache zwingend identisch sein oder können diese voneinander divergieren?

Nach überwiegender Ansicht müssen die Verhandlungssprache und die Sprache der Niederschrift nicht identisch sein.[840] Dem wird entgegengehalten, die Niederschrift über die Hauptversammlung dürfe nur dann in einer Fremdsprache erstell werden, wenn die Hauptversammlung lückenlos in der gewählten Fremdsprache abgewickelt wird.[841] Die Urkundssprache richte sich nach der Verhandlungssprache.[842]

Für eine zwingende Identität von Verhandlungs- und Urkundssprache ließe sich allenfalls anführen, dass so keinesfalls die Gefahr einer sinnentstellenden oder fehlerhaften Übersetzung bestünde, wenn der Notar Beschlüsse, Aktionärswidersprüche oder Redebeiträge von der Verhandlungssprache in die Urkundssprache übersetzt. Allerdings besteht die Gefahr von Übersetzungsfehlern stets, wenn die Hauptversammlung in einer Fremdsprache abgehalten wird, da dann die in deutscher Sprache geäußerten Aktionärsausführungen in die Verhandlungssprache übersetzt werden müssen.[843] Außerdem ist, selbst wenn für die Durchführung der Hauptversammlung und die Niederschrift dieselbe Fremdsprache gewählt wird, eine deutsche Übersetzung der Niederschrift zum Handelsregister einzureichen, die fehlerhaft sein könnte. Folglich ist das Risiko fehlerhafter Übersetzungen einer fremdsprachigen Hauptversammlung immanent und kann daher nicht die Notwendigkeit einer Identität von Verhandlungs- und Urkundssprache begründen.

---

839 Hölters/*Drinhausen* § 130 Rn. 14; MünchKommAktG/*Kubis* § 130 Rn. 22; Spindler/Stilz/*Wicke* § 130 Rn. 24; einschränkend auf die Notwendigkeit einer Übersetzung nur bei eintragungspflichtigen Beschlüsse: KK-AktG/*Noack/Zetzsche* § 130 Rn. 299; K. Schmidt/Lutter/*Ziemons* § 130 Rn. 67.

840 *Butzke* N. Rn. 21; *Faßbender* RNotZ 2009, 425, 454; *Rodewald/Ternick* BB 2011, 910, 911; Schaaf/*Herdina* Rn. 1262; Semler/Volhard/Reichert/*Volhard* § 13 Rn. 8.

841 MünchKommAktG/*Kubis* § 130 Rn. 22.

842 Hölters/*Drinhausen* § 130 Rn. 14.

843 Vgl. S. 173.

d) Der Inhalt des Protokolls

Nach einer älteren Auffassung ist der Notar zur Protokollierung von Aktionärswidersprüchen nur verpflichtet, wenn sie in deutscher Sprache unabhängig von einer etwaig anderen Verhandlungssprache erhoben werden.[844]

Es trifft zwar zu, dass ein deutscher Notar wegen § 15 Abs. 1 S. 2 BNotO nicht dazu verpflichtet ist, die Niederschrift in einer Fremdsprache zu erstellen. Wenn er sich allerdings grundsätzlich zur Fertigung einer fremdsprachigen Niederschrift bereit erklärt hat, darf er in der gewählten Verhandlungssprache erhobene Widersprüche nicht ignorieren, da er sich sonst widersprüchlich verhalten würde. Zur Protokollierung von erhobenen Widersprüchen, die nicht in der Verhandlungssprache geäußert werden, ist er dagegen nicht verpflichtet.[845] Gleiches gilt für Fälle der Auskunftsverweigerung, deren Beurkundung ein Aktionär nach § 131 Abs. 5 AktG verlangt.[846] Eine Ausnahme ist zu machen für Widersprüche und Auskunftsverlangen, die in deutscher Sprache erfolgen. Diese müssen, auch wenn Deutsch nicht die Verhandlungssprache ist, vom Notar in der Niederschrift vermerkt werden. Allerdings darf sich ein Notar, der kein Deutsch versteht, der Unterstützung eines deutschsprachigen Dolmetschers bedienen, der den Widerspruch bzw. das unbeantwortet gebliebene Auskunftsverlangen sowie den Grund der Auskunftsverweigerung in die dem Notar geläufige Verhandlungssprache übersetzt.[847] Grund für die ausnahmsweise Zulässigkeit der Unterstützung des Notars durch einen Übersetzer ist, dass deutschsprachige Aktionärsausführungen und Widersprüche gegenüber der gewählten Verhandlungssprache die Ausnahme darstellen.

2. Die Sprache einer privatschriftlichen Protokollierung

Im Falle einer privatschriftlichen Protokollierung gemäß § 130 Abs. 1 S. 3 AktG ist Deutsch als Urkundssprache nicht gesetzlich vorgeschrieben,[848] da § 5 Abs. 1 BeurkG nur für Notare und nicht für den Vorsitzenden des Aufsichtsrats oder eine andere mit der Erstellung der Niederschrift betraute Person gilt. Zwar finden die Vorschriften des Beurkundungsgesetzes gemäß § 1 Abs. 2 BeurkG ebenso

---

844 *Wilhelmi* BB 1987, 1331, 1336.

845 *Faßbender* RNotZ 2009, 425, 454.

846 *Faßbender* RNotZ 2009, 425, 454.

847 Vgl. KK-AktG/*Noack/Zetzsche* § 130 Rn. 295 zum Einsatz von Dolmetschern bei ausnahmsweise vom Versammlungsleiter zugelassenen Aktionärsfragen, die in einer anderen Sprache als der Verhandlungssprache gestellt wurden.

848 *Butzke* N. Rn. 21.

Anwendung, soweit für öffentliche Beurkundungen neben dem Notar auch andere Urkundspersonen zuständig sind. Eine Protokollierung der Verhandlung der Hauptversammlung nach § 130 Abs. 1 S. 3 AktG ist jedoch keine öffentliche Beurkundung, sondern eine private Beurkundung.

Eine vom Vorsitzenden des Aufsichtsrats erstellte Niederschrift erfüllt jedoch die gleichen Zwecke wie eine von einem Notar aufgenommene Niederschrift. Lediglich das Beurkundungsverfahren ist unter den in § 130 Abs. 1 S. 3 AktG genannten Voraussetzungen aufgrund des Verzichts auf die Mitwirkung eines Notars erleichtert. Die von der Sprachenfrage berührten Punkte wie beispielsweise die Unterrichtung der Allgemeinheit und insbesondere der abwesenden Aktionäre über die auf der Hauptversammlung gefassten Beschlüsse durch die Einreichung einer Abschrift der Niederschrift zum Handelsregister sind unabhängig von der Frage, wer die Niederschrift erstellt. Folglich gebietet der Zweck der von § 130 Abs. 1 AktG aufgegebenen Protokollierung der Hauptversammlung, dass die Entscheidung für eine privatschriftliche Protokollierung nach § 130 Abs. 1 S. 3 AktG anstelle einer notariell aufgenommenen Niederschrift keine Auswirkungen darauf hat, wie die Sprachenfrage zu entscheiden ist.[849] Die bisher zu der Urkundssprache einer notariell aufgenommenen Niederschrift getroffenen Aussagen gelten daher für die Urkundssprache eines privatschriftlichen Protokolls nach § 130 Abs. 1 S. 3 AktG ebenfalls.[850]

3. *Die Zulässigkeit einer Protokollierung in deutscher Sprache nach dem Recht des ausländischen Hauptversammlungsorts*

Bei einer im Ausland stattfindenden Hauptversammlung ist die Niederschrift, sofern nicht eine privatschriftliche Protokollierung nach § 130 Abs. 1 S. 3 AktG vorgenommen wird oder eine Protokollierung der Versammlung durch einen deutschen Konsularbeamten erfolgt, zwingend durch eine ausländische Urkundsperson zu erstellen. Es besteht keine Möglichkeit, eine Niederschrift durch einen deutschen Notar am ausländischen Versammlungsort während der Hauptversammlung erstellen zu lassen, und dass diese Niederschrift die Vorgaben des § 130 Abs. 1 S. 1 AktG erfüllt. Denn wegen des Territorialitätsgrundsatzes gilt die von einem deutschen Notar außerhalb Deutschlands gefertigte Niederschrift nur als Privaturkunde und nicht als notariell aufgenommene Niederschrift. Somit verfügt, wenn eine Hauptversammlung an einem Ort im Ausland abgehalten wird,

849 Spindler/Stilz/*Wicke* § 130 Rn. 24.

850 Hölters/*Drinhausen* § 130 Rn. 14; Spindler/Stilz/*Wicke* § 130 Rn. 24; a.A. *Butzke* N. Rn. 21; MünchKommAktG/*Kubis* § 130 Rn. 22.

allein eine Urkundsperson aus dem Staat des ausländischen Versammlungsorts über die notwendige Urkundsgewalt.[851]

Wenn nicht aufgrund einer Satzungsregelung oder einer Entscheidung der Hauptversammlung von dem Grundsatz, dass die Niederschrift in deutscher Sprache zu erstellen ist, abgewichen wird, sondern die Niederschrift in deutscher Sprache zu erstellen ist, führt dies zu der Konsequenz, dass die ausländische Urkundsperson die Niederschrift zur Hauptversammlung in deutscher Sprache zu erstellen hat. Unabhängig davon, dass die Urkundsperson für diese Aufgabe ausreichend deutsch sprechen muss,[852] ist fraglich, ob dies der ausländischen Urkundsperson erlaubt ist,[853] falls Deutsch nicht ebenfalls eine Amtssprache an dem betreffenden Versammlungsort ist.

Zunächst ist zu untersuchen, nach welchem Recht sich das von der ausländischen Urkundsperson zu beachtende Urkundsverfahren richtet. Das Recht des Urkundsverfahrens bemisst sich nach der internationalen Zuständigkeit der Urkundsperson.[854] Da die internationale Zuständigkeit von dem Ort der Beurkundung abhängt,[855] gilt für das Urkundsverfahren das Recht des Orts der Beurkundung.[856] Dieses Prinzip wird auch unter dem Satz locus regit processum zusammengefasst.[857] Daher hat ein deutscher Notar das deutsche Beurkundungsgesetz zu beachten. Für die Erstellung der Niederschrift einer Hauptversammlung, welche an einem Ort im Ausland abgehalten wird, ist dagegen das Beurkundungsverfahrensrecht des Staates des ausländischen Versammlungsorts maßgeblich. Dies gilt unabhängig davon, ob für die Beurkundung der Hauptversammlungsbeschlüsse die Ortsform oder die Geschäftsform nach Art. 11 Abs. 1 EGBGB gewählt wurde. Denn die Wahl zwischen Ortsform und Geschäftsform ist eine Frage des materiellen Rechts, während das Beurkundungsverfahrensrecht dem formellen Recht zuzuordnen ist.[858] Insoweit ist zwischen dem Recht der Beurkun-

851 Vgl. S. 75 f.

852 Vgl. S. 184 f.

853 Für die Idee zu dieser Frage gebührt Frau Dr. Kraft LL.M. vom Lehrstuhl für Bürgerliches Recht, Handels- und Wirtschaftsrecht (Prof. Dr. Noack) der Heinrich-Heine-Universität Düsseldorf Dank, die diesen Einfall zur Zulässigkeit der Beurkundung in deutscher Sprache durch ausländische Notare während eines Doktorandenseminars hatte.

854 *Winkler* Einl. Rn. 55.

855 Vgl. S. 76.

856 *Dumoulin* DNotZ 1964, 405; *Schoetensack* DNotZ 1952, 265, 271; *Winkler* Einl Rn. 55.

857 *Winkler* Einl Rn. 55.

858 *Schoetensack* DNotZ 1952, 265, 271 f.

dung als Formvorschrift und dem für die Beurkundungstätigkeit maßgeblichen Verfahrensrecht zu unterscheiden.[859]

Folglich muss das Beurkundungsrecht des Staates, in dem die Hauptversammlung abgehalten wird, eine § 5 Abs. 2 BeurkG vergleichbare Regelung kennen, damit die ausländische Urkundsperson eine Niederschrift über die Hauptversammlung in deutscher Sprache erstellen darf.

Dem niederländischen Beurkundungsrecht ist beispielsweise eine vergleichbare Regelung bekannt. So statuiert Art. 42 Abs. 1 S. 1 des Gesetzes[860] über das Notaramt (Wet op het notarisambt): „Die Urkunde wird in niederländischer Sprache ausgestellt."[861] Art. 42 Abs. 1 S. 2 des Gesetzes über das Notaramt (Wet op het notarisambt) formuliert dagegen die Ausnahme zum Grundsatz der niederländischen Urkundssprache: „Falls die Parteien so verlangen, wird die Urkunde in einer fremden oder der friesischen Sprache ausgestellt, vorausgesetzt, dass der Notar die Sprache ausreichend versteht, es sei denn, das Gesetz bestimmt anders."[862]

III. Anforderungen an die Sprachkenntnisse der Urkundsperson

1. Die Beherrschung der Verhandlungs- und Urkundssprache

Um der Verhandlung während der Hauptversammlung folgen zu können, ist es erforderlich, dass der Notar die Verhandlungssprache beherrscht.[863] Der Einsatz eines Dolmetschers kann Sprachdefizite des Notars nicht ausgleichen. Denn der Notar muss die während der Hauptversammlung von ihm wahrgenommenen Tatsachen und nicht die Übersetzungen eines Dolmetschers beurkunden.[864] Ein Notar darf sich allenfalls für die Übersetzung einzelner Beiträge der Unterstützung eines Dolmetschers bedienen, wenn ausnahmsweise Beiträge in einer anderen Sprache als der Verhandlungssprache vom Versammlungsleiter zugelassen werden.[865]

---

859 *Schoetensack* DNotZ 1952, 265, 271 f.

860 Gesetz vom 03.04.1999 (Staatsblad 1999, Nr. 190), zuletzt geändert durch Gesetz vom 05.11.2014 (Staatsblad 2014, Nr. 430).

861 Eigene Übersetzung des Gesetzestextes: „De akte wordt verleden in de Nederlandse taal.".

862 Eigene Übersetzung des Gesetzestextes: „Indien partijen zulks verlangen, wordt de akte verleden in een vreemde of de Friese taal, mits de notaris die taal voldoende verstaat, tenzij de wet anders bepaalt.".

863 KK-AktG/*Noack/Zetzsche* § 130 Rn. 294.

864 Hüffer/*Koch* § 130 Rn. 11; KK-AktG/*Noack/Zetzsche* § 130 Rn. 294.

865 Hüffer/*Koch* § 130 Rn. 11; KK-AktG/*Noack/Zetzsche* § 130 Rn. 295.

Sollte die Urkundssprache von der Verhandlungssprache abweichen, muss der Notar diese ebenfalls beherrschen.[866] Dies ergibt sich für einen deutschen Notar bereits aus § 5 Abs. 2 S. 2 BeurkG. Sofern die Hauptversammlung an einem Ort im Ausland stattfindet und daher eine ausländische Urkundsperson die Niederschrift erstellt, muss diese der Urkundssprache kundig sein, da sie sonst nicht die Verantwortung für den Inhalt der Urkunde übernehmen könnte.[867] Aus diesem Grund ist sowohl einem deutschen Notar als auch einer ausländischen Urkundsperson die Unterstützung durch einen Dolmetscher verwehrt, wenn sie die Urkundssprache nicht oder nicht ausreichend beherrschen.[868] Denn bei Zwischenschaltung eines Dolmetschers könnte sich der Protokollant des Inhalts der Niederschrift nicht mehr sicher sein.

2. *Keine Notwendigkeit, die deutsche Sprache zu beherrschen*

Fraglich ist, ob die Urkundsperson zwingend die deutsche Sprache beherrschen muss, sofern es sich um die Hauptversammlung einer deutschem Recht unterliegenden Gesellschaft handelt und Deutsch nicht die Verhandlungs- bzw. Urkundssprache ist. Diese Frage ist nur für den Fall einer Hauptversammlung im Ausland relevant, da im Inland – abgesehen von den Fällen der privatschriftlichen Protokollierung – die Beurkundung stets durch deutsche Notare erfolgt. Sofern die Hauptversammlung nicht in deutscher Sprache abgehalten wird, sind Aktionärsbeiträge in deutscher Sprache dennoch stets zulässig und von Dolmetschern, die durch die Gesellschaft bereitgestellt werden müssen, zur Information der übrigen Aktionäre in die Verhandlungssprache zu übersetzen.[869] Dennoch stellen deutschsprachige Aktionärsbeiträge gegenüber Äußerungen in der gewählten Verhandlungssprache die Ausnahme dar. Der Notar darf sich daher ähnlich wie bei fremdsprachigen Redebeiträgen, die trotz anderer Verhandlungssprache vom Versammlungsleiter zugelassen wurden,[870] ausnahmsweise der Hilfe eines Übersetzers bedienen, der die deutschsprachigen Aktionärsausführungen in die Verhandlungssprache übersetzt.[871] Es ist somit nicht erforderlich, dass die aus-

---

866 GroßkommAktG/*Werner* § 130 Rn. 47; KK-AktG/*Noack/Zetzsche* § 130 Rn. 298.

867 KK-AktG/*Noack/Zetzsche* § 130 Rn. 298.

868 KK-AktG/*Noack/Zetzsche* § 130 Rn. 298.

869 Vgl. S. 173.

870 Zur Zulassung fremdsprachiger Aktionärsausführungen durch den Versammlungsleiter vgl. S. 173 f.

871 Vgl. S. 181.

ländische Urkundsperson die deutsche Sprache beherrscht, wenn diese weder die Verhandlungs- noch die Urkundssprache ist.

3. *Anforderungen an die Sprachkenntnisse im Falle des § 130 Abs. 1 S. 3 AktG*

Sofern eine privatschriftliche Protokollierung nach § 130 Abs. 1 S. 3 AktG erfolgt, gelten die bisherigen Ausführungen für die erforderlichen Sprachkenntnisse des Protokollanten entsprechend. Dessen Beurkundungstätigkeit unterfällt zwar nicht dem Beurkundungsgesetz, weswegen § 5 Abs. 2 BeurkG nicht anwendbar ist. Allerdings muss er dem Verlauf der Verhandlung folgen und die Verantwortung für den Inhalt des privatschriftlichen Protokolls übernehmen können, weswegen er die Verhandlungs- und Urkundssprache in ausreichendem Maße beherrschen muss.

B. Die Ausgestaltung der Online-Teilnahme

Sofern die Satzung oder der Vorstand aufgrund einer statutarischen Ermächtigung bestimmt, dass die Aktionäre im Wege elektronischer Kommunikation an der Hauptversammlung teilnehmen, ist deren Anwesenheit am Versammlungsort nicht erforderlich. Da die Verlegung der Hauptversammlung ins Ausland den Aktionären die Anreise erschweren kann, bietet es sich insbesondere für Auslandsversammlungen an, den Aktionären die Online-Teilnahme nach § 118 Abs. 1 S. 2 AktG zu gestatten. Daher ist näher auf die genaue Ausgestaltung der Online-Teilnahme einzugehen.

I. Die rechtliche Ausgestaltung der Online-Teilnahme

§ 118 Abs. 1 S. 2 AktG wurde 2009 durch das ARUG in das Aktiengesetz eingeführt und dient der Umsetzung des Art. 8 Abs. 1 der Aktionärsrechterichtlinie.

1. *Satzungsbestimmung oder statutarische Ermächtigung des Vorstands*

Gemäß § 118 Abs. 1 S. 2 AktG kann die Online-Teilnahme als Partizipationsmöglichkeit der Aktionäre unmittelbar in der Satzung festgelegt werden. Ebenso ist es zulässig, die Entscheidung über die Online-Teilnahme per Satzungsbestimmung auf den Vorstand zu delegieren. Letzteres bietet sich insbesondere an, um in der Satzung nicht die genaue technische Ausgestaltung der Online-Teilnahme regeln zu müssen.[872] Eine starre Satzungsregelung, welche gemäß § 179 Abs. 1 S. 1 AktG zu ihrer Änderung stets eines Beschlusses der Hauptversammlung bedarf,[873] könnte zudem hinderlich sein, die technische Ausgestaltung der Online-Teilnahme immer wieder an den aktuellen Stand der Technik anzupassen.[874]

Wenngleich nicht explizit im Gesetz angesprochen, ist es als Zwischenlösung außerdem zulässig, dass die Satzung die Online-Teilnahme grundlegend vorsieht, zur weiteren Ausgestaltung des Verfahrens aber den Vorstand ermächtigt.[875]

2. Die Aktionärsrechte im Rahmen der Online-Teilnahme

Die Online-Teilnahme bietet nur dann eine gleichwertige Alternative zur Präsenzteilnahme, wenn ein online partizipierender Aktionär einem Aktionär, der durch physische Präsenz am Versammlungsort an der Hauptversammlung teilnimmt, gleichsteht. Ein Aktionär, der im Wege der elektronischen Kommunikation an der Hauptversammlung teilnimmt, muss alle seine versammlungsgebundenen Rechte unbeschränkt ausüben können. Die Gesellschaft darf daher, um eine Gleichwertigkeit mit der Präsenzteilnahme zu erreichen, für die online teilnehmenden Aktionäre nicht die Ausübung einzelner Aktionärsrechte ausschließen oder Aktionärsrechte inhaltlich beschränken.

Darüber hinaus ist es noch erforderlich, dass in der Satzung für durch technische Störungen verursachte Verletzungen der versammlungsgebundene Rechte gemäß § 243 Abs. 3 Nr. 1, 2. Hs. AktG ein strengerer Verschuldensmaßstab festgelegt wird.[876]

Sollte eine Gesellschaft die Online-Teilnahme nicht wie vorstehend beschrieben rechtlich ausgestalten, ist die Abhaltung einer Hauptversammlung im Ausland dennoch grundsätzlich zulässig. Allerdings ist dann bei der Wahl des Versammlungsorts die kilometermäßige Obergrenze einzuhalten.[877]

II. Die technische Ausgestaltung der Online-Teilnahme

Anders als die Bild- und Tonübertragung der Hauptversammlung nach § 118 Abs. 4 AktG ermöglicht die Online-Teilnahme nach § 118 Abs. 1 S. 2 AktG nicht

---

872 Hüffer/*Koch* § 118 Rn. 11.

873 Ausnahme hierzu sind Änderungen der Fassung der Satzung nach § 179 Abs. 1 S. 2 AktG.

874 Begr. RegE zu § 118 Abs. 1 AktG, BT-Drucks. 16/11642, S. 26.

875 Begr. RegE zu § 118 Abs. 1 AktG, BT-Drucks. 16/11642, S. 26.

876 Vgl. S. 144.

877 Vgl. S. 144.

nur, die Versammlung passiv zu verfolgen, sondern erlaubt es den Aktionären, aktiv auf die Versammlung einzuwirken.[878] Dies macht es notwendig, dass zwischen der Hauptversammlung und den Aktionären eine Zweiweg-Direktverbindung besteht, die dem Aktionär die Möglichkeit gibt, sich von einem entfernten Ort aus an die Hauptversammlung zu wenden.[879]

Ähnlich wie die Präsenzteilnehmer bei der Eingangskontrolle am Versammlungslokal müssen sich auch die online teilnehmenden Aktionäre für die Teilnahme legitimieren. Art. 8 Abs. 2 der Aktionärsrechterichtlinie sieht es ausdrücklich als zulässig an, dass bei Einsatz elektronischer Mittel eine Feststellung der Identität der Aktionäre erfolgt. Es empfiehlt sich, die Identifizierung der Aktionäre im Wege einer Registrierung mittels Login-Maske vorzunehmen.[880] Die nach korrekter Eingabe der Zugangsdaten zugelassenen Aktionäre werden in das Teilnehmerverzeichnis aufgenommen.[881]

Das Auskunftsrecht der Aktionäre kann bei der Online-Teilnahme dergestalt ausgeübt werden, dass die Aktionäre ihre Fragen zunächst über eine Eingabemaske auf der Internetseite der Gesellschaft eingeben.[882] Das Backoffice wird die Frage überprüfen und ans Podium weiterreichen.[883] Das Auskunftsverlangen wird anschließend vor der Beantwortung verlesen.[884] Durch das Verlesen und die unmittelbare Beantwortung erhalten sowohl die Aktionäre, die am Versammlungsort anwesend sind, als auch die online teilnehmenden Aktionäre, die die Übertragung der Hauptversammlung im Internet verfolgen, Kenntnis von der Auskunft.[885] Ähnlich dürfte mit Redebeiträgen von Aktionären zu verfahren sein. Diese sind in einer Maske auf der unternehmenseigenen Internetseite einzugeben und werden nach der Überprüfung durch das Backoffice in der Versammlung verlesen.

Bezüglich des Stimmrechts ist darauf zu achten, dass Präsenzteilnehmer und Onlineteilnehmer ihre Stimmen zeitgleich abgeben.[886] So wird eine gegenseitige Beeinflussung der Fraktionen vermieden.

---

878 Begr. RegE zu § 118 Abs. 1 AktG, BT-Drucks. 16/11642, S. 26.

879 So die Formulierung in Art. 8 Abs. 1 lit. b) der Aktionärsrechterichtlinie.

880 *Besse* AG 2012, R 358, 359.

881 Hüffer/*Koch* § 118 Rn. 12.

882 *Besse* AG 2012, R 358.

883 *Besse* AG 2012, R 358.

884 *Besse* AG 2012, R 358; KK-AktG/*Kersting* § 131 Rn. 522.

885 KK-AktG/*Kersting* § 131 Rn. 522.

886 *Besse* AG 2012, R 358, 359.

Im Rahmen der Diskussion um die Zulässigkeit eines Versammlungsorts im Ausland wurde die Frage aufgeworfen, wie es sich auf das Teilnahmeinteresse der Aktionäre auswirke, wenn die Gesellschaft die für die Online-Teilnahme notwendige technische Infrastruktur am Gesellschaftssitz bereithielte.[887] Wenngleich ein solcher „Service" der Gesellschaft gegenüber ihren Aktionären Teil einer guten Investor-Relations-Arbeit sein kann[888] und insbesondere Aktionären zugutekommt, die nicht über einen Computer mit Internetanschluss (mit einer ausreichenden Download-Geschwindigkeit für die Video-Übertragung) verfügen,[889] besteht keine dahingehende Verpflichtung der Gesellschaft. Aktionäre, die durch Anwesenheit am Versammlungsort an der Hauptversammlung teilnehmen möchten, müssen ihre Anreisekosten selbst übernehmen. Eine faktische Erschwerung der Teilnahme wird nur dadurch ausgeschlossen, dass bei der Wahl des Versammlungsorts die Grenzen der Zumutbarkeit beachtet werden müssen. Daher ist es ebenso Aktionären, die die Möglichkeit der Online-Teilnahme nutzen möchten, zumutbar, die notwendige technische Infrastruktur anzuschaffen. Außerdem können in öffentlichen Bibliotheken sowie Internetcafés (gegen eine geringe Gebühr) Computer mit Internetanschluss genutzt werden, falls ein Aktionär nicht bereit ist, nur für die Online-Teilnahme an einer Hauptversammlung einen Computer zu erwerben und einen Internetanschluss in seinem Haushalt zu installieren.

---

887 *Herrler* ZGR 2015, 918, 926; *Noack* WuB 2015, 106.

888 Ähnlich *Besse* AG 2012, R 358 generell zur Online-Teilnahme.

889 Gemäß Erhebungen des Statistischen Bundesamts betrug der Anteil deutscher Privathaushalte mit Internetanschluss im Jahr 2017 91,1 % (Laufende Wirtschaftsrechnungen (LWR)), https://www.destatis.de/DE/ZahlenFakten/GesellschaftStaat/EinkommenKonsumLebensbedingungen/AusstattungGebrauchsguetern/Tabellen/Infotechnik_D.html, zuletzt abgerufen am 11.04.2018.

Teil 6: Zusammenfassung

Abschließend sollen die wesentlichen Ergebnisse dieser Arbeit kurz und prägnant noch einmal zusammengefasst werden.

Eine Hauptversammlung darf wegen des dem Satzungsgeber in § 121 Abs. 5 AktG eröffneten Gestaltungsspielraums im Ausland abgehalten werden. Die Verlegung der Hauptversammlung ins Ausland stellt weder generell eine unzumutbare Beeinträchtigung des Teilnahmerechts der Aktionäre dar noch steht das Beurkundungserfordernis aus § 130 Abs. 1 AktG einer Hauptversammlung im Ausland entgegen. Auch bei der Europäischen Aktiengesellschaft folgt die Zulässigkeit der Wahl eines ausländischen Versammlungsorts nicht aus den Besonderheiten dieser Rechtsform, sondern aus der Anwendung des über Art. 53 EU-VO geltenden deutschen Rechts.

Zur Beurkundung von Hauptversammlungsbeschlüssen besteht gemäß Art. 11 Abs. 1 EGBGB grundsätzlich eine Wahl zwischen Ortsform und Geschäftsform. Art. 11 Abs. 1 EGBGB ist auf gesellschaftsrechtliche Vorgänge und insbesondere auf die Beurkundung von Hauptversammlungsbeschlüssen anzuwenden. Soll ein Beschluss beurkundet werden, der sich auf die Verfassung der Gesellschaft bezieht, stellt die Wahl der Ortsform, sofern diese stets eine privatschriftliche Protokollierung zulässt, jedoch einen Verstoß gegen den deutschen ordre public dar. Sieht das ausländische Formstatut dagegen zumindest für verfassungsrelevante Beschlüsse eine öffentliche Beurkundung vor, können Hauptversammlungsbeschlüsse gemäß der Ortsform beurkundet werden. Sofern die Geschäftsform gewählt wird, steht es der Gleichwertigkeit der im Ausland vorgenommenen Beurkundung nicht entgegen, dass die ausländische Urkundsperson über keine Kenntnisse im deutschen Recht verfügt. Eine ausschließliche Zuständigkeit deutscher Notare für die Beurkundung von Hauptversammlungsbeschlüssen ist abzulehnen.

Wesentliches Kriterium für die Zulässigkeit eines in der Satzung bestimmten oder aufgrund von abstrakten Satzungsvorgaben wählbaren Versammlungsorts ist der mit der Anreise zur Hauptversammlung verbundene zeitliche und finanzielle Aufwand. Zur Bestimmung der noch zumutbaren Versammlungsorte bietet sich eine Orientierung an den für inländische Versammlungen geltenden Maßstab von 1.000 km als Obergrenze an. Die Anzahl der durch die Satzungsbestimmung zugelassenen oder festgelegten Versammlungsorte ist dagegen ein Kriterium von bloß untergeordneter Bedeutung, da ein Aktionär bereits bei einer geringen Anzahl an potentiellen Versammlungsorten seine Anreise zur Hauptversammlung nicht vor der Einberufung wird planen können. Zudem ist bei der Bestimmung des Versammlungsorts darauf zu achten, dass die möglichen Versammlungsorte verkehrstechnisch gut zu erreichen und ein angemessenes Versammlungslokal sowie ausreichend Übernachtungsmöglichkeiten vorhanden sind.

Besonderheiten der Gesellschaft wirken sich auf die Gestaltungsfreiheit des Satzungsgebers aus. So kann bei einer personalistisch strukturierten Gesellschaft ein Versammlungsort gewählt werden, der gemessen vom Gesellschaftssitz mehr als 1.000 km entfernt liegt, wenn dieser Ort für sämtliche Aktionäre leichter zu erreichen ist. Ebenso können bei einer Europäischen Aktiengesellschaft Versammlungsorte in der EU bzw. im EWR gewählt werden, die die Obergrenze von 1.000 km überschreiten.

Bei einer Vollversammlung nach § 121 Abs. 6 AktG scheidet eine Verletzung des Teilnahmerechts aus, weswegen keine geografischen Beschränkungen bei der Wahl des Versammlungsorts gelten. Die Wahl eines ausländischen Versammlungsorts darf dem Aktionariat im Falle einer Abwehrhauptversammlung dagegen nur in außergewöhnlichen Situationen zugemutet werden.